W0285659

Symbole und Verweise

1 2	Hörtext auf der CD (z. B. CD 1, Track 2)
	Film
	Schriftliche Aufgabe
	Partnerarbeit
p. 128	Partnerübung: Den Übungsteil für Partner B findest du im Annexe ab S. 128.
	Gruppenarbeit
○	Differenzierung: leichtere Aufgabe
●	Differenzierung: anspruchsvollere Aufgabe
//○ //●	Differenzierung: Die leichtere Aufgabenvariante findest du im Annexe ab S. 131.
DELF	Diese Aufgabe eignet sich besonders für die Vorbereitung auf die DELF-Prüfung.
FR DE	Sprachmittlungsaufgabe
MK	Aufgaben und Hinweise zur Schulung der Medienkompetenz
P F	Portfolio/Lerntagebuch: Du dokumentierst deine Lernfortschritte.
+ Ex	Hier gibt es passende Übungen, die im Folgenden aufgelistet sind.
L 14|3	Hier passt Schülerbuch, S. 14, Übung 3.
C 6|4	Hier passt *Carnet d'activités*, S. 6, Übung 4.
webcode fowoju	Unter www.cornelsen.de/codes gibst du zum Beispiel den Webcode fowoju ein. Dieser führt dich zum Gratis-Download.

Tu es en forme pour la rentrée?

Alex Vasseur

Mathilde Robert

Matéo Carpentier

Au collège Camille Claudel, il y a:
- *une principale*
- *34 professeurs*
- *un CPE*
- *cinq surveillants*
- *un documentaliste*
- *une infirmière*

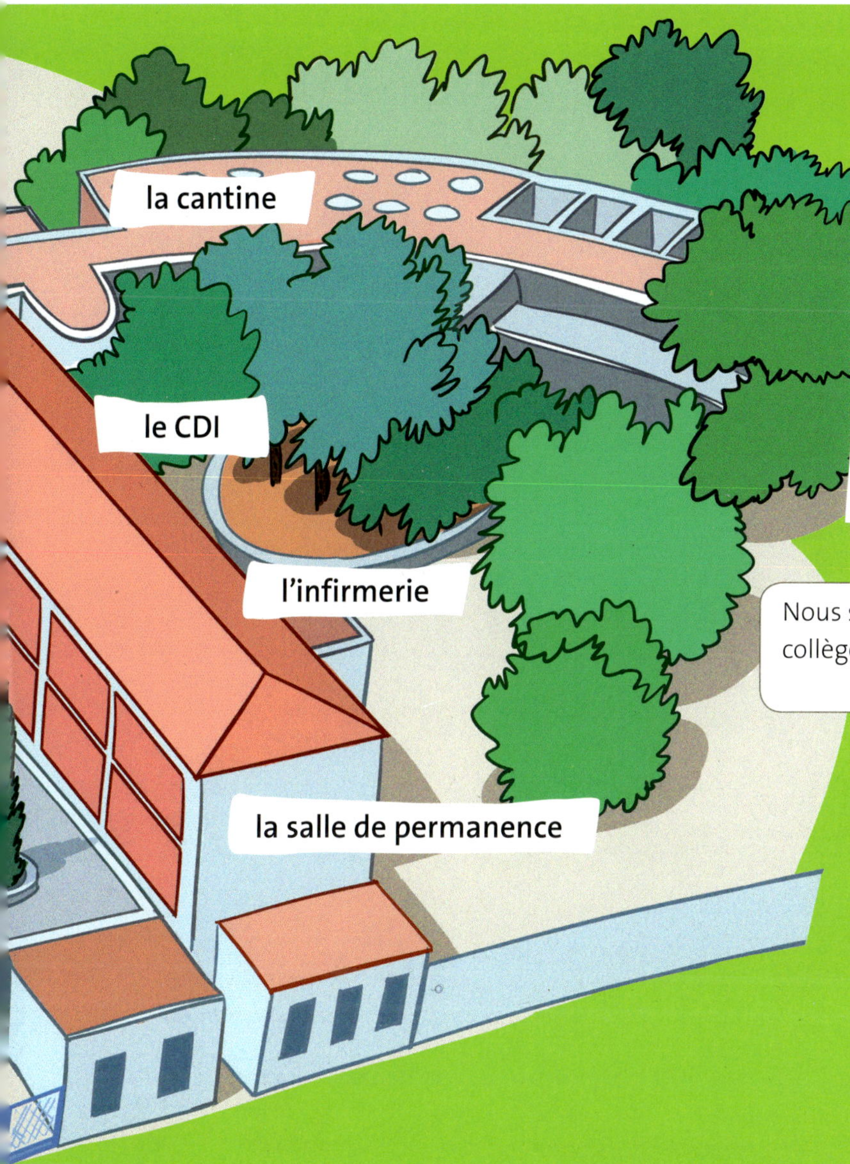

Nous sommes en 4e A au collège Camille Claudel à Montpellier.

Les 5 copains de Montpellier

Regarder et comprendre

bcode
oguru

1 a Regarde le film des cinq copains de Montpellier. Note les informations sur les copains.

b Regarde le film encore une fois et complète tes notes.

Matéo:
- 14 ans

Tu es en forme pour la rentrée?

Spielt zu viert. Einer von euch ist der Spielleiter. Der erste Spieler würfelt, rückt die gewürfelte Augenzahl vor und löst die Aufgabe auf dem Feld. Der Spielleiter kontrolliert die Lösung. ▶ Solutions, p. 228
- Richtige Lösung: Bleibe stehen.
- Falsche Lösung: Gehe auf dein Ausgangsfeld zurück.

Wer auf ein besetztes Feld kommt, schlägt die Spielfigur, die dort steht. Sie muss zurück zum Start (Départ).
Wer als Erster genau ins Ziel (Arrivée) kommt, hat gewonnen.
Viel Spaß! Spielt und sprecht auf Französisch.
▶ Les mots pour le dire, p. 232

Départ

1 Begrüße deine Mitspieler und frage sie, wie es ihnen geht.

16 Was denkt das Mädchen?

17 Stelle eine Tätigkeit pantomimisch dar. Wer sie als Erster errät und auf Französisch richtig benennt, darf gemeinsam mit dir ein Feld vorrücken.

18 Conjugue *vouloir*:
je ?
tu ?
il/elle/on ?
nous ?
vous ?
ils/elles ?

15 Tu as vingt sur vingt à ton interro. Avance de deux cases[2].

2 Avance de deux cases. Rücke zwei Felder vor.

14 Zähle die Wochentage innerhalb von zehn Sekunden auf.

Arrivée

25 Compte de 15 à 0:
? – quatorze – ? – douze – ? – dix – ? – huit – ? – six – ? – quatre – ? – deux – ? – zéro.

24 Qu'est-ce qu'elle fait après l'école?

13 Présente-toi avec ta famille.

12 Qu'est-ce qu'il y a dans un collège? Nenne mindestens fünf Personen oder Räume.

11 Was denkt das Kamel?

Dans mon quartier, il y a ___. **2**

Où est le chat? **3**

Nenne drei Sehenswürdigkeiten von Paris. **4**

Begrüße einen Verkäufer und sage, dass du eine

möchtest. **5**

Conjugue *être*: **6**

je ?
tu ?
il/elle/on ?
nous ?
vous ?
ils/elles ?

Le bus n'arrive pas, tu vas être en retard. Passe un tour[1]. **7**

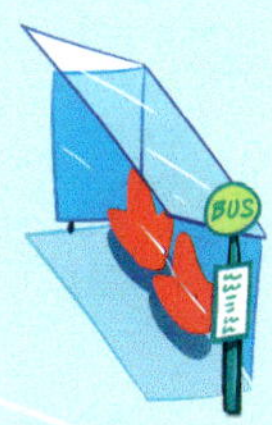

1 **Passe un tour.** Setze einmal aus.

Il est quelle heure? **8**

La fille de ta tante, c'est ta ?. **9**

Ihr zählt reihum auf Französisch bis 30: 1 – 2 – 3 ... Wer eine Zahl nicht weiß, geht zwei Felder zurück. Wer alle Zahlen richtig gesagt hat, rückt zwei Felder vor. **10**

19

Je voudrais

et

,

s'il vous plaît.

C'est quoi, ton numéro de portable? **20**

C'est le ___.

21

Dein linker Mitspieler nennt ein Personalpronomen (*je, tu, il/elle/on, nous, vous, ils/elles*). Du ergänzt die passende Form von *aller*.

On rentre ensemble! **22**
Du und alle, die sich vor dir befinden, müssen zu Feld 10 zurück.

Qu'est-ce que c'est? **23**

Unité 1 Bienvenue à Montpellier

1 2

webcode
coguru

1

La place de la Comédie est très grande.

Mathilde

J'aime retrouver mes copines place de la Comédie. C'est notre endroit préféré en ville: là, nous sommes contentes!

2

Mes copains et moi, on fait du volley sur la plage.

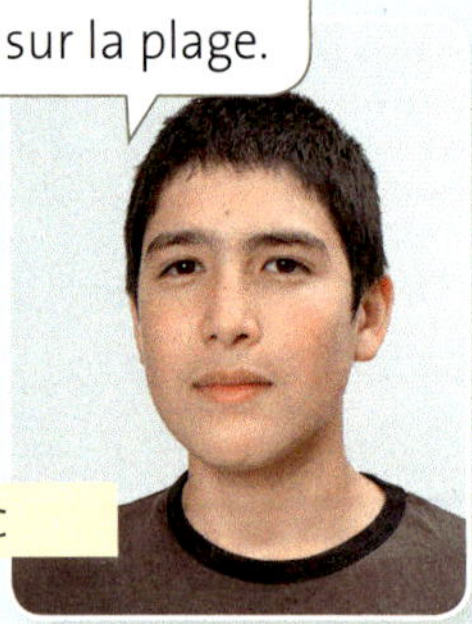

Lôc

Lôc est content à la plage de Palavas-les-Flots.

3

la mer Méditerranée

Montpellier, c'est sympa: il y a la mer et la montagne. Moi, je fais de la planche à voile et de l'escalade.

Matéo

le Pic Saint-Loup

Texte et exercices

Hier lernst du:

- dich vorzustellen und über deine Hobbys zu sprechen,
- einen Lieblingsort anzugeben.

Außerdem lernst du Montpellier kennen.

4

J'aime bien le Polygone, c'est un centre commercial. Il y a la Fnac.

Alex

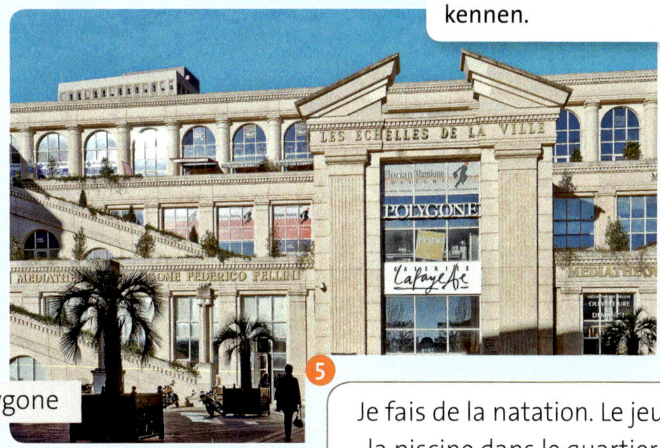

le Polygone

5

Je fais de la natation. Le jeudi, je vais à la piscine dans le quartier Antigone!

Selma

le quartier Antigone

Elle est contente à la piscine.

6

Le village de Saint-Guilhem-le-Désert est joli.

Les parents de Mathilde sont contents: ils adorent Montpellier!

On aime la ville avec ses cafés, ses cinémas, ses festivals. Et le week-end, on adore aller à la campagne: on fait du vélo. Notre région est intéressante et formidable!

Préparer l'écoute

1 a **Regarde les pages 12–13 et trouve un autre titre.**

1 3 b **C'est où? Écoute et réponds.**

CIVILISATION

Weißt du, was die Fnac ist?
Finde es heraus.

Écouter et comprendre

1 4 DELF **2** a **Mathilde et ses copains se présentent. Qui parle? Écoute et regarde les pages 12–13.**

1 5 b **Écoute encore une fois et répète.**

S'entraîner

3 **Mimez les activités et devinez.** ▶Grammaire, p. 16/1

Tu fais du basket?

Les hobbys (de À toi! 1):

faire	du foot du tennis du basket du skate du VTT	faire	du shopping du sport du cheval de la photo de la musique

C'est nouveau:

faire	du volley du vélo de la natation de la planche à voile de l'escalade

//● **4** **Qu'est-ce qu'ils font? Complète.** ▶Grammaire, p. 16/1

1 

J'aime le cheval. → Je fais du cheval.

2 

Ils aiment la natation. → Ils ? .

le volley → faire du volley
la natation → faire de la natation
l'escalade *f.* → faire de l'escalade

3 

Elle adore le sport. → Elle ? .

4 

Nous adorons l'escalade. → Nous ? .

5 

On aime le shopping. → On ? .

6 

Elles adorent le foot. → Elles ? .

//○ ▶ p. 131

1 6 **5** **C'est un garçon ou une fille? Écoute et réponds. Fais attention à la prononciation[1] des adjectifs.** ▶Grammaire, p. 16/2

un garçon	une fille
Dominique	Dominique
Daniel	Danielle
Michel	Michèle
Pascal	Pascale

C'est ___.

1 **la prononciation** die Aussprache

6 **Ils sont contents à Montpellier. Complète par les formes correctes des adjectifs.** ▶Grammaire, p. 16/2

1. Les parents de Mathilde sont ? *(content)* parce que Montpellier est une ville ? *(intéressant)*.
2. Le week-end, ils vont à la campagne: les villages près de Montpellier sont ? *(joli)* et ? *(intéressant)*.
3. Selma est ? *(content)* parce que la piscine à Antigone est ? *(grand)*.
4. Lôc: «La plage de Palavas-les-Flots est ? *(formidable)*!»
5. Alex aime faire du shopping et il est ? *(content)*: le centre commercial *Polygone* est ? *(grand)*.
6. Mathilde: «J'aime retrouver mes copains et mes copines. Ils sont ? *(formidable)*!
7. Matéo: «Montpellier est ? *(formidable)*: il y a la mer et la montagne.

Parler

7 a **Ton endroit préféré, c'est où? Pourquoi? Prépare le dialogue.**

Mon endroit préféré, c'est le stade parce que j'aime le foot.

b **Posez des questions et répondez.**

Ton endroit préféré, c'est où?

Mon endroit préféré, c'est le stade parce que j'aime le foot.

c **Présentez vos résultats en classe.**

L'endroit préféré d'Olek, c'est sa chambre parce que là, il chatte avec ses copains.

Nadja adore Mainburg parce que là, elle peut faire du cheval.

À toi: Présente-toi au téléphone

8 a **Bilal est nouveau dans ton collège. Il cherche des amis. Travaillez à deux. Préparez la conversation au téléphone. A se présente. B prend le rôle de Bilal.**

DELF PF

1. Wer übernimmt welche Rolle?
2. Welche Fragen wollt ihr stellen? (Alter? Wohnort? Geschwister? Lieblingsort?)
3. Welche Antworten könnt ihr geben?
4. Was wollt ihr gemeinsam unternehmen?
5. Ihr wollt euch verabreden. Wann? Wo?

Moi, 13 ans, nouveau dans ton collège, cherche des copains. J'aime le foot. Mes clubs préférés: le Bayern Munich et le Montpellier HSC. J'aime aussi le cinéma et le rap. Et toi? Appelle au: 09190/42XX
(Je ne parle pas allemand. ☺) *Bilal*

//● b **Notez le dialogue. Jouez-le devant la classe.**
▶Méthodes, p. 146 //○ ▶ p. 131

TU ES EN FORME?

- Sage, dass du gerne Volleyball spielst.
- Sage, dass die Küche dein Lieblingsort ist, weil du gerne isst.

Grammaire et expressions utiles

Expressions utiles

So sprichst du über einen Ort, an dem du dich gerne aufhältst:

Ton endroit préféré, c'est où?
Mon endroit préféré (en ville), c'est (la place de la Comédie).
J'aime bien (le Polygone) parce qu'il est grand.
(Montpellier), c'est sympa parce qu'il y a (la mer).
J'aime la ville avec (ses cafés).
J'adore aller (à la campagne).
Notre (région) est intéressante et jolie.

So sprichst du über deine Hobbys:

Je fais (du volley).
Je fais (de la natation).
(Le jeudi), je fais (de l'escalade).
J'aime (retrouver mes copains).

Grammaire

+ Ex
L 14|3, 14|4
C 6|4

1

Du sprichst über Hobbys:

On fait du volley.

Dazu brauchst du:

→ ***faire* + du / de la / de l'**

le foot → faire du foot
la musique → faire de la musique
l'escalade → faire de l'escalade

~~de + le~~ = du
de + la = de la
de + l' = de l'

Exercices de grammaire

1 Complète par les formes de *faire* + de + article:
1. *Matéo* ? *escalade.* 2. *Selma* ? *natation.* 3. *Lôc et ses copains* ? *volley.* 4. *– Tu* ? *tennis? – Non, je* ? *basket.* 5. *– Vous* ? *planche à voile? – Non, nous* ? *natation.*

+ Ex
L 14|5, 15|6
C 6|5

2

Du beschreibst jemanden oder etwas:

Lôc est **content**.
Mathilde est **contente**.

Dazu brauchst du:

→ **die Adjektive**
(les adjectifs)

singulier		pluriel	
Il est	content. joli. formidable.	Ils sont	contents. jolis. formidables.
Elle est	contente. jolie. formidable.	Elles sont	contentes. jolies. formidables.

Exercices de grammaire

1 Comment est-ce qu'on forme l'adjectif féminin? Et le pluriel?

▶ Solutions, p. 228

Montpellier Tourisme / Montpellier Sports

MONTPELLIER Tourisme

Rechercher

Montpellier Culture | Montpellier Sports | Personnalisez ce site selon votre profil

- Nos champions
- À ne pas manquer
- Et si je pratiquais?
- Des traditions sportives spectaculaires

À NE PAS MANQUER

Le 9e Marathon de Montpellier, c'est le 19 octobre
Un rendez-vous populaire et convivial, au programme également de nombreuses animations tout au long du parcours … À vos baskets!

Battle of the year
Du 10 au 17 novembre, compétition des héros du break et du hip-hop à l'Aréna de Montpellier!

NOS CHAMPIONS

Football – C'est parti!
Montpellier nous donne rendez-vous au stade de la Mosson. Venez soutenir le MHSC pour le Derby contre Arles-Avignon, le samedi 25 septembre à 19 h.

Handball
Vivez des matchs grandioses à la rentrée dans la nouvelle salle l'Aréna, rendez-vous pour le 1er match de la Ligue des Champions: Dimanche 26 septembre à 17 h contre Hambourg.

MONTPELLIER – VOTRE SÉJOUR

Hébergements:	0,00 €
Visites guidées:	0,00 €
Transports:	0,00 €
Billetterie & loisirs:	0,00 €
Excursions:	0,00 €
Week-ends, séjours:	0,00 €
Total:	**0,00 €**

Voir mon panier

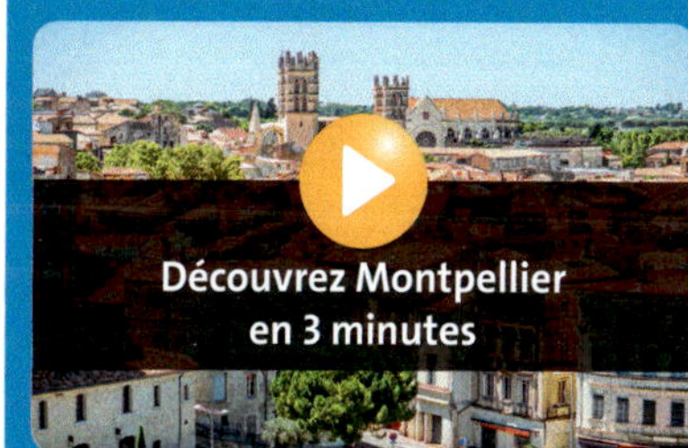

DELF **1** Regarde la page Internet. Sur quoi est-ce que tu peux t'informer? Trouve quatre informations.

2 Quels mots[1] est-ce que tu comprends? Pourquoi?

DELF **3** Lis les annonces et réponds aux questions.

– Quand est-ce que le marathon de Montpellier a lieu[2]?
– Où est-ce que le premier match de la Ligue des Champions a lieu?
– Qui joue contre qui? Et quand?

1 **quels mots** welche Wörter
2 **a lieu** findet statt

CIVILISATION

Zur Internet-Rallye über Montpellier gelangst du unter: www.cornelsen.de/codes
Gib folgenden Webcode ein: fowoju

Unité 2 Un truc de fous

Trois jeunes en difficulté

1 7–8

CIVILISATION

Du bist in Frankreich am Strand. Was bedeutet es, wenn die rote Flagge gehisst ist?

Médiation

1 Lis le texte du journal *La Gazette de Montpellier* (p. 19). Qu'est-ce qui s'est passé? Explique à une amie qui ne comprend pas le français de quoi il parle.

Approches

Hier lernst du:

- zu erzählen, was du gestern gemacht hast.

Trois jeunes en difficulté

Région de Montpellier, France
Hier après-midi, trois jeunes (13 et 14 ans) ont ignoré le drapeau rouge. Ils ont quitté la plage sur leur bateau. À cent mètres de la côte, le bateau a chaviré. Une amie des trois jeunes a appelé les sauveteurs.

Découvrir: le passé composé avec *avoir*

2 **L'article de journal parle d'un évènement passé. Comment est-ce que tu le sais?** | Der Zeitungstext berichtet über ein vergangenes Ereignis. Woran erkennst du das?

3 a **Quelle est la différence entre les deux phrases? Compare.**

Les jeunes quittent la plage.

Les jeunes ont quitté la plage.

b **Trouve les formes du passé composé dans le texte, p. 19. Note-les dans ton cahier.**

c **Complète par les formes d'un verbe de b.** | Ergänze für ein Verb von b die fehlenden Formen. Beschreibe, wie du sie gebildet hast.

j' ?	*nous* ?
tu ?	*vous* ?
il/elle/on ?	*ils/elles ont ignoré*

S'entraîner

1 9

4 a **Écoute, répète et fais le geste correspondant.**

1 10 //●

b **Écoute. Présent ou passé composé? Fais le geste correspondant.** //○ ▸ p. 132

présent

passé

//● **5** **Hier, à la plage. Utilise le passé composé.** ▸ Grammaire, p. 29/1 //○ ▸ p. 132

Exemple: 1. Matéo **a appelé** Lôc et Mathilde.

1. Matéo ? ? Lôc et Mathilde. *(appeler)*
2. Les copains ? ? Selma sur la plage. *(retrouver)*
3. Mathilde ? ? un gâteau. *(préparer)*
4. Selma, nous ? ? le bateau! *(apporter)* Et toi, tu ? ? les croissants? *(acheter)*
5. Non, j' ? ? des bonbons. *(apporter)*. Et vous, vous ? ? Alex? *(appeler)*

6 a **Qu'est-ce que Selma a fait hier? Utilise le passé composé.** ▸ Grammaire, p. 29/1

1 acheter

2 préparer

3 manger

4 travailler

5 chatter

6 rêver

b **Et toi? Qu'est-ce que tu as fait hier? Raconte. Utilise les verbes de a. Écris ton texte dans ton cahier.**

Texte A et exercices

Hier lernst du:

- von einem Ereignis in der Vergangenheit zu erzählen.

Matéo super-héros!

Alex: Tu es là? 21:04

Matéo: Délire!!! Il m'est arrivé un truc de fous aujourd'hui! Je suis allé à la plage avec Lôc, j'ai apporté mon bateau. Selma et Mathilde sont arrivées après nous. 21:05

Alex: Ton bateau? Aujourd'hui!!? Avec le drapeau rouge! 21:05

Matéo: Trop cool, les vagues! Mathilde a eu peur, elle est restée sur la plage. Selma, Lôc et moi, nous sommes montés dans le bateau. 21:06

Alex: Vous êtes allés jusqu'à la bouée? 21:07

Matéo: Bien sûr! Mais tout à coup, le bateau a chaviré et on est tombés dans l'eau. 21:07

Alex: Qu'est-ce que vous avez fait? 21:07

Matéo: Selma et Lôc ont paniqué. J'ai retourné le bateau. Ensuite, ils sont remontés dans le bateau. Moi, j'ai aidé Selma. Je suis resté dans l'eau et j'ai poussé tout le monde jusqu'à la côte. J'ai surfé sur des vagues de deux mètres! 21:09

Alex: Arrête! C'est trop fort, ton histoire! Ton père est au courant? 21:09

Matéo: À ton avis? 21:10

Lire et comprendre

1 a Survole le texte. Qui chatte avec qui et sur quoi?

DELF **b Lis le texte. C'est vrai ou c'est faux? Justifie ta réponse.**

1. Matéo est allé à la plage.
2. Mathilde est montée dans le bateau.
3. Selma, Lôc et Matéo sont allés jusqu'à la bouée.
4. Matéo a retourné le bateau.
5. Lôc a aidé Selma.
6. Matéo a poussé le bateau jusqu'à la plage.

c À ton avis, est-ce que Matéo est un super-héros? Justifie ta réponse.

Matéo est un héros parce qu'il ___.
Matéo n'est pas un héros parce qu'il ___.

Vocabulaire

2 a Qu'est-ce qui va ensemble? Il y a plusieurs possibilités. ▶Texte, p. 21

Exemple: être au courant

être aller avoir quitter
rester tomber pousser

du lit à la plage peur la plage
jusqu'au parc du vélo mon ami
de la chaise chez Alex à la maison
au courant le vélo la maison

b Formez des phrases. Utilisez les verbes de a au présent. Échangez vos résultats et corrigez-les.

Exemple: Ma sœur quitte la plage à 11 heures.

Découvrir: le passé composé avec *être*

3 a Écris les phrases dans ton cahier. Puis traduis.

1. Il **a** apporté son bateau.
2. Elle **a** appelé les sauveteurs.
3. Ils **ont** ignoré le drapeau rouge.
4. Il **est** allé à la plage.
5. Elle **est** restée sur la plage.
6. Ils **sont** tombés dans l'eau.

b Soulignez les verbes auxiliaires et comparez-les. Qu'est-ce que vous remarquez? | Unterstreicht die Hilfsverben im Deutschen und im Französischen und vergleicht sie. Was fällt euch auf?

c Trouve les formes du passé composé avec *être* dans le texte, p. 21. Note-les dans ton cahier.

d *Avoir* ou *être*? Complète.

1. Elles ? allées à la plage.
2. Il ? fait du sport.
3. Ils ? montés dans le bateau.
4. Nous ? eu peur.
5. Tu ? poussé le bateau?
6. Elles ? restées à la maison.

//○ ▶ p. 132

4 a Qui a écrit les messages? Relie. Note les noms et les numéros dans ton cahier. //○ ▶ p. 132

1. Nous sommes arrivées à 10 heures à Paris.
2. Je suis allé chez Mo et on a regardé un film.
3. Hier, j'ai fait de l'escalade et je suis tombée.
4. Nous sommes allés à la Fnac.

Lola | Philippe et Marie | Léa et Clara | Hugo

b Comment est-ce que tu le sais? Réponds. Complète les phrases dans la case. | Wie hast du das erkannt? Begründe. Ergänze die Beispiele im Kasten.

Il est arriv ? .
Elle est arriv ? .
Ils sont arriv ? .
Elles sont arriv ? .

S'entraîner

5 a **Lis, puis complète le message pour Lili. Forme des phrases. Commence par: «Salut Lili! Hier, je suis allée à la plage avec …»** ▶Grammaire, p. 30/3

Salut L.! Hier: allée à la plage avec M.,
M.: restée sur la plage, moi: montée dans
le bateau de M., bateau chaviré, tombés
dans l'eau, eu peur!!
M. appelé les sauveteurs!!! Ciao S.

Bei den Verben *être* – sein, *surfer* – surfen, *chavirer* – kentern verwendest du im Deutschen das Hilfsverb **sein**, im Französischen aber das Hilfsverb ***avoir***. Ich **bin** gewesen. *J'**ai** été.*

b **À ton avis, qui a écrit le message?** ▶Texte, p. 21

//● **6** **L'aventure de Malik, Laure et Zoé. Regardez les images et écrivez une histoire au passé composé.** ▶Grammaire, p. 29/1–2; p. 30/3 //○ ▶ p. 133

Exemple: Malik, Laure et Zoé sont allés au parc hier.

aider Zoé — faire de l'escalade
pousser les vélos — tomber du mur
aller au parc — rentrer à pied

Parler

//● **7** a **Qu'est-ce que tu as fait hier? Prépare une interview. Note des phrases.** //○ ▶ p. 133

DELF

b **Posez des questions et répondez.**

Qu'est-ce que tu as fait hier?

Hier, j'ai retrouvé Max devant le collège. On est rentrés ensemble. On a fait nos devoirs. Après, on est allés au stade.

c **Travaillez à quatre. Racontez. Qu'est-ce que vos camarades ont fait hier?**

Exemple: Hier, Léon a retrouvé Max devant le collège. Ils sont rentrés ensemble. …

Apprendre à apprendre: écrire (1)

8 **So nutzt du einen Modelltext, um einen eigenen Text zu schreiben** ▶Méthodes, p. 152

a Du sollst einen Text auf Französisch schreiben. Wie gehst du vor? Besprecht euch zu zweit.

b Hier ein Tipp: Schau dir die passenden Texte der *Unité* an. Diese Texte kannst du als Grundlage für deinen eigenen Text nutzen und einzelne Teile verändern, z. B.: Personen, Gegenstände, Tätigkeiten, Orts- oder Zeitangaben.

Die in diesem Text markierten Teile ...	... kannst du ersetzen durch:
Hier après-midi, Marc est allé au parc. Là, il a retrouvé sa copine Léa. Ils ont fait du VTT. Tout à coup, Marc est tombé du vélo. Alors, il est rentré à la maison.	Mercredi soir, Aurélie et Eva sont allées au roller parc. Là, elles ont retrouvé leur copine Léa. Elles ont fait du skate. Tout à coup, Aurélie est tombée du skate. Alors, elles sont rentrées chez Eva.

c Wenn du die Person *(Marc → Aurélie et Eva)* veränderst, musst du auch andere Wortarten der neuen Person angleichen:

Marc	→ Aurélie et Eva	il a retrouvé	→ elles ont retrouvé
il	→ elles	il a fait	→ elles ont fait
il est allé	→ elles sont allées	sa copine	→ leur copine

d À toi! | Probiere diese Methode gleich in der Aufgabe 9 aus.

Écrire

9 **Regarde le dessin. Imagine. Qu'est-ce qui s'est passé hier? Raconte à la place de Madeleine.**

Du kannst den Text aus der Aufgabe 8b als Vorlage benutzen.

le 10 mai

Salut Paul,

Hier après-midi, je suis allée

Hier lernst du:

- einen Eintrag in einem Blog oder Tagebuch zu schreiben.

1 12

Matéo, quel idiot!

Hier, je suis allée à la plage avec Selma, Lôc et Matéo. Nous sommes arrivés à 16 h 30. Peu après, les sauveteurs ont hissé le drapeau rouge. Matéo a fait l'idiot et il a frimé avec son bateau:
(C'est toujours comme ça avec lui!)
«C'est notre jour! Regardez les vagues! Allez! On y va!»
Moi, je n'ai pas voulu à cause du drapeau rouge. Mais mes copains n'ont pas écouté. Ils ne sont pas allés loin. Tout à coup, le bateau a chaviré et ils sont tombés dans l'eau.

Là, j'ai vraiment eu peur. J'ai paniqué et j'ai appelé au secours! Les sauveteurs ont pu sauver Selma et les garçons. Ils ont été super!
Et maintenant, le truc de fous!!!! Le chef des sauveteurs, c'est le père de Matéo!!! Il n'a pas beaucoup aimé l'aventure de son fils! Vraiment, Matéo, quel idiot!

Lire et comprendre

1 a **Lis le texte. Qui a écrit le journal?**

//● b **C'est qui? Lis le texte encore une fois et réponds.** //○ ▶ p. 134

1. Il a frimé avec son bateau.
2. **Elle** n'a pas voulu monter dans le bateau.
3. **Ils** n'ont pas écouté.
4. **Elle** a paniqué et **elle** a appelé au secours.
5. **Ils** ont pu sauver Selma.
6. **Il** n'a pas aimé l'aventure de son fils.

Regarder et comprendre

ebcode
coguru

2 a **Regarde le film. Qui parle avec qui?**

b **Trouve les phrases dans le journal de Mathilde qui vont avec le film.**

c **Pourquoi est-ce que le chef des sauveteurs n'a pas aimé «l'aventure» de Matéo? Explique.**

Découvrir: la négation avec le passé composé

3 a **Wo steht beim *passé composé* die Verneinungsklammer? Formuliere eine Regel.**

Je **n'**ai **pas** voulu. Ils **ne** sont **pas** allés loin.

b **Réponds aux questions. Utilise la négation.**

1. Est-ce que Mathilde est montée dans le bateau?
2. Est-ce que les trois jeunes sont allés loin?
3. Est-ce que Monsieur Carpentier a aimé l'aventure de son fils?
4. Est-ce que les trois copains ont écouté Mathilde?

S'entraîner

p. 128

4 a **Frimeur! B va à la page 128.** | A: Du erzählst, was du gestern angeblich getan hast und übertreibst. B glaubt dir kein Wort.

A: Hier, j'ai parlé à Manuel Neuer.

B: Arrête, c'est trop fort! Tu n'as pas parlé à Manuel Neuer.

1. parler à Manuel Neuer
2. surfer sur des vagues de dix mètres
3. monter sur le Mont Blanc
4. aller au cinéma avec ____
5. ____

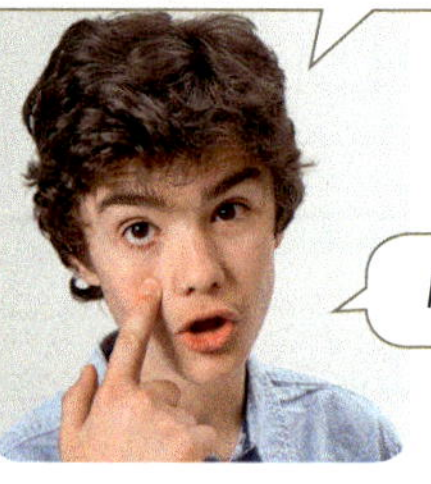

Mon œil![1]

1 **Mon œil!** Ich glaub' dir kein Wort!

b **À toi de réagir.** | Reagiere nun auf die Aussagen von B. Auch du glaubst ihm nicht.

Arrête! Tu frimes! C'est trop fort!

5 a **Complète le dialogue. Utilise *moi*, *toi*, *lui*, *elle*, *nous*, *vous*, *eux* ou *elles*.** ▶Grammaire, p. 30/4

– Salut, Moki. C'est ? . Ça va?
– Oui, ça va. Et ? ?
– Bof! Je suis allé au concert de Mégalo avec Luc et Sophie, mais Sophie est arrivée en retard. C'est toujours comme ça avec ? ! J'ai beaucoup dansé mais pas Luc et Sophie. Pour ? , ça a été l'horreur. Luc n'aime pas le rap. Pour ? , c'est un truc de fous. Après, on a retrouvé Jim. Il est rentré avec ? .
– Tu as pu faire des photos? Parce que ? aussi, j'adore Mégalo! Je peux passer chez ? ?

1 13

b **Écoute et compare ton résultat de a avec le texte audio.**

Apprendre à apprendre: écrire (2)

6 **So kannst du deinen Text lebendiger gestalten und strukturieren** ▶Méthodes, p. 153

a Du kannst deine Texte lebendiger gestalten, indem du Adverbien verwendest, die andere Wörter verstärken:
Il est cool. → *Il est **vraiment** cool.*
On a travaillé. → *On a **beaucoup** travaillé.*
Probiere es in der Aufgabe 7 gleich aus.

b Du strukturierst deine Texte, indem du Zeitangaben (z. B. *demain, à 6 heures*) oder Ortsangaben (z. B. *ici, là*) verwendest. Probiere es in der Aufgabe 8 aus.

Écrire

7 **Catherine écrit une carte postale. Complète. Utilise des adverbes.**

Exemple: Elle parle **bien** français.

vraiment (2 x) bien un peu
déjà souvent beaucoup (2 x)

Du weißt nicht, was die Wörter im Kasten bedeuten? Wo kannst du nachschlagen?

Salut,
Je suis chez ma copine Lena à Garmisch-Partenkirchen. Elle parle ? français.
Elle a ? 14 ans et elle est ? cool!
On aime ? faire de l'escalade alors on va ? à la «Alpspitze». Hier, on a ? travaillé et on a ? chatté. Lena et moi, on est ? comme deux sœurs!
À plus!
Catherine

Claire Belloumi
98, rue Bocaud
34000 Montpellier
France

8 a **Lis d'abord les informations. Puis écris une histoire. Utilise le passé composé.**

- *rentrer de l'école*
- *aller chez Philippe*
- *faire les devoirs*
- *regarder un DVD*

- *aller au parc avec lui*
- *portable tomber dans l'eau*
- *chercher le portable*
- *rentrer à la maison*

▶▶▶

b **Strukturiere deinen Text von a. Suche dir aus dem Kasten Wörter aus und füge sie sinnvoll ein. Du musst nicht alle Wörter verwenden.**

Exemple: **Hier,** je suis rentré/e de l'école. **D'abord,** ___

tout à coup | ensuite | après | d'abord | alors | hier | à ___ heures | samedi

À toi: Écris un texte pour ton journal ou ton blog

9 a **Qu'est-ce que tu as fait le week-end? Qu'est-ce qui s'est passé? Prépare ton texte et fais une liste.**

b **Écris un texte sur ton week-end pour tes amis français.** ▶ Méthodes, p. 153–154

DELF

PF

Fiche d'écriture:
texte pour ton journal ou ton blog

Beginn	Salut, ___! Bonjour tout le monde!
Bericht	Samedi/___. D'abord, je/nous ___. Après, je/nous ___. Ensuite, ___. À 14 heures, ___.
Ereignis	Tout à coup, ___. Il m'est arrivé un truc (de fous)! J'ai eu peur. / J'ai paniqué. Délire! Trop cool!
Lösung	Alors, j'ai eu une idée. J'ai aidé ___. (Ils ont) été super!
Schluss	Voilà mon histoire/aventure. J'ai beaucoup aimé mon/notre aventure. ___, quel idiot! ___, quel héros! À plus! À bientôt!

Verwende auch Adverbien, um deinen Text lebendiger zu gestalten. ▶ p. 27/6, 7

c **Présentez vos textes sur le site de votre collège.**

TU ES EN FORME?

- Sage, dass du gestern mit deinen Freunden ins Kino gegangen bist.
- Frage deinen Nachbarn / deine Nachbarin, ob er/sie gestern um 18 Uhr ferngesehen hat.

Expressions utiles

So sprichst du über etwas, das du erlebt hast:

Qu'est-ce que tu as fait (hier)?
Il m'est arrivé un truc (de fous)!
Je ne suis pas allé/e (à la plage) à cause du (drapeau rouge).
J'ai fait (du vélo).
Tout à coup, je suis tombé/e.
Ensuite, je suis remonté/e dans le bateau.

So drückst du deine Begeisterung aus:

Délire!
Trop cool!
(Ils ont) été super!
Arrête, c'est trop fort, (ton histoire)!

So drückst du deinen Ärger über jemanden aus:

Quel idiot!
C'est toujours comme ça avec (lui).

Grammaire

+ Ex
L 20|5 20|6
C 11|3 11|4

1 **Du sprichst über Vergangenes:**

J'ai apporté mon bateau.

→ **Dazu brauchst du:** **das passé composé mit *avoir***
(le passé composé avec *avoir*)

J'	**ai**	**apporté**	mon bateau.
Tu	**as**	**quitté**	la plage?
Il/Elle/On	**a**	**retourné**	le bateau.
Nous	**avons**	**aidé**	Selma.
Vous	**avez**	**appelé**	les sauveteurs?
Ils/Elles	**ont**	**sauvé**	nos amis.

Exercices de grammaire

1 Formez des phrases au *passé composé*.
1. *Je / manger / une banane.* 2. *Tu / préparer / une salade?* 3. *Il / chercher / ses clés.* 4. *Vous / appeler / Marie?*
2 À deux, comparez vos résultats.

+ Ex
L 20|5 20|6
C 15|3

2 **Du sprichst über Vergangenes:**

J'ai dansé.

→ **Dazu brauchst du:** **das Partizip Perfekt**
(le participe passé)

Les verbes en *-er*		Les verbes irréguliers	
travailler	→ travaillé	avoir	→ **eu** [y]
manger	→ mangé	être	→ **été**
appeler	→ appelé	faire	→ **fait**
ignorer	→ ignoré	vouloir	→ **voulu**
sauver	→ sauvé	pouvoir	→ **pu**

Exercices de grammaire

1 Traduisez les *participes passés*:
1. *eu*; 2. *été*; 3. *pu*; 4. *fait*; 5. *voulu*.
2 Jouez au dés. | A nennt einen Infinitiv, B würfelt und bildet das *passé composé*, z. B. ⚀ *j'ai fait*. Dann tauscht ihr die Rollen.

▶ Solutions, p. 228

+ Ex
L 22|3 22|4 23|5 23|6
C 13|4 13|5 13|6 14|7

3

Du sprichst über Vergangenes:		Dazu brauchst du:
Il **est allé** à la plage. Elle **est rentrée** à la maison.	→	**das passé composé mit *être*** (le passé composé avec *être*)

	Hilfsverb	Partizip Perfekt	
Je	suis	allé/allée	à la plage.
Tu	es	allé/allée	à Paris?
Il	est	allé	à l'école.
Elle	est	allée	chez Paul.
On	est	allés/allées	au parc.
Nous	sommes	allés/allées	à la Fnac.
Vous	êtes	allés/allées	aux toilettes.
Ils	sont	allés	à la piscine.
Elles	sont	allées	au cinéma.

Je ne suis pas allé/allée à la plage.

Die Verneinungswörter *ne/n'* und *pas* umschließen das konjugierte Hilfsverb *avoir* oder *être*.

Für die meisten Verben gilt:
Steht im Deutschen das Hilfsverb **sein**, dann bildest du das *passé composé* mit **être**.
Je ***suis*** *arrivé/e.* Ich **bin** angekommen.

! Es gibt Ausnahmen. Dazu gehören:

Ils ***ont*** *été super!*	Sie **sind** toll gewesen!
Il ***a*** *surfé.*	Er **ist** gesurft.
Le bateau ***a*** *chaviré.*	Das Boot **ist** gekentert.

Être, *surfer* und *chavirer* haben das Hilfsverb ***avoir***.

Exercices de grammaire

1 C'est qui? Marie, Jean ou les deux?
1. *Je suis allée.* 2. *Je suis rentré.* 3. *Je suis resté.* 4. *Je suis arrivée.* 5. *On est allés.*

2 Réécrivez les phrases: 1. ***Il*** *est allé à la plage.* 2. ***Alex*** *est arrivé en retard.* 3. ***Nous*** *sommes restés dans l'eau.*
Utilisez: 1. *Selma* ? . 2. *Ils* ? . 3. *Je* ? .

+ Ex
L 26|5
C 17|6

4

Du verweist auf Personen:		Dazu brauchst du:
C'est toujours comme ça avec **lui**.	→	**die unverbundenen Personalpronomen** (les pronoms personnels disjoints)

je	→ moi	**Moi**, je n'ai pas voulu.
tu	→ toi	Sofiane, c'est **toi**?
il	→ lui	Je travaille avec lui. (= avec Marc)
elle	→ elle	Je vais chez elle. (= chez Ina)
nous	→ nous	Hier, il est arrivé chez **nous**.
vous	→ vous	C'est **vous**, Madame Legrand?
ils	→ eux	Tu rentres avec eux? (= avec Tom et Léa)
elles	→ elles	Je chante pour elles. (= pour Sophie et Zoé)

▶ Solutions, p. 228

1 Regarde le texte. C'est quelle[1] sorte de texte? Quel[1] est le thème du texte? ▶Méthodes, p. 150

SURFER
EST UN VRAI PLAISIR

Lucie Delcour, 12 ans, est la plus jeune surfeuse des Bréti Girls Pro Junior.

Les **Bréti Girls Pro Junior** est une compétition de surf de filles.

Comment est-ce que tu as découvert le surf?
Mes parents surfaient. Donc moi, j'ai suivi et j'ai commencé à l'âge de sept ans avec une copine. Depuis trois ans, je surfe vraiment beaucoup.

Que représente le surf pour toi?
Surfer est un vrai plaisir, c'est une grande passion!

Tu es suivie par un coach?
Oui, j'ai un coach qui m'aide beaucoup. Il m'entraîne tous les samedis après-midi et les dimanches matin.

Est-ce que tu te sens prête pour les Bréti Girls Pro Junior?
Oui, je me sens prête. C'est une grosse compétition, il y a un bon niveau et je sais que je suis la plus petite. Mon objectif, c'est de passer un ou deux tours.

Tu veux devenir surfeuse professionnelle?
J'aimerais bien, mais ça risque d'être difficile! Il faut que je m'entraîne encore beaucoup!

Avec les cours, tu trouves le temps de t'entraîner?
Je n'ai pas de problème pour ça. Je surfe aussi avec le collège, le jeudi après-midi.

Tes parents sont fiers de toi?
Oui, très! Ils me soutiennent beaucoup.

1 **quel/quelle** welche/r/s

2 Lisez l'interview. Qu'est-ce que vous comprenez?

3 Quel mots est-ce que vous comprenez? Notez-les dans un tableau. Pourquoi est-ce que vous comprenez les mots?

Wort	aus dem Französischen	wie im Deutschen	wie im Englischen	andere Sprachen	aus dem Kontext	wegen des Bildes
la surfeuse	surfer	Surferin	surf			✓

4 Qu'est-ce que tu aimes dans la vie de Lucie? Qu'est-ce que tu n'aimes pas? Pourquoi? Réponds.

Exemple: J'aime le hobby de Lucie parce que j'adore surfer, moi aussi.

Hier kannst du die Vokabeln und die Grammatik wiederholen, die du bereits gelernt hast.
Die Lösungen findest du unter www.cornelsen.de/codes fowoju.

1 Qu'est-ce qui va ensemble? Forme des phrases. Il y a plusieurs possibilités.

Exemple: 1D Je vais à la montagne parce que là, je peux faire de l'escalade.

Je vais / On va ...

1. à la montagne
2. à la campagne
3. à la mer
4. à la plage
5. à la piscine du quartier Antigone
6. à la Fnac
7. à la place de la Comédie
8. au centre commercial «Polygone»
9. en ville

... parce que là, je peux / on peut ...

2 a Lis les mots à haute voix et trouve les rimes. Attention: il y a un mot en trop.

le pied la campagne la plage deux heures le héros l'Allemagne la peur
le drapeau tomber l'eau le professeur le café

[o]	[aɲ]	[e]	[œʀ]
le bateau ___	la montagne ___	rester ___	le sauveteur ___

b Fais des rimes avec les mots de a.

Exemple:
Voilà Matéo!
C'est mon héros.

3 a Martin se présente. Écris les nombres dans ton cahier. Puis écoute. Souligne les nombres qu'il utilise.

1 14

▸Nombres, p. 166

0 – 3 – 4 – 7 – 9 – 14 – 15 – 17 – 21 – 26 – 36 – 42 – 45 – 50 – 54 – 63 – 68 – 71 – 78 – 89 – 91 – 97

b Écoute encore une fois. Note les informations de Martin à côté des nombres.

4 a **Écoute les petites annonces à la radio. Qu'est-ce que les jeunes vendent[1]? Note.**

1 **ils/elles vendent qc** sie verkaufen etw.

DELF

b **Écoute encore une fois. Retrouve l'ordre des numéros de téléphone.**

A 06.23.17.24.XX | B 06.86.99.26.XX | C 06.86.34.99.XX | D 06.92.48.39.XX

5 **Complète. Utilise *moi, toi, lui, elle, nous, vous, eux* ou *elles*.** ▶Grammaire, p. 30/4

1 

C'est pour ? ?

2 

Alex est sympa. J'aime bien travailler avec ? .

3 

Regardez à côté de ? !

4 

? , je vais au cinéma. Et ? , Selma, qu'est-ce que tu fais?

5 

Mes grands-parents habitent à la campagne. Je passe souvent le week-end chez ? .

6 

– Votre prof de sport, c'est ? ?
– Non, ce n'est pas ? . C'est ? .

6 GRAMMAIRE MIXTE: **Passé, présent ou futur? Écoute et complète les phrases. Écris dans ton cahier.**
▶Grammaire, p. 29/1–3

1. Je/J' ? Selma.
2. Je/J' ? Selma.
3. Elle ? sur la plage.
4. Elle ? sur la plage.
5. Nous ? dans le bateau.
6. Nous ? dans le bateau.
7. Ils ? jusqu'à la bouée.
8. Ils ? jusqu'à la bouée.

7 a **Écris d'abord les phrases au passé composé. Puis retrouve l'ordre des phrases pour les trois petites histoires.**

1
Lôc *(tomber)*.
Les jeunes *(faire)* du volley.
Il *(quitter)* la plage.

2
Le bateau *(chavirer)*.
Ils *(ne pas aller)* loin.
Ils *(monter)* dans le bateau.

3
Nous *(préparer)* le dîner.
Nous *(inviter)* nos parents.
Nous *(acheter)* des spaghettis au supermarché.

b **Complète les phrases par les indications de temps[1].**

1 **les indications de temps** die Zeitangaben

d'abord après ensuite tout à coup
hier à ___ heures à midi
alors là

Unité 3 Mon look et moi

C'est mon style!

1

Alex aime ce look: «J'adore les vêtements noirs. Mais je n'ai pas toujours des idées noires.»
Alex écoute: «Eyeless, c'est un groupe de Montpellier. J'aime le métal parce que ça fait du bruit.»

2

Matéo aime ce look: «Moi, j'aime le skate. Et j'adore porter des fringues cool.»
Matéo écoute: «Stromae. Ma musique, c'est l'électro.»

Écouter et comprendre

1 a **Écoute, répète et montre les vêtements.**

b **Écoute. C'est qui? Réponds.**

Hier lernst du:

- deinen Kleidungsstil und deinen Musikgeschmack zu beschreiben.

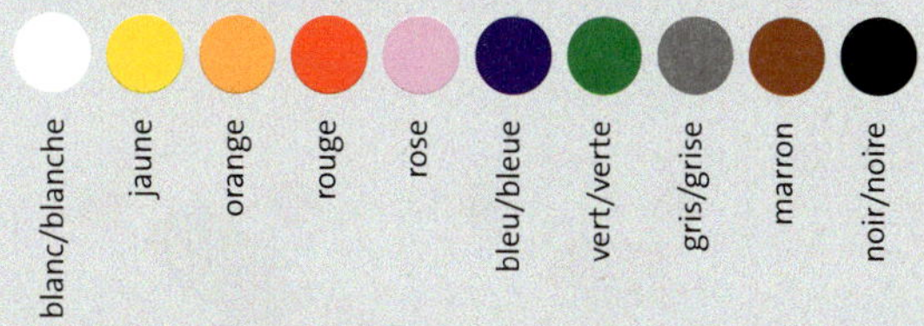

3 **Mathilde aime ce look:** «Ça, c'est mon look! Moi aussi, j'adore mélanger les couleurs.»
Mathilde écoute: «Zaz! J'adore sa musique parce qu'elle mélange les styles comme moi!»

4 **Selma aime ce look:** «Elle est à la mode et sa veste est jolie. Moi aussi, j'aime être à la mode.»
Selma écoute: «Jena Lee! Le R&B, c'est top!»

Découvrir: la position de l'adjectif

2 a Trouve les noms avec des adjectifs de couleur. Traduis.

Exemple: la mèche bleue → die blaue Strähne

b Compare la position des adjectifs de a en français et en allemand. Qu'est-ce que tu remarques?

S'entraîner

3 a **Qu'est-ce que vous achetez? Travaillez à deux.**

Exemple: 1. J'achète un foulard rouge. Et toi?

Denke daran: Gleiche das Adjektiv dem Nomen an.

b **C'est qui? Décris les vêtements d'un/d'une camarade. Les autres devinent.** ▶Banque de mots, p. 179

Exemple:
A: Il porte un pantalon vert et un tee-shirt jaune. C'est qui?
B: C'est ___.

4 a **Imagine un look. Fais un collage dans ton cahier. Écris les noms des vêtements et les adjectifs de couleur.**
▶Banque de mots, p. 179

b **Décris ton dessin à ton voisin / ta voisine. Il/Elle dessine ton personnage.**

Exemple: C'est une fille. Elle porte un tee-shirt noir, un jean gris, ___.

5 **Qu'est-ce que Mathilde, Selma, Matéo et Alex aiment? Pourquoi? Lis les textes, p. 34–35. Justifie ta réponse.**

Exemple: Mathilde adore Zaz parce qu'elle mélange les styles.

DELF **6** **Et toi, ton look préféré, c'est quoi? Et ton groupe de musique préféré? Qu'est-ce que tu écoutes? Justifie ta réponse.**

Exemple: J'aime les fringues noires parce que c'est cool.
J'adore le métal parce que ça fait du bruit. J'écoute Gojira.

... parce que	c'est top. c'est bien. c'est super. c'est cool. ça fait du bruit.

Hier lernst du:

- ein Einkaufsgespräch zu führen (Kleidung zu kaufen),
- dich zu verabreden.

1 20–22

Ils adorent faire du shopping

1

Lôc et Matéo font du shopping en ligne.

Lôc: Regarde ces baskets! Elles sont trop cool!

Matéo: Bof, ce n'est pas mon truc. Je n'aime pas ces couleurs.

Lôc: Et le tee-shirt noir? Il te plaît?

Matéo: Pas mal. Est-ce qu'ils ont ce tee-shirt en M?

Lôc: Non ... Je ne sais pas.

Matéo: Regarde cette casquette! Elle coûte combien?

Lôc: 35 euros! Zut. C'est trop cher.

2

Selma et Mathilde sont au marché, place de la Comédie.

Selma: Essaye ce bracelet, Mathilde. Ah, super! Il te va bien!

Mathilde: Bonjour, monsieur! Combien coûtent ces deux bracelets rouges, s'il vous plaît?

Vendeur: 6 euros 80. Mais prenez un troisième bracelet! Aujourd'hui, c'est trois bracelets pour le prix de deux.

Mathilde: Super! Alors, j'en prends trois! On prend encore ce bracelet rose, s'il vous plaît.

Selma: Arrête Mathilde, c'est moche. (*Au vendeur*) Excusez-moi, monsieur, on prend ces trois bracelets rouges.

Vendeur: Alors, ça fait 6 euros 80.

Selma: Ah, zut, j'ai oublié mon argent ...

Mathilde: Voilà 6 euros 80. Merci.

Vendeur: Je vous en prie. Au revoir.

Selma et Mathilde: Merci et au revoir.

CIVILISATION

In französischen Städten und Dörfern gibt es Wochenmärkte, auf denen man regionale Produkte kaufen kann. Gibt es solche Märkte auch bei euch? Gib im Internet „jours de marché“ ein und finde heraus, wie viele Wochenmärkte es in Montpellier gibt.

▶▶▶

3 Une heure plus tard

Selma: Salut Mathilde!! Qu'est-ce que tu vas mettre ce soir pour la fête d'Alex? 14:47

Mathilde: Je ne sais pas encore ... 😬 😳 Et toi, Selma? 14:47

Selma: Moi non plus. Tu veux passer chez moi et on essaye des fringues ensemble? Tu as le temps cet après-midi? 14:49

Mathilde: Oui, bonne idée! 😃 La fête est à 19 heures ... Je peux passer chez toi à 17 heures? Je vais apporter une robe et mon jean préféré. 😃 14:50

Selma: À 17 heures, je n'ai pas le temps, j'ai piscine jusqu'à 17 h. Mais à 17 h 30, ça marche. D'accord? 14:54

Mathilde: Super, @+! 😘 14:54

Lire et comprendre

DELF **1 a C'est vrai ou c'est faux? Lis les dialogues 1 et 2, page 37, réponds et corrige les phrases fausses.**

Exemple: 1. C'est faux. Les garçons font du shopping en ligne. → p. 37 / ligne[1] 1

1. Les garçons sont au marché.
2. Matéo aime ces baskets.
3. Matéo aime le tee-shirt noir.
4. Selma essaye le bracelet rouge.
5. Trois bracelets coûtent 6 euros 80.
6. Selma et Mathilde prennent le bracelet rose.
7. Mathilde a un problème.

1 **la ligne** die Zeile

b Lis le chat (texte 3, page 38) et complète les phrases.

1. Selma et ? vont aller à ? .
2. Elle veulent ? des vêtements ensemble.
3. Mais Selma est à la ? jusqu'à ? .
4. Alors, Mathilde va passer chez ? à ? .

Regarder et comprendre

ebcode
coguru

2 a Regarde le film sans le son. Qu'est-ce que tu comprends? Raconte.

b Regarde le film avec le son et réponds aux questions.

1. Pourquoi est-ce qu'Alex fait une fête?
2. À quelle heure est-ce que Selma veut rentrer?
3. Quel est[1] le problème des filles?
4. Qu'est-ce qu'elles vont faire?

1 **Quel est ...?** *hier:* Was ist ...?

Vocabulaire

3 Note les expressions utiles pour parler des vêtements et pour se donner rendez-vous[1].

1 **pour se donner rendez-vous** um sich zu verabreden

parler/acheter des vêtements	*se donner rendez-vous*
Ces baskets sont trop cool!	*Tu as le temps?*

S'entraîner au dialogue

1 23–24
DELF

4 a Écoute, lis et répète.

1.
– Bonjour, madame! [____], s'il vous plaît?
– 14 euros. [____]!
– Merci. Et [____]?
– Oui, bien sûr. Voilà ... Alors, [____].
– Voilà. Merci.
– Merci et au revoir!

2.
– Salut, Farid! [____]?
– Salut, Max! Oui, [____]?
– À trois heures, [____], j'ai foot [____].
– Et [____]?
– À cinq heures? D'accord. [____].
– Super, [____]!

b À deux, entraînez-vous et jouez les dialogues de a.

Découvrir: le déterminant démonstratif *ce/cet/cette/ces*

5 a Tu veux acheter quelque chose et tu as besoin du déterminant démonstratif *ce*. Trouve les exemples dans les textes, p. 37–38. Écris-les dans le tableau.

ce	*cet*	*cette*	*ces*
			ces baskets

b Quand est-ce que tu utilises quelle forme? Explique.

//●

c Note ces noms dans ton tableau de a: *librairie, rue, centre commercial, sacs, étagères, hôtel, ordinateur, problème, animaux, groupe, atlas.* ▶ Liste alphabétique, p. 204

//○ ▶ p. 134

S'entraîner

p. 128

6 a **Vous êtes vendeur et client. B va à la page 128. A: Tu es le client / la cliente. Tu veux acheter ces vêtements.**

Exemple:
A: Excusez-moi, vous avez ces baskets blanches en 39?
B: Non, mais j'ai ces baskets blanches en 40. Vous voulez essayer?
A: Oui, je veux bien[1]. / Non, merci.

1 **je veux bien** gerne

1 

ces baskets blanches

2 

ce tee-shirt blanc

3 

cette veste grise

4 

ce jean bleu

b **Maintenant, tu es le vendeur / la vendeuse. B veut acheter des vêtements. Réponds.**

1 

2 

3 

4 

7 GRAMMAIRE MIXTE: **Ils font du shopping. Complète par *ce/cet/cette/ces* et la forme correcte des adjectifs de couleur.** ▶Grammaire, p. 46/1

1. – Bonjour, monsieur. Vous avez ? jean en M?
   – Non, mais j'ai ? pantalon en M.
2. – Vous voulez essayer ? lunettes , madame?
   – Non, je voudrais essayer ? casquette .
3. – Excusez-moi, madame. ? bracelets coûtent combien?
   – 20 euros.
   – Non, merci. C'est trop cher. Mais je prends ? veste et ? foulard .

Écouter

1 25
DELF

8 **Alex fait du shopping avec sa mère. Écoute le dialogue et trouve le dessin correspondant.**

1 

2 

3 

26

9 **Tu fais du shopping avec tes parents. Écoute les annonces et explique à tes parents les soldes[1] et les prix.**

1 **les soldes** *m. pl.* die Sonderangebote

//O ▶ p. 134

À toi: Fais une médiation dans un centre commercial

10 a **Avec ton père, tu es dans un centre commercial en France. Ton père ne parle pas français. Quelles informations sont importantes? Qu'est-ce que tu dis[1]? Préparez la médiation.**

▶ Méthodes, p. 156

1 **tu dis** du sagst

1. **Vendeuse:** Bonjour. Je peux vous aider? ... Ah, pardon, vous êtes Allemands? Il y a beaucoup de touristes dans notre ville ... Vous voulez essayer ces baskets?
   Toi à ton père: ?
2. **Ton père:** Das ist ja ein tolles Geschäft. Nein, ich weiß nicht, ich würde eigentlich gerne diese schwarze Hose anprobieren. Haben sie sie auch in L? Fragst du die Verkäuferin mal?
   Toi à la vendeuse: ?
3. **Vendeuse:** Ah, oui, bien sûr. Je vais regarder ... Il est très joli. Tout le monde achète ce pantalon! Non, j'ai ce pantalon en XL. Vous voulez essayer quand même?
   Toi à ton père: ?
4. **Ton père:** Äh, nein danke, die ist sehr groß ... Aber die Mütze da, die gefällt mir. Wie viel kostet sie? So eine tolle Farbe! Ich nehme die Mütze auf jeden Fall.
   Toi à la vendeuse: ?
5. **Vendeuse:** 45 euros. Elle est super cette casquette! Nous avons ces casquettes en bleu et en vert.
   Toi à ton père: ?
6. **Ton père:** Ach du meine Güte! Das ist mir viel zu teuer. Bitte bedanke dich und dann gehen wir lieber ein Eis essen, einverstanden? Ich habe gar keine Lust mehr zu shoppen.
   Toi à la vendeuse: ?

b **Évaluez la présentation.** | Zwei Gruppen arbeiten zusammen: Eine Gruppe spielt die Situation vor, die andere bewertet den Inhalt, die Vorführung und die sprachliche Richtigkeit. Nennt erst Positives, dann Kritik mit Tipps. Dann spielt die zweite Gruppe vor. ▶ Méthodes, p. 147

Texte B et exercices

Hier lernst du:

- jemandem in einer Radiosendung Ratschläge zu geben.

Je voudrais un tatouage

Préparer la lecture

1 **Survole cette page. Où est-ce qu'on trouve cette sorte de texte?** ▶Méthodes, p. 150

LE TATOUAGE

pour ou contre?

Je voudrais un tatouage mais mes parents ne sont pas d'accord. Ils ne me comprennent pas! Qu'est-ce que je peux faire? Vous pouvez me donner un conseil?
Sylvain, 15 ans, Toulouse

Je comprends tes parents. Un tatouage, c'est moche. Et c'est pour la vie.
Paul, 13 ans, Plougastel

Il ne faut pas baisser les bras! Il faut trouver des arguments! Tu pourrais regarder sur Internet. J'ai fait ça avec mes parents et ça a marché. Bonne chance!
Erwan, 15 ans, Chantilly

Cher Sylvain, je te comprends bien. Moi aussi, j'adore les tatouages: c'est sexy.
Sophie, 14 ans, Paris

Salut! Est-ce que tes parents et toi, vous avez parlé aux spécialistes? Est-ce qu'on vous a expliqué les risques? Moi, je suis allé avec ma mère dans un studio de tatouage. On nous a montré les instruments. Et là, j'ai eu peur.
Guillaume, 15 ans, Marseille

Mon frère a un tatouage dans le cou. Mais dans son métier, c'est un problème. Alors maintenant, il met des foulards. Et il n'est pas à l'aise. Tes parents ne te permettent peut-être pas ce tatouage parce qu'ils ont peur pour ton avenir?
Naïma, 14 ans, Montélimar

Notre conseil:
Pourquoi est-ce que tu ne mets pas un tatouage temporaire? Ça ne fait pas mal et c'est joli!

Lire et comprendre

DELF **2** a **Lis le texte. Quel est le problème de Sylvain? Réponds.**

b **Qui est pour et qui est contre le tatouage? Et pourquoi? Écris dans ton cahier.**

pour le tatouage	*parce que*	*contre le tatouage*	*parce que*
Sophie	*c'est sexy*		

c **Et toi? Tu es pour ou contre? Justifie ta réponse.**

Exemple: Je suis contre le tatouage parce qu'il y a des risques.

Vocabulaire

1 28–29 **3** **Écoute la chanson «Pour ou contre?» et chante.** ▶Texte, p. 231

4 **Comment est-ce qu'on peut donner un conseil? Fais une liste avec les expressions utiles.** ▶Texte, p. 42

donner un conseil
Il faut trouver des arguments.

S'entraîner

5 **Complète par *me*, *te*, *nous* ou *vous*.** ▶Grammaire, p. 47/3

1

– Aujourd'hui, je ? montre Montpellier.
– Vous ? montrez aussi votre quartier?

2

– Tu ? comprends?
– Mais oui, je ? comprends!

3

– Tes parents ? permettent des tatouages!?
– Ben, oui, ils ? permettent beaucoup de trucs!

4

– Comment est-ce que tu ? trouves?
– Je ? trouve super!

5

– Je ne ? parle plus!
– Mais je veux ? expliquer le problème!

6

– Qu'est-ce que tu ? donnes?
– Je ? donne un bonbon!

6 **Qu'est-ce qu'ils font? Forme des phrases. Il y a plusieurs possibilités.** ▶Grammaire, p. 47/2

La mère ne permet pas de tatouage	les arguments de Zoé.
Les spécialistes expliquent les risques	à son fils.
Ils montrent les instruments	à Mariam.
Sophie comprend	un tatouage temporaire.
Karim donne un conseil	à Félix et sa mère.
Elle met	à ses parents.
Nous essayons	les baskets vertes.
Tu donnes ce livre	mon message.
Il parle	aux grands-parents.

Lerne die Verben immer mit ihren Ergänzungen:
parler **à** qn
donner qc **à** qn
expliquer qc **à** qn
montrer qc **à** qn
permettre qc **à** qn

//● **7** a **Qu'est-ce qu'ils mettent aujourd'hui? Retrouve les phrases et note-les dans ton cahier. Mets aussi les signes de la phrase[1].** ▶Grammaire, p. 47/4 //○ ▶ p. 134

1 **les signes de la phrase** die Satzzeichen

b **Traduis les phrases.** | Übersetze. Welche verschiedenen Bedeutungen hat *mettre* in den Sätzen von a?

Parler

DELF **8** a **Donnez des conseils. B va à la page 129. A: Tu as des problèmes, B te donne des conseils.** p. 129

1. J'ai eu un 7 en allemand.
2. Je voudrais chanter dans un groupe mais mes parents sont contre.
3. Je voudrais faire un stage de quad mais mes parents ne sont pas d'accord.
4. Je voudrais passer les vacances avec mes copains/copines mais mes parents ne veulent pas.

b **Maintenant, B a des problèmes. Choisis un conseil et réponds.**

Exemple:
B: Je suis toujours en retard.
A: Pourquoi est-ce que tu n'achètes pas une montre?

Pourquoi est-ce que tu n'achètes pas une montre?
Il faut trouver des arguments pour ta fête.
Tu pourrais aller chez ton copain / ta copine.
Tu pourrais faire un gâteau.
Il faut toujours regarder sa montre.
—

Écrire

//● DELF

9 **Donne un conseil à Paul. Réponds à son message. Utilise les expressions des exercices 4 et 8.** //○ ▶ p. 135

Je voudrais avoir un chien mais mes parents ne veulent pas parce qu'on habite dans un appartement. Les chiens en ville, ce n'est pas super. Qu'est-ce que je peux faire?
Paul, 14 ans, Marseille

Écouter

DELF 1 30

10 **Écoute l'émission de radio[1] «Le piercing – pour ou contre?». Qui est pour (+) et qui est contre (–)? Note dans ton cahier.**

1 l'émission de radio *f.* die Radiosendung

Guillaume	Sonia	Alice	Fofana

Apprendre à apprendre: parler

11 **So kannst du einen Hörtext als Modelltext nutzen** ▶ Méthodes, p. 146

a Ihr bereitet ein Rollenspiel vor. Dafür könnt ihr einen Hörtext als Modelltext nutzen. Zuerst hört ihr euch den Beispieltext an. Darin gibt es verschiedene Sprecher mit unterschiedlichen Rollen, z. B. einen Moderator und mehrere Anrufer. Achtet darauf, worin sie sich unterscheiden (Wer spricht mehr, wer weniger? Wer ist ruhig, wer aufgeregt? ...)

b Ihr verteilt die Rollen und hört euch den Beispieltext mehrmals an. Jede/r achtet besonders auf den Sprecher, dessen Rolle er/sie übernehmen wird. Wie drückt er z. B. Zustimmung oder Verwunderung aus? Welche Wendungen wollt ihr übernehmen? ▶ Transcription: www.cornelsen.de/codes fowoju

c À vous! | Probiert es gleich in der Aufgabe 12 aus. Nehmt den Hörtext der Aufgabe 10 als Beispiel.

À toi: Joue une émission de radio

P F

12 **Jouez une émission de radio «Pour ou contre ...?» en classe.**
- **Choisissez le sujet de votre émission.**
- **Choisissez vos rôles.**
- **Prenez le texte audio de l'exercice 10 comme modèle. Écrivez vos textes.**
- **Jouez l'émission. Vous pouvez enregistrer[1] votre émission.**

1 enregistrer qc etw. aufnehmen

TU ES EN FORME?
- Sage, dass du immer schwarze Sachen anziehst und R&B magst.
- Frage einen Verkäufer, ob er diese weiße Jacke in M hat.
- Sage einem Freund, dass er nicht aufgeben soll.

Grammaire et expressions utiles

Expressions utiles

C 24|1 26|7 29|7

So sprichst du über deinen Kleidungs-/Musikstil:

J'adore mettre (des vêtements noirs) / mélanger (les couleurs) / porter (des fringues cool).
Ça, c'est mon look.
J'aime être à la mode.
(Ce pull) est joli.
J'aime le métal parce que (ça fait du bruit).
Ma musique, c'est (l'électro).

Das kannst du in einem Einkaufsgespräch sagen:

(Ces baskets) sont trop cool!
C'est (joli/sexy/moche). / Ce n'est pas mon truc.
Est-ce que vous avez (cette veste) en S?
Vous voulez essayer?
Je voudrais essayer (ce pull).
(Il/Elle/Ça) te va bien.
(Il/Elle) te plaît?
(Il/Elle) coûte combien?
C'est trop cher.
J'en prends (deux).

So gibst du jemandem Tipps:

Il ne faut pas (baisser les bras).
Il faut (trouver des arguments).
Tu pourrais (regarder sur Internet).
Est-ce que tu as parlé à (un spécialiste)?
Pourquoi est-ce que (tu ne mets pas un tatouage temporaire)?

So kannst du dich verabreden:

Tu as le temps (cet après-midi / ce soir / à 17 heures)?
Tu veux passer chez moi?
Je peux passer chez toi (à 17 heures)?
(À 17 heures), je n'ai pas le temps.
(J'ai piscine) jusqu'à 17 heures.
Mais tu peux passer chez moi (à 17 heures 30), d'accord?

Grammaire

L 39|5 40|6 40|7
C 25|4 25|5

1 **Du weist auf eine bestimmte Person/Sache hin:**

Je prends **ce** bracelet.

Dazu brauchst du:

→ **den Demonstrativbegleiter *ce/cet/cette/ces***
(le déterminant démonstratif *ce/cet/cette/ces*)

	masculin	féminin
singulier	ce pantalon cet après-midi	cette robe
pluriel	ces bracelets	ces baskets

Exercices de grammaire

1 Complétez par les déterminants démonstratifs: 1. ? *mèche*; 2. ? *tee-shirt*; 3. ? *foulards*; 4. ? *idée*; 5. ? *ami*; 6. ? *aventure*; 7. ? *vêtements*; 8. ? *lunettes*

2 Travaillez à deux: A lit un nom avec l'article défini (▶Liste des mots). B répète le nom avec le déterminant démonstratif. Échangez les rôles.

▶Solutions, p. 229

L 44|6

2

Du verwendest Verben mit *à* + Objekt: Vous avez parlé **aux spécialistes**?

Dazu brauchst du: → **das indirekte Objekt** (le complément d'objet indirect)

		indirektes Objekt	
Je	parle	**à ma mère.**	→ parler **à** qn
Il	donne un conseil	**à son copain.**	→ donner qc **à** qn
Noah	explique les risques	**au garçon.**	→ expliquer qc **à** qn
Elles	montrent leur chambre	**aux grand-parents.**	→ montrer qc **à** qn
Ils ne	permettent pas le tatouage	**à Marie.**	→ permettre qc **à** qn

Das kannst du schon:

		direktes Objekt	
Tu	cherches	**ton argent?**	→ chercher qn/qc
Je ne	comprends pas	**le problème.**	→ comprendre qn/qc
Assia	met	**ses lunettes.**	→ mettre qc
Ils ne	trouvent pas	**leur chien.**	→ trouver qc/qn

L 43|5
C 28|5

3

Du verweist auf eine Person: Ils ne **me** comprennent pas.

Dazu brauchst du: → **die Objektpronomen *me, te, nous, vous*** (les pronoms objets *me, te, nous, vous*)

Tu	**me**	montres ta chambre?
Tu	**m'**	écoutes?
Je	**t'**	explique le mot.
Je	**te**	comprends.
Ils ne	**nous**	parlent pas.
Ils vont	**nous**	comprendre.
On	**vous**	a expliqué le problème?
On ne	**vous**	a pas écouté?

Exercices de grammaire

1 Wo steht das Objektpronomen im Satz? Und im verneinten Satz? Und in einem Satz mit *passé composé / futur composé*?

2 Traduisez: 1. Er versteht mich. 2. Ich werde dir das Problem erklären. 3. Ich verstehe Sie nicht. 4. Zeigst du uns die Fotos?

L 44|7
C 27|3
28|4

4

Du sagst, dass du etwas anziehst/hinlegst: Elle **met** un foulard.

Dazu brauchst du: → **das Verb *mettre***

Je	**mets**	mon foulard.
Tu	**mets**	ta montre?
Il/Elle/On	**met**	les clés sur le lit.
Nous	**mettons**	nos robes.
Vous	**mettez**	vos baskets?
Ils/Elles	**mettent**	des casquettes.

Exercices de grammaire

Jouez au dés. Exemple:

A: ⚀ = *je*. B: *Je mets.*

Échangez les rôles.

▶ Solutions, p. 229

C'est ma musique!

Nom d'artiste	***Louane*** (ou Louane Emera)
Nom et prénom réels	Anne Peichert
Date et lieu de naissance	26 novembre 1996 à Hénin-Beaumont dans le Pas-de-Calais
Métier	chanteuse, musicienne et actrice
Style vestimentaire	french chic
Albums	*Chambre 12* (2015) et *Louane* (2017)
Genre musical	pop française
Thèmes des chansons	l'avenir, l'amour, la famille, la jeunesse, les amis
Chansons connues	*On était beaux, Avenir, Si t'étais là*
Instruments	Louane joue de la guitare et du piano.
Films	*La famille Bélier* (2014), *Nos patriotes* (2017), *Les affamés* (2018)
Vie privée	Louane chante depuis qu'elle a 8 ans. Elle est en couple avec le DJ Kungs.

Nom d'artiste	***Bigflo & Oli***
Nom et prénom réels	Florian José et Olivio Laurentino Ordonez
Date et lieu de naissance	Bigflo est né le 22 janvier 1993 et Oli le 19 avril 1996 à Toulouse.
Métier	rappeurs, auteurs-compositeurs-interprètes
Style vestimentaire	style rappeur
Albums	*La cour des grands* (2016), *La vraie vie* (2017), *La vie de rêve* (2018)
Genre musical	hip-hop français, pop-rap
Thèmes des chansons	la vie, l'amour, le travail, les tabous, la société
Chansons connues	*Dommage, Trop tard, Demain, Jeunesse influençable*
Instruments	Bigflo joue de la batterie et du piano, Oli de la trompette.
Vie privée	Bigflo et Oli font de la musique depuis qu'ils ont 6 et 9 ans. Leur père est argentin et leur mère est algérienne.

1 31–32 Écoute les chansons de Louane (*On était beaux*) et de Bigflo & Oli (*Dommage*). Quelle chanson est-ce que tu préfères[1]?

1 **préférer qc** etw. lieber mögen

2 DELF Vous trouvez dans un magazine un concours[1] pour gagner des places pour un concert de Bigflo & Oli. Vous inscrivez[2] votre classe de français.

▶ Fiche d'inscription: www.cornelsen.de/codes fowoju

CIVILISATION

Informiere dich über die aktuellen französischen Charts. Du kannst auch bei einem Streamingdienst die Playlist „Whatthefrance" abonnieren und jeden Monat neue Hits aus Frankreich hören.

1 **le concours** der Wettbewerb
2 **vous inscrivez ...** ihr meldet ... an

GAGNEZ DES PLACES POUR LE CONCERT DE BIGFLO & OLI!

Fiche d'inscription

Nom de l'école: ?
Adresse: ?
Classe: ?
Nombre d'élèves: ?
Nom du professeur de français: ?
Nombre d'heures de français par semaine: ?
Votre prénom: ?
Votre adresse: ?
Votre numéro de téléphone: ?
Votre musique préférée: ?

Module 1 Version

Hier übst du die *Version*, das ist eine exakte Übersetzung eines französischen Textes ins Deutsche.
Sie ist Bestandteil der Schulaufgabe und – wenn auch noch in weiter Ferne – der Abschlussprüfung.
Was sollst du unter Beweis stellen?

- Wortschatz- und Grammatikkenntnisse
- Ausdrucksfähigkeit und Präzision

Uff! Aber keine Sorge, denn das kannst du trainieren, indem du häufig kurze französische Texte übersetzt.

Tipps

1 Überblick verschaffen: Lies den Text zuerst einmal ganz, damit du weißt, worum es geht.

In den Übersetzungstexten sind die französischen Sätze mit „/" in Sinnabschnitte unterteilt.
Pro Sinnabschnitt kannst du einen Punkt erhalten.

2 Dann übersetze den Text genau und achte auf Details.

a Achte auf die Zeiten der Verben und auf Modalverben.

Selma **va** à la piscine. *(présent)* → Selma **geht** ins Schwimmbad.
Selma **va aller** à la piscine. *(futur composé)* → Selma **wird** ins Schwimmbad **gehen**.
Selma **veut aller** à la piscine. *(verbe modal)* → Selma **will** ins Schwimmbad **gehen**.

Übersetze nun die folgenden drei Sätze.

1. Je ne vais pas au cinéma aujourd'hui.
2. Je ne vais pas aller au cinéma aujourd'hui.
3. Je ne peux pas aller au cinéma aujourd'hui.

b Achte auf die Begleiter (Artikel, Possessivbegleiter ...) und Pronomen.

Il danse avec **ma** copine → **Er** tanzt mit **meiner** Freundin.
Elle danse avec **sa** copine → **Sie** tanzt mit **ihrer** Freundin.

Übersetze nun die folgenden Sätze.

1. Elle va à la fête avec des copains.
2. Il va à la fête avec ses enfants.
3. Ils vont à une fête avec leurs enfants.
4. Je vais à ta fête avec ma copine.

3 Du kannst nicht alles Wort für Wort übersetzen, weil es dann im Deutschen falsch oder komisch klingt.

a Verwende den deutschen Satzbau.

Vous allez à la plage aujourd'hui? → Geht ihr heute an den Strand?
(wortwörtlich: Ihr geht an den Strand heute?)

▶▶▶

Hier lernst du:

- einen französischen Text ins Deutsche zu übersetzen.

b Verwende die im Deutschen übliche Formulierung.

Tu as le temps? → Hast du Zeit? (wortwörtlich: Hast du die Zeit?)

Übersetze nun die folgenden Sätze.

1. Tu **fais du volley**?
2. À Montpellier, en juillet, **il y a** beaucoup de concerts.
3. Mon père **adore le fromage**.
4. Ta grand-mère **a 80 ans**?

4

Probiere es jetzt selbst aus! Lies den folgenden Text erst einmal ganz und übersetze ihn dann Satz für Satz ins Deutsche. Die Hinweise in den Kästchen können dir dabei helfen.

Zum Trainieren der *Version* findest du zu jeder *Unité* einen Übersetzungstext hinten in deinem Buch. ▶p. 158–159

Est-ce que wird im Deutschen nicht übersetzt.

Nicht wortwörtlich übersetzen: Wie sagt man das im Deutschen?

Dieses Wort kannst du aus dem Zusammenhang erschließen.

Pourquoi est-ce que tu aimes Montpellier? /

J'aime la ville de Montpellier / parce qu'elle est grande. / Il y a beaucoup de cafés, de cinémas et de festivals! / Et près de Montpellier, / il y a la mer et la montagne: / on peut faire de la planche à voile et du vélo. / L'endroit préféré de mes parents, / c'est le village de Saint-Guilhem-le-Désert. / C'est très joli! / Le week-end, on va souvent à la campagne: / on fait de l'escalade ensemble. / C'est sympa! / Mais demain, je vais aller au Polygone avec mon père. / C'est notre centre commercial: / il est formidable! / À la Fnac, on va acheter un cadeau pour ma mère / parce que dimanche, c'est la fête des mères.

Achte auf den richtigen deutschen Satzbau.

Dieses Wort kannst du aus dem Englischen ableiten.

Welche Zeit wird hier verwendet?

Module 2 À la gare

Hier lernst du:

- eine Bahnhofsdurchsage zu verstehen,
- einen Fahrplan zu lesen,
- dich in einer Jugendherberge oder einem Hotel anzumelden,
- Informationen einzuholen und zu geben.

DELF **1** a **Regarde l'image. Où sont Selma et Lôc? Qu'est-ce qu'ils veulent faire? Réponds.**

1 33 b **Écoute.** | Hör dir die Bahnhofsdurchsage an und schreibe auf, wann ihr Zug abfährt.

FR DE **2** **Du bist auf dem Bahnhof Montpellier-Saint-Roch. Es ist 12 Uhr mittags. Beantworte die Fragen deutscher Touristen mit Hilfe des Fahrplans.**

1. Wann fährt der nächste Zug nach Marseille?
2. Wann kommt er in Marseille an?
3. Gibt es einen Speisewagen im Restaurant?

Numéros des trains		TGV 5301	TER 876504	TGV 5171	TÉOZ 4655	TÉOZ 4657
Toulouse-Matabiau	Dép.	06.54		07.49	10.15	12.15
Narbonne	Dép.	08.11	08.46	09.00	12.04	
Béziers	Dép.	08.25	09.00	09.15	12.20	
Sète	Dép.	08.56	09.29		12.45	
Montpellier-St-Roch	Dép.	09.15	09.49	10.00	13.04	14.16
Nîmes	Arr.	09.41	10.15	10.23	13.28	
Arles	Arr.		10.41		13.55	
Marseille-St-Charles	Arr.	10.42	11.38		14.42	15.42

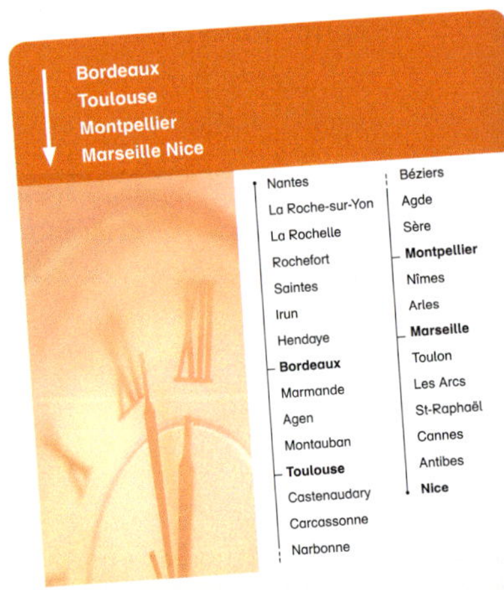

DELF **3** **Jouez une scène au guichet[1] de la gare de Montpellier-Saint-Roch.** ▶Liste des mots, p. 171

Exemple:
A: Bonjour, un aller-retour pour Nîmes, s'il vous plaît.
B: Voilà. Le prochain train est à 10 heures.
A: Ça coûte combien?
B: Ça fait 15 euros.
A: C'est quelle voie?
B: Voie 4.
A: Merci. Au revoir.

le billet
un aller simple →
un aller-retour ←→
le train / le TGV
la voie
Ça coûte combien?
Ça fait ____ euros.

1 **le guichet** der Fahrkartenschalter

À l'auberge de jeunesse

4 a **Ils sont à l'auberge de jeunesse. Retrouve les phrases. Écris dans ton cahier et souligne les formes du verbe *venir*.** ▶Verbes, p. 167

Manon	viennent de Strasbourg.
Karim et moi, nous	venons de Lyon.
Moi, je	venez de Toulouse.
Est-ce que tu	viens de Paris.
Clément et Jules	viens de Nantes?
Habib et toi, vous	vient de Montpellier.

le drapeau de la région Occitanie

b **Qui (de l'exercice 4a) habite en Occitanie? Faites des recherches sur Internet et répondez.**

5 **Complète les dialogues à la réception d'un hôtel par les formes des verbes *aller* et *venir*.** ▶Verbes, p. 167

6 a **Qu'est-ce qui va ensemble? Notez.**

le prénom, le nom, le sexe, le lieu de naissance, la date de départ, la nationalité, le code postal, le pays	allemande, Forchheim, 91301, féminin, 13 février, Lara, Allemagne, Brandl

DELF

b **Avec ta classe, tu es à la réception de l'auberge de jeunesse de Montpellier. Remplis[1] ce formulaire sous** www.cornelsen.de/codes fowoju

1 remplis qc fülle etw. aus

— Auberge de jeunesse · *Montpellier* —

Prénom: ?
Nom: ?
Sexe: ?
Lieu et date de naissance: ?
Nationalité: ?
Adresse (code postal, ville, pays): ?
Numéro de portable: ?
Numéro de portable de tes parents: ?
Numéro de chambre: ?
Date de départ: ?

1 34
DELF

7 **Écoute cette conversation à la réception. Note les bonnes réponses.**

1. La chambre coûte A 44 B 54 C 64 D 74 euros.
2. C'est une chambre A simple B double C de famille.
3. C'est A avec le petit-déjeuner B sans le petit-déjeuner.
4. Le numéro de la chambre est A 12 B 15 C 16.

Module 3 Dans la cour de récré

Drrrring!

1
35

Enfin, c'est la récré! On va au CDI ou aux toilettes. On retrouve ses copains dans les couloirs et on parle du week-end. On va dans la cour. Voilà des personnalités de la cour.

La star

Elle est jolie, elle fait très attention à son look et elle frime avec ses fringues. Les garçons sont fans d'elle et les filles veulent être son amie.

La brute

Il adore la bagarre: ses victimes sont souvent les petits.

Le super-copain

Il a beaucoup d'humour, il adore le sport, il est sympa avec tout le monde ... et tout le monde est sympa avec lui.

Les surveillants

Ils surveillent la récré, la cantine et la salle de permanence.

CIVILISATION

Weitere Informationen zu den Orten im *collège* und den verschiedenen Schulangestellten findest du im ▶ Petit dictionnaire de civilisation, p. 164–165.

Hier lernst du:

- wichtige Personen und Persönlichkeitstypen aus dem Schulalltag sowie die Aufgaben der Schulangestellten kennen.

La documentaliste

Tu cherches un livre ou des informations pour un exposé? La documentaliste travaille au CDI et peut aider tout le monde!

Le CPE

On voit souvent le CPE à la récré. C'est comme un «super-surveillant»: avec lui, on peut parler des problèmes au collège. C'est aussi le chef des surveillants. Tu es en retard? Le CPE a un billet de retard pour toi!

L'infirmière

Ça ne va pas? Va chez l'infirmière: elle est sympa et aime aider les élèves!

La médiatrice

Il y a un conflit entre deux élèves? Elle va aider et trouver une solution avec eux. Avec elle, on peut aussi parler de ses problèmes avec ses parents, ses amis ...

1 a **Lis les textes, p. 54–55, et fais une liste des personnes et des personnalités.**

DELF b **Ils parlent à qui? Réponds.**

Exemple: Karim parle à un/e ...

Oui, monsieur, je vais ranger le papier de bonbon.

1 
Karim

2 
Zoé

Pardon, monsieur, ... le bus n'est pas arrivé et je suis allée à l'école à pied.

Aïe! Je suis tombé dans la cour.

3 
Yannick

4 
Claire

Qu'est-ce que je peux faire? Lucas, de la 4ᵉ B, déteste mon petit frère. Il faut trouver une solution!

5 
Léo

Excusez-moi, j'ai une interro d'histoire-géo demain et je ne trouve pas de livre sur la Révolution française.

2 **Dein kleiner Bruder schaut sich die Seiten 54–55 an. Er ist sehr neugierig, versteht aber kein Französisch. Beantworte seine Fragen.** ▶ Petit dictionnaire de civilisation, p. 160

1. Was ist ein/e *CPE*?
2. Was macht ein/e *documentaliste*?
3. Wofür gibt es eine/n *infirmier/infirmière*?

3 **Fais un portrait de la «prof préférée des élèves» ou du «prof préféré des élèves».**

prénom — *être* sympa/cool — *préparer* ses cours — ne pas *donner* trop de devoirs — *poser* beaucoup de questions — *avoir* beaucoup d'humour — *aider* ses élèves — ___

4 a **Regarde le formulaire. Que veut dire le mot «le motif»?**

BILLET DE RETARD		
NOM: ?	LE ?	LE ?
PRÈNOM: ?	ÉLÈVE DE: ?	À ? HEURES ?
ARRIVÉ/E À ? HEURES AVEC ? MINUTES DE RETARD		RETARD DE ? MINUTES
POUR LE MOTIF SUIVANT: ?		MOTIF: ?
□ PEUT ÊTRE ACCEPTÉ/E EN CLASSE		□ ACCEPTÉ/E EN CLASSE
□ DOIT ALLER EN PERMANENCE		□ DIRIGÉ/E VERS LA PERMANENCE

DELF b **À deux, jouez au CPE! Complétez le billet de retard sur www.cornelsen.de/codes fowoju.**

Module 4 Ça ne va pas?

Hier lernst du:

- Körperteile zu benennen,
- zu sagen, wo du Schmerzen hast,
- jemandem Hilfe anzubieten.

1 36

1 **Écoute. Où est-ce qu'ils ont mal? Note les numéros dans ton cahier.**

Il/Elle a mal …

1
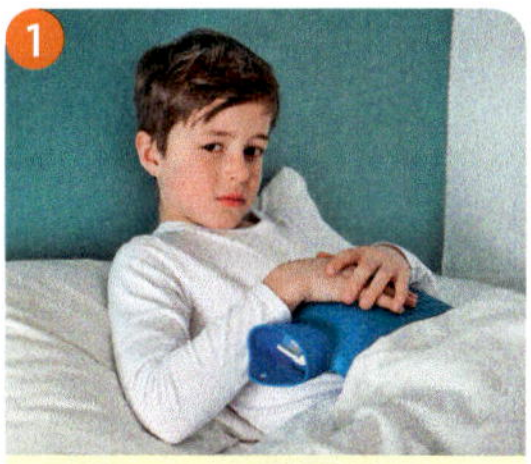
… au ventre.

2

… à la tête.

3

… aux yeux.

4
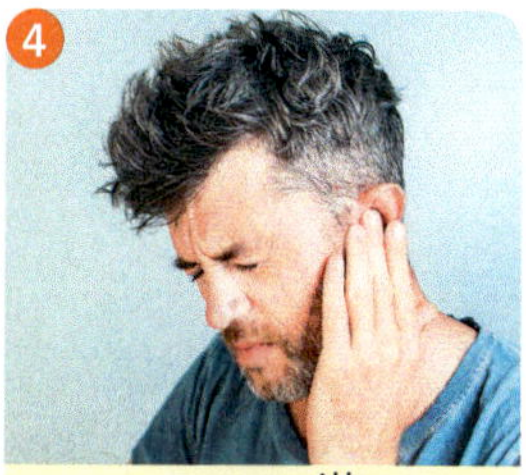
… aux oreilles.

5

… au bras.

6

… au nez.

7

… au dos.

8
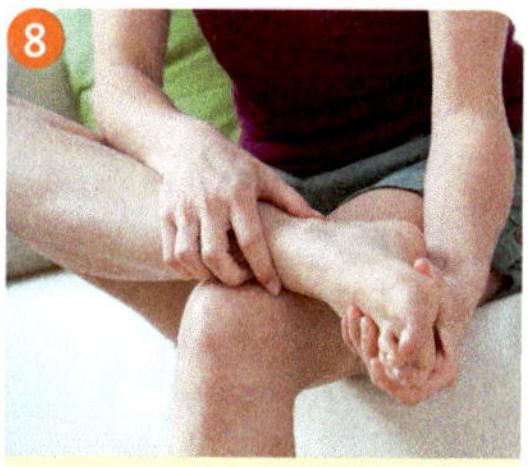
… aux pieds.

9

… à la gorge.

10

… aux dents.

1 37–38

2 **Qu'est-ce qu'il y a, Laura? Écoute et chante.** ▶Transcription, p. 231

DELF

3 **À vous! Jouez les dialogues.** | Denkt an die passende Mimik und Gestik. ▶Liste des mots, p. 171

1 Ça ne va pas, Simon? Qu'est-ce qu'il y a?

2 J'ai mal à la tête.

Tu veux un verre d'eau / une tisane / un bonbon?
Tu veux t'allonger un peu?
Je vais ouvrir la fenêtre.
J'appelle tes parents.
Bon, j'appelle le médecin.

Oui. / Non, merci.
Tu as un mouchoir / un pansement?
Ah, ça va mieux.

3 Tu veux un verre d'eau?

4 Oui, merci.

Unité 4 Ados en réseaux

Mes copains du web

1–3

Préparer la lecture

1 **Survole les profils de ces jeunes. Qu'est-ce que tu comprends?**

ABDEL

mon profil ⌄ | mes amis ⌄

Prénom:	Abdel
Âge:	14 ans
Yeux:	noirs
Cheveux:	noirs
Je suis:	un peu timide
Matière préférée:	l'anglais
J'aime:	les séries américaines
Je déteste:	la cantine

FRANÇOIS

mon profil ⌄ | mes amis ⌄

Prénom:	François
Âge:	15 ans
Yeux:	bleus
Cheveux:	blonds
Je suis:	grand, sympa
Matière préférée:	l'EPS. Et je suis bon en français.
Ça me plaît:	le vélo, le foot et les vacances
Je n'en veux pas:	des chiens sur la plage

Lire et comprendre

DELF

2 a **Lis les profils. Note les informations sur les jeunes dans un tableau.**

	Abdel	*François*	*Adeline*
Il/Elle a ...	*14 ans*		
Il/Elle a les yeux/cheveux ...	*noirs/noirs*		
Sa matière préférée, c'est ...			
Il/Elle est bon/ne en ...			
Il/Elle est ...			
Il/Elle aime/déteste ...			

Abdel a quatorze ans.
Il a les yeux ...

b **Travaillez à deux. Présentez ces jeunes. Comparez vos résultats.**

Approches

Hier lernst du:

- dich in einem sozialen Netzwerk vorzustellen.

ADELINE

mon profil ˅ | mes amis ˅

Prénom:	Adeline
Âge:	14 ans
Yeux:	marron
Cheveux:	bruns
Je suis:	petite, pas trop moche
Matière préférée:	les arts plastiques. Je suis bonne en maths mais nulle en histoire-géo!
J'aime:	les jeux vidéo
Je préfère:	les monstres gentils dans les jeux vidéo!
Je déteste:	frimer. C'est nul!

CIVILISATION

84 % der französischen Jugendlichen (12–17 Jahre) nutzen täglich soziale Netzwerke (z. B. Snapchat, YouTube, Instagram). Wie ist es in eurer Klasse?

Découvrir

3 a Compare les phrases en allemand et en français. Qu'est-ce que tu remarques?

J'ai **les** yeux bleus
Ich habe ▒ blaue Augen.

J'ai **les** cheveux noirs.
Ich habe ▒ schwarze Haare.

b C'est qui? Décris un camarade / une camarade. Les autres devinent. //○ ▶ p. 135

Exemples:

A: Machin[1] a les cheveux blonds. C'est qui?
B: C'est Jonas?
A: Oui, c'est Jonas.

A: Machin[1] a les cheveux blonds. C'est qui?
B: C'est Laura?
A: Non. Machin a les cheveux blonds et les yeux marron.
C: C'est David?
A: Oui!

1 **machin** Dingsda

S'entraîner

2 4 DELF

4 **Écoute phrase par phrase. C'est la fille ou le garçon? Fais attention à la terminaison[1] de l'adjectif. Réponds.**

1 la terminaison die Endung

C'est la fille. — C'est le garçon.

Dominique

Dominique

5 a **Ils sont comment? Forme une phrase pour chaque image.** ▶Grammaire, p. 70/1

Exemple: 1. Le dîner est formidable.

grand/e — petit/e — gentil/le — timide — blond/e — bon/ne en maths — nul/le en anglais — formidable

1 
2 
3 
4 
5 
6 
7 
8 

b **Et toi? Tu es comment? Forme des phrases comme en a. À deux, posez des questions et répondez.**

Vocabulaire

6 **Vous voulez vous présenter. Trouvez des mots et des expressions utiles (1. Äußeres, 2. Charakter/ Vorlieben/Abneigungen).** ▶Texte, p. 58–59 ▶Liste alphabétique, p. 204

1.	2.
être grand/e	*être timide*

7 **Expliquez les mots suivants. Utilisez le contraire. Échangez les rôles.** ▶Liste alphabétique, p. 204 ▶Méthodes, p. 156

Exemple:
A: C'est le contraire de «moche».
B: C'est «joli».

joli — noir — aimer qn — petit — bon — contre — la nuit — demain — horrible

Écrire

8 **À toi! Fais ton profil.**

DELF

Verwende möglichst viele Wörter und Wendungen aus der Aufgabe 6.

Hier lernst du:

- ein Interview mit jemandem zu führen, der von Cybermobbing betroffen ist.

2
5

C'est criminel!

Mardi, 13 heures. Alex, Selma et Mathilde sont au CDI.

Lire et comprendre

DELF **1** a **De quoi s'agit-il dans le texte, p. 61? Réponds.**

b **C'est vrai ou c'est faux? Justifie tes réponses.**

1. Adeline Duchamp est la copine de Mathilde et Selma.
2. Quelqu'un a manipulé le profil d'Adeline.
3. Il y a beaucoup de commentaires gentils.
4. Les jeunes veulent aider Adeline.
5. Les jeunes veulent mettre Adeline au courant.
6. Les jeunes veulent parler aux parents d'Adeline.

Vocabulaire

2 a **Retrouve les verbes et note-les dans ton cahier.**

pirater faire manipuler aller détester mettre effacer

b **Qu'est-ce qui va ensemble? Note les verbes de a avec les compléments[1]. Il y a plusieurs possibilités.**

1 **le complément** die Ergänzung

Exemple: pirater un profil

quelque chose | un mot de passe | un profil | quelqu'un | une photo | chez le principal | quelqu'un au courant | un commentaire

c **À toi! Trouve d'autres compléments qui vont avec les verbes de a. Complète ta liste de b.**

▶ Liste alphabétique, p. 204

Exemple: mettre un pantalon

Découvrir: les pronoms objet direct *le/la/les*

3 a **Traduis ces phrases. Qu'est-ce qu'elles veulent dire?**

1. On va chez le principal et on va **le** mettre au courant.
2. Adeline a des ennemis? Quelqu'un **la** déteste?
3. Il faut parler à Adeline. On **l'**appelle?
4. Et ces commentaires?! On ne peut pas **les** effacer?

b **Quels mots est-ce que *le*, *la*, *l'* et *les* remplacent[1] dans les phrases de a? Quand est-ce que tu utilises *l'*? Échangez vos résultats.** | Wofür stehen *le*, *la*, *l'* und *les* in den Sätzen von a? Wann benutzt du *l'*? Besprich dein Ergebnis mit deinem Nachbarn / deiner Nachbarin.

1 **remplacer qc** etw. ersetzen

4 **De qui ou de quoi est-ce qu'on parle? Retrouve les noms.** ▶Texte, p. 61

1. Quelqu'un la déteste?
2. Quelqu'un l'a piraté.
3. On peut la manipuler.
4. On ne peut pas **les** effacer?
5. On l'appelle!
6. On va le mettre au courant.
7. Tu ne **les** connais pas? Ils sont dans la classe de Selma.

A ces commentaires
B Adeline (2 x)
C une photo
D Matéo et Mathilde
E le principal
F le profil d'Adeline

S'entraîner

5 **À vous! Décrivez ces mots. Utilisez *le*, *la*, *l'*, *les*. Les autres devinent.** ▶Grammaire, p. 71/3

1 Sarah les adore. Qu'est-ce que c'est?

2 Les séries américaines.

les séries américaines   les devoirs
la musique de Stromae / ___
le mot de passe   les croissants
le gâteau   ___

6 a **Retrouve le bon ordre. Écris dans ton cahier.** ▶Grammaire, p. 47/3 et p. 71/3

1. nous | appeler? | Quand | tu | vas | est-ce que
2. Je | aider. | peux. | t'
3. effaces | ne | pas? | Tu | les
4. va | Quelqu'un | écouter. | vous
5. l' | peux | Je | inviter.
6. pas? | ne | comprends | Tu | me

b **À toi! Fais un puzzle comme en a avec les phrases de l'exercice 4. Ton voisin / Ta voisine retrouve les phrases.**

7 **Choisis deux monstres et fais leur portrait. (Tu peux aussi apporter une image de ton choix.) Utilise le plus de fantaisie et d'adjectifs possible. Fais attention à la place des adjectifs.**

▶Grammaire, p. 70/2

//○ ▶ p. 136

Exemple:
Voilà mon copain Jean-Claude. C'est un petit monstre moche. Il a les cheveux bleus et il adore porter des jolis tee-shirts très chers et des grandes montres jaunes. Il a les yeux … Il est fan de … Il aime les séries françaises … Il est très timide.

Fange mit dem Äußeren an, dann schreibe über Charakter und Eigenschaften.

1

2

3

4

8 a **Alex, Selma et Mathilde sont chez le principal. Il a beaucoup de questions. Retrouve ses questions. Il y a plusieurs possibilités.**

Exemple:
1B Qu'est-ce qui s'est passé?

1 Qu'est-ce qui …
2 Qu'est-ce que/qu' …
3 Est-ce que/qu' …
4 Qui a …
5 Quand est-ce que/qu' …

A … fait ça?
B … s'est passé?
C … elle a donné son mot de passe à quelqu'un?
D … elle a parlé à ses parents?
E … elle a des ennemis?
F … on a piraté son profil?
G … elle va faire maintenant?
H … on peut faire pour elle?

▶▶▶

b **Qu'est-ce qui s'est passé? On a piraté le profil de ton corres. Tu as beaucoup de questions. Pose-les.** ▶ p. 137

Du möchtest wissen,

1. ... was passiert ist.
2. ... ob er Feinde hat.
3. ... wann man sein Profil gehackt hat.
4. ... ob er jemandem sein Passwort gegeben hat.
5. ... was er jetzt machen wird.
6. ... was du für ihn tun kannst.

c **Ton corres te répond. Quelle réponse va avec quelle question de 8b?**

A D'abord, je vais parler à mes parents.
B Peut-être samedi.
C Je ne sais pas. Peut-être Benjamin. Il me déteste.
D Tu vas chez la principale et tu la mets au courant.
E On a piraté mon profil et on a manipulé mes photos.
F Oui, je l'ai donné à ma copine.

Écouter

2 6 / 2 7 DELF

9 **a** **Alex a appelé Adeline. Écoute son message. Résume-le en allemand pour ton copain qui ne comprend pas le français.**

b **Lis d'abord les questions. Après, tu écoutes le dialogue au téléphone. Réponds en français.**

1. Qui parle à qui?
2. Qu'est-ce que les jeunes vont faire? Note trois activités. ▶ p. 137

À toi: Fais une interview

10 **a** **Quelqu'un a piraté le profil de ton/ta corres. Tu as beaucoup de questions. A pose les questions. B joue le rôle du / de la corres. Préparez l'interview. Vous pouvez utiliser les questions de l'exercice 8.**

b **Jouez l'interview devant la classe.**

c **Écrivez votre interview avec une introduction comme dans un article de journal[1].**

1 l'article de journal *m.* der Zeitungsartikel

Hier lernst du:

- ein „Internet-ABC“ zu erstellen, in dem du Tipps und Ratschläge zum Umgang mit dem Internet formulierst.

Internet et toi ...

2
8

Préparer la lecture

MK

1 **Regarde le texte. De quoi s'agit-il dans le texte?** ▶Méthodes, p. 150

Tout le monde est au courant: quelqu'un a piraté les profils de douze élèves du collège Camille Claudel. Voici le site du club Internet avec des informations importantes pour vous.

Internet et toi ...

Rechercher

1

Tu communiques sur des réseaux sociaux et ...
- tu es en contact avec tes amis.
- tu es toujours au courant.

Mais fais attention. Il y a des règles de sécurité:
- Ne donne pas ton nom. Écris par exemple *keskilya* ou *sémoi*.
- N'utilise pas de photo de toi. Montre un hobby ou ton animal.
- N'écris rien sur toi: pas d'adresse, pas de numéro de portable.
- N'invite personne chez toi.

2

Tu prépares un exposé pour l'école:
- Tu trouves beaucoup d'informations intéressantes.
- Tu veux montrer des photos, alors tu cherches sur Internet.
- Tu n'imprimes rien: tu prends des notes.

Mais fais attention:
- Tu as trouvé des informations? Va sur deux sites et compare!
- Fais tes phrases. Ne copie pas les phrases du site.

3

Tu es fan de musique et alors ...
- tu écoutes et tu télécharges ta musique préférée.
- tu prépares des playlists sympa pour les fêtes avec ta famille ou tes copains.
- tu partages tes playlists en ligne.

Mais fais attention:
- Utilise des sites légaux.
- Ça coûte très cher? Parle à tes parents ou à tes grands-parents. ☺

4

Ton smartphone / ton ordinateur, c'est ta vie:
- Tu tapes, tu cliques et tu es bien.
- Tu prends des notes, des photos.
- Tu écris des messages, des e-mails, des commentaires et des blogs.

Fais attention:
- Ne donne jamais ton code.
- Utilise six à dix numéros différents pour ton code.
- Ne passe pas trop de temps sur ton smartphone ou devant l'ordinateur.

Vous avez des questions? ? Écrivez au club Internet! @

Lire et comprendre

2 a **Lis le texte. Choisis trois avantages[1] d'Internet et trois conseils importants. Écris dans ton cahier.**

1 **l'avantage** *m.* der Vorteil

b **Comparez vos résultats de a et discutez.**

Vocabulaire

3 a **Qu'est-ce que ça veut dire? Vous ne comprenez pas ces mots. Posez des questions et répondez.**

«Taper», qu'est-ce que ça veut dire[1]?

Ça veut dire[2] «tippen» ou «auf einer Tastatur schreiben».

1 **Qu'est-ce que ça veut dire?** Was heißt das?
2 **Ça veut dire ...** Das heißt ...

1 taper 2 écrire 3 télécharger
4 pirater 5 cliquer 6 imprimer
7 le site 8 la sécurité
9 faire attention 10 partager

b **Continuez.** ▶Liste des mots, p. 171

Apprendre à apprendre: le vocabulaire

4 **So kannst du Wörter erschließen** ▶Méthodes, p. 148

a Du kannst dir unbekannte Wörter erschließen, wenn du ein Wort derselben Wortfamilie kennst. Wörter einer Wortfamilie besitzen denselben Stamm.

Zum Beispiel:

imprimer	**drucken**
l'**imprimante** *f.*	der **Druck**er
l'**imprimerie** *f.*	die **Druck**erei

b À toi! | Probiere es gleich aus: Finde für jedes der folgenden Wörter ein Wort derselben Wortfamilie, das du kennst. Was bedeuten diese Wörter?

1 l'importance *f.* 2 informer qn 3 le téléchargement 4 le blogueur
5 le piratage 6 commenter qc 7 la criminalité

c Überprüfe die Bedeutung der Wörter von b in einem Wörterbuch. ▶Méthodes, p. 149

d Finde im Wörterbuch noch jeweils 1–2 Wörter der Wortfamilien von b. ▶Méthodes, p. 149

Découvrir: la négation avec *ne … rien/jamais/personne*

5 a **Lis les phrases et complète les ? dans la case[1].**

1 la case der Kasten

1

2

3

? … ? = nie
? … ? = niemanden
? … ? = nichts

b **À deux, trouvez une phrase pour mémoriser les négations.** | Überlege dir mit deinem Nachbarn / deiner Nachbarin eine Eselsbrücke, mit der ihr euch diese drei Verneinungen merken könnt.

S'entraîner

//● **6** a **Dis le contraire. Utilise *ne … jamais, ne … personne, ne … rien.*** ▶Grammaire, p. 71/4

Exemple: 1. Alex chatte **toujours** sur Visago. → Selma **ne** chatte **jamais** sur Visago.

1. Alex chatte **toujours** sur Visago. → Selma ? .
2. Mathilde fait **quelque chose** pour aider Adeline. → Tarik ? .
3. Matéo regarde **toujours** la série américaine «Stranger Things». → Lôc ? .
4. Mathilde invite **ses copains**. → Alex ? .
5. Karim regarde **toujours** les profils de ses copains sur Visago. → Clara ? .

//○ ▶ p. 137

b **Et toi? Qu'est-ce que tu fais toujours? Qu'est-ce que tu ne fais jamais? Écris quatre phrases.**

Écouter

2 9 DELF

7 **Écoute les règles du club Internet. Quelle phrase va avec quelle image?**

A

B
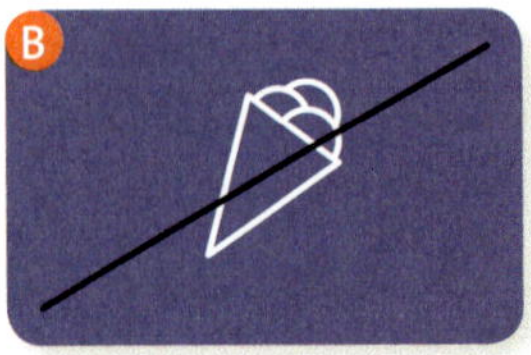

C
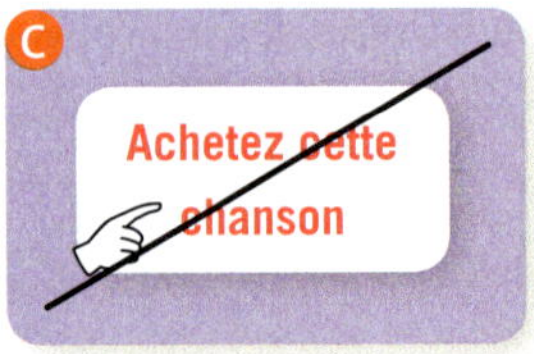

D

Parler

8 a **Fais des slogans. Utilise l'impératif.** ▶Grammaire, p. 71/4

Ne/N' ... pas	télécharger	devant ton ordinateur
Ne/N' ... jamais	faire la fête	avec vos parents
Ne/N' ... rien	chatter	des jeux vidéo horribles
Ne/N' ... personne	manger	avec vos ennemis
	donner	ton mot de passe
	inviter	dans la salle de bains
	écrire	chez toi
	appeler	après 23 heures
	___	sur les tables de la salle de classe
		___

b **Choisissez votre slogan préféré de a. Marchez dans la classe. Votre professeur donne un signal: vous vous arrêtez et dites votre slogan à un/une camarade.**

À toi: L'abécédaire de l'Internet

9 a **En classe, faites une liste des mots et des expressions pour parler d'Internet. Commencez par la lettre A.**
▶Liste alphabétique, p. 204 ▶Banque de mots, p. 190 ▶La France en direct, p. 73

Exemple: A comme adresse e-mail; B comme blog; ___

b **Chaque groupe choisit trois mots de la liste de l'exercice 9a. Donnez des conseils ou une explication pour chaque mot.**

S comme sécurité
Il ne faut jamais donner son adresse ou son numéro de portable!

B comme blog
J'aime mon blog parce que j'aime écrire!

Tippt euer Internet-ABC ab und verwendet die digitale Rechtschreibprüfung.
▶Méthodes, p. 154/155

TU ES EN FORME?

- Nenne deine Augenfarbe und deine Haarfarbe.
- Nenne fünf Wörter, die zum Thema „Internet" passen.
- Frage deinen Nachbarn, was passiert ist.
- Sage deinem Nachbarn, dass er seine Handynummer niemals in seinem Profil angeben soll.

Grammaire et expressions utiles

Expressions utiles

So sprichst du über dich:

J'ai les yeux (verts). / J'ai les cheveux (noirs).
Ma matière préférée, c'est (l'EPS).
Je suis bon/bonne en (français).
Je suis nul/nulle en (maths).
J'aime / Je préfère / Je déteste (le foot / danser).
Je n'en veux pas.
Ça me plaît!

So sagst du jemandem, was er nicht tun soll:

Ne donne jamais ton mot de passe.
N'invite personne chez toi.
N'écris rien sur toi.
Ne donne pas ton nom.

So sprichst du über Cybermobbing:

Quelqu'un a piraté (mon profil).
Quelqu'un a manipulé (ma photo).
Je n'ai donné (mon mot de passe) à personne.
C'est horrible! / C'est nul!
Il faut (effacer ces commentaires).

So stellst du in einem Interview Fragen:

Qu'est-ce qui s'est passé?
Quand est-ce qu'on a (piraté ton profil)?
Est-ce que tu as (des ennemis)?
Qui a fait ça? / Qui a pu faire ça?
Pourquoi est-ce qu'il/elle a fait ça?
Qu'est-ce qu'on peut faire?

Grammaire

+Ex
L 60|4
60|5
C 38|2

1 **Du sagst, wie jemand ist:**

Elle est bonne en maths.

→ **Dazu brauchst du:**

die Adjektive *bon, nul, gentil*
(les adjectifs *bon, nul, gentil*)

	masculin	féminin
singulier	bon [bɔ̃] nul [nyl] gentil [ʒɑ̃ti]	bonne [bɔn] nulle [nyl] gentille [ʒɑ̃tij]
pluriel	bons [bɔ̃] nuls [nyl] gentils [ʒɑ̃ti]	bonnes [bɔn] nulles [nyl] gentilles [ʒɑ̃tij]

Exercices de grammaire

1 Écrivez des phrases.
1. *ce livre / nul → Ce livre est nul.*
2. *cette photo / nul*; 3. *ce prof / gentil*; 4. *ces surveillantes / gentil*; 5. *Jeanne / bon en maths*
6. *Victor / bon en EPS*; 7. *ces jeux vidéo / nul*

2 À deux, comparez vos résultats.

+Ex
L 56|7
C 42|7

2 **Du beschreibst jemanden oder etwas:**

J'ai un petit chien noir.

→ **Dazu brauchst du:**

vor- und nachgestellte Adjektive
(les adjectifs avant et après le nom)

J'habite dans une	**grande**	maison **rouge**.
C'est une	**bonne**	idée.
Lôc est un	**joli**	garçon **sympa**.

Die meisten Adjektive stehen hinter dem Nomen. Nur wenige Adjektive stehen davor. Dazu gehören: *grand, petit, joli* und *bon*.

▶ Solutions, p. 229

+ Ex
54|3 55|4 55|5 55|6
40|3 41|4 41|5 41|6

3

Du verweist auf eine Person/Sache:	Dazu brauchst du:
On **le** met au courant. →	**die direkten Objektpronomen *le*, *la*, *l'*, *les*** (les pronoms objet direct *le*, *la*, *l'*, *les*)

Tu comprends le problème?	Oui, je le comprends.
Tu détestes Adeline?	Non, je ne la déteste pas.
Ils peuvent aider Adeline?	Oui, ils peuvent l'aider.
Est-ce que tu vas effacer **les commentaires**?	Oui, je vais **les** effacer.
Est-ce qu'il faut appeler le principal?	Oui, il faut l'appeler.
Est-ce que tu vas manipuler ma photo?	Non, je ne vais pas la manipuler.

Anders als im Deutschen steht das französische Objektpronomen vor dem konjugierten Verb.
Je **le** cherche. Ich suche **ihn**.

In Sätzen mit einem Infinitiv steht das Objektpronomen vor dem Infinitiv.
Je vais **le** chercher.

+ Ex
67|5 67|6 67|7 68|8
44|4 44|5 45|6 45|7

4

Du verneinst etwas:	Dazu brauchst du:
Elle **ne** va **jamais** sur Internet. →	**die Verneinung mit *ne ... personne, ne ... rien, ne ... jamais*** (la négation avec *ne ... personne, ne ... rien, ne ... jamais*)

Je **n'**	invite	**personne**	chez moi.
	...	niemanden	...
Je **n'**	écris	**rien**	sur moi.
	...	nichts	...
Je **ne**	donne	**jamais**	mon mot de passe.
	...	nie	...

Exercices de grammaire

1 Schreibe auf, dass du: 1. ... *niemanden anrufst*; 2. ... *nie chattest*; 3. ... *nichts kaufst*.
2 GRAMMAIRE MIXTE: Verwende die Verneinungen und den Imperativ. Sage jemandem, dass er/sie: 1. ... *nicht ins Kino gehen soll*; 2. ... *niemanden einladen soll*; 3. ... *nichts schreiben soll*; 4. ... *nie träumen soll*.

+ Ex
44|3

5

Du sagst, dass du etwas schreibst:	Dazu brauchst du:
Ils **écrivent** au club Internet. →	**das Verb *écrire*** ▶Verbes, p. 167 (le verbe *écrire*)

▶Solutions, p. 229

Un film

Regarder et comprendre

1 Regarde les photos du film. Qu'est-ce qui se passe? Fais des hypothèses.[1] ▶ Méthodes, p. 145

DVD **2** a Regarde le film. Vérifie tes hypothèses[2] de 1.

b Invente un nouveau slogan pour la fin du film. | Erfinde einen neuen Slogan für das Ende des Films.

1 faire des hypothèses Vermutungen anstellen
2 vérifier des hypothèses Vermutungen überprüfen

10 conseils de la CNIL pour rester Net sur le web

1 Réfléchis avant de publier !

Sur internet, tout le monde peut voir ce que tu mets en ligne : infos, photos, opinions.

2 Respecte les autres !

Tu es responsable de ce que tu publies en ligne alors modère tes propos sur les réseaux sociaux, forums... Ne fais pas aux autres ce que tu n'aimerais pas que l'on te fasse.

3 Ne dis pas tout !

Donne le minimum d'informations personnelles sur internet. Ne communique ni tes opinions politiques, ni ta religion, ni ton numéro de téléphone...

4 Sécurise tes comptes !

Paramètre toujours tes profils sur les réseaux sociaux afin de rester maître des informations que tu souhaites partager.

5 Crée-toi plusieurs adresses e-mail !

Tu peux utiliser une boîte e-mail pour tes amis et une autre boîte e-mail pour les jeux et les réseaux sociaux.

6 Attention aux photos et aux vidéos !

Ne publie pas de photos gênantes de tes amis ou de toi-même car leur diffusion est incontrôlable.

7 Utilise un pseudonyme !

Seuls tes amis et ta famille sauront qu'il s'agit de toi.

8 Attention aux mots de passe !

Ne les communique à personne et choisis-les un peu compliqués : ni ta date ni ton surnom !

9 Fais le ménage dans tes historiques !

Efface régulièrement tes historiques de navigation et pense à utiliser la navigation privée si tu utilises un ordinateur qui n'est pas le tien.

10 Vérifie tes traces !

Tape régulièrement ton nom dans un moteur de recherche pour découvrir quelles informations te concernant circulent sur internet.

CNIL. COMMISSION NATIONALE INFORMATIQUE & LIBERTÉS

Retrouvez d'autres conseils et astuces sur www.cnil.fr et sur www.educnum.fr ! #EducNum

Hier kannst du überprüfen, welche Kompetenzen du in den *Unités 1–4* erworben hast.
Die Lösungen findest du unter www.cornelsen.de/codes fowoju.

Compréhension des écrits

1 **Tu es à Montpellier et tu regardes ce poster. Réponds aux questions.**

1. Qu'est-ce que le poster annonce[1]?
2. Il s'agit d'un poster pour ...
   a) les enfants.
   b) les fans de foot.
   c) les footballeurs du MHSC et de l'OM.
3. C'est où?
4. C'est quand?
5. À quelle heure est-ce que le match commence?

1 **annoncer qc** etw. ankündigen

Production écrite

2 **Tu vas sur le site «Je suis fan de Montpellier». Écris un commentaire. (40 mots minimum)**

- Stelle dich kurz vor.
- Sage, dass du mit deinen Eltern eine Woche in Montpellier verbracht hast.
- Nenne vier Dinge, die du in Montpellier und Umgebung gemacht hast.
- Schreibe, warum du Montpellier toll findest.

Compréhension de l'oral

2 10

3 a **Tu vas entendre cinq descriptions correspondant à cinq jeunes différents. Note le numéro de la description avec le nom du jeune qui correspond. Attention, il y a deux jeunes en trop.**

Isa

Akim

Laure

Luc

Ben

Théo

Manon

b **Écoute encore une fois. Est-ce que les parents aiment le style de leurs enfants ou est-ce qu'ils ne l'aiment pas? Écris dans ton cahier. Utilise les symboles ☺ et ☹.**

Production orale

4 **Entretien dirigé: A pose les questions suivantes. B répond. Puis échangez les rôles.**

1. Qu'est-ce que tu aimes faire? (hobbys, sport …)
2. Où est-ce que tu aimes retrouver tes copains et copines?
3. Quel type de[1] musique est-ce que tu aimes?
4. Ta matière préférée, c'est quoi?
5. Combien de messages est-ce que tu écris par jour?
6. Qu'est-ce que tu as fait hier?
7. Qu'est-ce que tu vas faire demain?

1 **quel type de** welche Art von

Wenn du in der DELF-Prüfung eine Frage nicht verstehst, kannst du den/die Prüfer/in bitten, sie zu wiederholen:
Je ne comprends pas.
Est-ce que vous pouvez répéter, s'il vous plaît?

Unité 5 Faites la fête!

C'est bientôt ta fête

Avant de jouer

1 a Vous voulez organiser une fête. Qu'est-ce qu'il faut faire? Faites un associogramme.

b Échangez vos résultats.

Départ[1]
Tu prépares une fête ...

1
Rejoue[2]!
Super, tes parents sont d'accord!
Va à la case[3] 2!
Zut, tes parents ne sont pas d'accord.
Retourne à la case[4] Départ[1].

2

3
Tu invites tes copains 15 jours avant la fête.
Rejoue[2]!

4

5
Tes copains ont répondu: tout le monde attend ta fête!
Rejoue[2]!

6
Ta grand-mère te donne 20 €!
Rejoue[2]!

7
Tu attends le jour J pour inviter tes copains.
Passe un tour[5]!

8

9
Tu télécharges des chansons. C'est sympa, mais tu perds beaucoup de temps!
Passe un tour[5]!

10
Qu'est-ce que tu vas mettre? Tu fais du shopping.
Retourne à la case[4] 8!

Hier lernst du:

- über die Organisation einer Party zu sprechen.

Jouer

2 **À vous! Prenez un dé et des pions et jouez à quatre.** ▶ Les mots pour le dire, p. 232

11

12
Tu achètes un tee-shirt: il te va super bien!
Va à la case[3] 14.

13
Chez Casoni, ils vendent trois sachets de chips pour 1,45 €!
Rejoue[2]!

14

15
Zut! Tu as perdu la liste des courses!
Retourne à la case[4] 8.

16
Enfin, c'est le jour de ta fête!
Rejoue[2]!

17
On entend ta musique dans la rue. Les voisins appellent la police.
Retourne à la case[4] Départ[1]!

18

19
Après la fête, vous rangez ensemble.
Va à la case[3] Arrivée[6]!

20

Arrivée
Bravo! Tu as organisé une super fête!

1 **le départ** der Start
2 **Rejoue.** *hier:* Würfle noch einmal.
3 **Va à la case ...** Gehe auf Feld ...
4 **Retourne à la case ...** Gehe auf Feld ... zurück.
5 **Passe un tour.** Setze einmal aus.
6 **l'arrivée** *f.* die Ankunft, *hier:* das Ziel

Prononcer

J'attends, tu attends, il attend.
Nous attendons, ils attendent!
Qu'est-ce que vous attendez?
Qu'est-ce qu'ils attendent?
On attend la fête de samedi!
Tout le monde attend le jour J!
Moi, je n'ai pas attendu le jour J
Pour faire la fête avec mes amis.

2 11

3 a **Écoute et lis le poème.**

b **À deux, apprenez le poème par cœur.**

S'entraîner

//● **4** a **Qu'est-ce qui va ensemble? Forme des phrases et des questions. Il y a plusieurs possibilités.** ▶Verbes, p. 167

//○ ▶ p. 138

Exemples:
Il n'attend pas le bus.
Tu as vendu ton vélo?

Die Verben *entendre, perdre, répondre* und *vendre* werden wie *attendre* konjugiert!

Je Tu Il/Elle/On Nous Vous Ils/Elles Matéo Alex et Mathilde Le vendeur / La vendeuse	(ne/n' ... pas)	attendre entendre perdre répondre vendre	le bus (son) portable (son) vélo (son) temps à la question les vacances beaucoup de bruit à (ses) e-mails des vêtements la musique des voisins ___	. ?

b **Choisis un verbe de a et mime une situation. Les autres devinent.**

Exemple:
A: Tu attends le bus?
B: Non.
C: Tu as perdu ta montre?
B: Oui!

Écrire

5 a **Complète ton associogramme de l'exercice 1a par les expressions du jeu, p. 76–77.**

//● DELF

b **Jérémy veut organiser une fête pour son anniversaire. Lis son message et réponds. Fais une liste (Qu'est-ce qu'il faut faire? Qu'est-ce qu'il ne faut pas faire?).**

//○ ▶ p. 138

Salut!
Je voudrais organiser une fête pour mon anniversaire. Mais qu'est-ce qu'il faut faire? Vous avez des idées? Merci!
Jérémy

Texte A et exercices

Hier lernst du:

- dein Lieblingsfest zu präsentieren.

2 12–18

Ma fête préférée, c'est ...

1 *J'adore fêter mon anniversaire. Cette année, je sors avec mes copains. D'abord, on va passer par «Frites Royales» et après, on va aller au cinéma.* *Matéo*

2 Ma fête préférée, c'est l'Aïd-el-Fitr parce qu'on retrouve la famille. Nous mangeons ensemble. Mes tantes et ma mère préparent nos plats traditionnels: le couscous et le tajine. C'est très bon! **Selma**

3 Moi, j'adore la fête des voisins! On met des tables et des chaises dans la rue, et on apporte des salades et des boissons ... **Alex**

4 Moi, j'adore Noël. On part toujours chez mon grand-père à Gap. Le 24, il y a les treize desserts et on mange jusqu'à minuit! Et puis, le 25, nous trouvons nos cadeaux sous le sapin! C'est super! **Mathilde**

5 J'adore la fête des cabanes. Avec mes parents et mon frère, nous faisons une cabane dans le jardin. Puis, nous mangeons et nous dormons dans la cabane pendant une semaine! **Ariella**

6 J'aime beaucoup le Nouvel An Chinois. Je vais toujours à Paris, chez mes cousins. **Léonard**

Et toi? Quelle fête est-ce que tu préfères? C'est quand? Vous fêtez avec qui? Quels plats est-ce qu'on prépare? Quelles chansons est-ce que vous chantez? Est-ce que vous dansez? Est-ce qu'il y a des cadeaux?

Lire et comprendre

DELF **1** **Qui a pris quelle photo? Justifie ta réponse. Attention, il y a deux photos en trop.**

Exemple: Le numéro 6, c'est la photo de Matéo. Pour son anniversaire, il va au cinéma. Et sur la photo, il y a un cinéma.

CIVILISATION

An der *Fête des voisins* nehmen jährlich viele Millionen Menschen teil. Gibt es ein ähnliches Fest auch in eurer Nachbarschaft?

1

2

3

4

5

6

7

8

Vocabulaire

2 a **Qu'est-ce qui va ensemble? Il y a beaucoup de possibilités.**

Exemple: l'anniversaire – la chanson

l'anniversaire	midi	chanter
la cabane	la boisson	la table
le couscous	danser	les chips

la chanson	le coca	le jardin	
le plat traditionnel	les bonbons		
la fête	minuit	la chaise	fêter

b **À vous!** | A sagt ein Wort aus der Aufgabe 2a. B sagt ein Wort, das ihm/ihr dazu einfällt, C ein weiteres passend zu B, usw.
▶Liste alphabétique, p. 204

A anniversaire
B bougie
C gâteau

c **Le week-end prochain, c'est ton anniversaire. Qu'est-ce que tu vas faire? Raconte. Utilise le futur composé.**

Découvrir: le déterminant interrogatif *quel*

3 a *Quel*, *quelle*, *quels*, *quelles* **correspond à „welcher, welche, welches" en allemand. Regarde dans le texte, p. 79, et complète les phrases dans ton cahier.**

1. Quel **gâteau** est-ce que tu préfères?
2. Quelle **?** est-ce que tu préfères?
3. Quels **?** est-ce qu'on prépare?
4. Quelles **?** est-ce que vous chantez?

b **Quand est-ce qu'on utilise *quel*, *quelle*, *quels*, *quelles*? Complète la règle dans la case.**

Quel steht vor **?** Nomen im **?**.
Quelle steht vor **?** Nomen im **?**.
Quels steht vor **?** Nomen im **?**.
Quelles steht vor **?** Nomen im **?**.

c **VERSION: Trouve la bonne traduction des phrases. Qu'est-ce que tu remarques?**

1 **Quelle** série est-ce que tu regardes?
2 **Qu'est-ce que** ton animal mange?
3 **Quel** animal est-ce que tu veux avoir?
4 **Qu'est-ce que** tu vas faire demain?

A Was für ein Haustier willst du haben?
B Was wirst du morgen machen?
C Was frisst dein Haustier?
D Was für eine Serie schaust du?

S'entraîner

4 a **Complète les questions. Utilise *quel*, *quelle*, *quels*, *quelles*.**

Exemple: 1. Quelle bédé est-ce que tu aimes? //○ ▶ p. 138

1. ? bédé est-ce que tu aimes?
2. ? animal est-ce que tu as?
3. ? musique est-ce que tu écoutes?
4. ? groupes de musique est-ce que tu aimes?
5. ? boissons est-ce que tu préfères?
6. ? vêtements est-ce que tu portes?
7. ? couleurs est-ce que tu aimes?
8. ? jeux vidéo est-ce que tu aimes?

b **VERSION: Traduis les phrases de a dans un allemand correct.** ▶ Exercice, p. 80/3c

2 19 DELF

c **Écoute les questions de a et réponds.** ▶ Grammaire, p. 88/1

Quelle bédé est-ce que tu aimes?

J'aime Naruto.

J'aime Naruto/Astérix/____.
J'ai un chat/____.
Je préfère ____.
J'écoute ____.
Je porte ____.
J'aime ____.
Je n'ai pas de/d'____.
Je n'aime pas les ____.

5 a **Retrouve les formes des verbes *dormir*, *partir* et *sortir*. Note-les dans ton cahier.** ▶ Verbes, p. 167

vousdormezjedorstuparsellessortentelledortnoussortonsilspartent
onpartilsortelleestsortieilssontsortistuespartionestpartisil
adormivousavezdormiellessontpartiesnoussommessortisj'aidormi

b **Demain, Marc et son père vont partir en vacances. Complète par les formes des verbes *dormir*, *partir* et *sortir*.** ▶ Verbes, p. 167

Le père: Qu'est-ce que tu fais, Marc? Tu ? déjà?
Marc: Non, je ne ? pas. Lili et moi, nous ? ce soir.
Le père: Vous ? ? Ce soir? Mais demain matin, on ? chez ta tante!
Marc: Mais Papa, on ? à 8 heures demain!

Apprendre à apprendre: faire une présentation

6 **So hältst du einen Vortrag** ▶Méthodes, p. 147

a Zuerst wählst du ein Thema aus, über das du sprechen willst.
Dann sammelst du Informationen und Bildmaterial zu deinem Thema und entscheidest, was interessant und wissenswert ist.
- Du notierst dir auf Französisch, was du sagen möchtest, und gliederst den Text (Einleitung, Hauptteil, Schluss).
- Anschließend schreibst du dir Stichwörter zu deinem Text auf.
- MK Übe deine Aussprache mithilfe eines Online-Wörterbuches. Dort kannst du dir die Aussprache einzelner Wörter anhören.
- Du übst deinen Vortrag vor Freunden, Eltern oder Geschwistern oder auch vor dem Spiegel.

Pour commencer[1]
Aujourd'hui, je vais parler de ___.
Je voudrais présenter mon/ma ___.
Pour terminer[2]
Est-ce que vous avez des questions?
J'ai préparé un quiz pour vous.
Merci de votre attention[3].

1 **pour commencer** zu Beginn
2 **pour terminer** zum Schluss
3 **Merci de votre attention.** Danke für eure Aufmerksamkeit.

b Während deiner Präsentation
- Du sprichst deutlich, langsam und so frei wie möglich. Verwende den Kniff mit dem Knick. ▶Méthodes, p. 146
- Du hältst Blickkontakt mit deinem Publikum.
- Du forderst dein Publikum auf, Fragen zum Thema zu stellen.
- Du solltest dich auch vergewissern, ob deine Zuhörer/Zuhörerinnen deinen Vortrag verstanden haben. Dazu kannst du Testfragen stellen oder dir ein Quiz ausdenken.

c À toi! | Probiere es in der Aufgabe 7 gleich aus!

À toi: Présente ta fête préférée

DELF PF **7** **Présente ta fête préférée ou une fête qui t'intéresse[1]. Tu peux préparer une présentation sur ordinateur ou un poster avec des photos.** ▶Banque de mots, p. 193

1 **qui t'intéresse** das dich interessiert

C'est quand?
Qu'est-ce qu'on fait?
Quelles chansons est-ce qu'on écoute?
Quels plats est-ce qu'on prépare?
Est-ce qu'on retrouve des amis ou la famille?
Est-ce qu'il y a des cadeaux?
Est-ce qu'on danse?
Est-ce qu'on chante?

Du kannst auch Musik vorspielen, die für das Fest typisch ist.

Texte B et exercices

Hier lernst du:
- jemandem ein Rezept zu erklären.

2 20–21

La recette des oreillettes

Regarder et comprendre

ebcode coguru

1 **Regarde le film. Puis réponds aux questions: Où sont Matéo et Mathilde? Qu'est-ce qu'ils font?**

Pour le projet «Ma recette», Mathilde et Matéo présentent leur spécialité préférée: les oreillettes de Montpellier. Voilà leur film:

▶▶▶

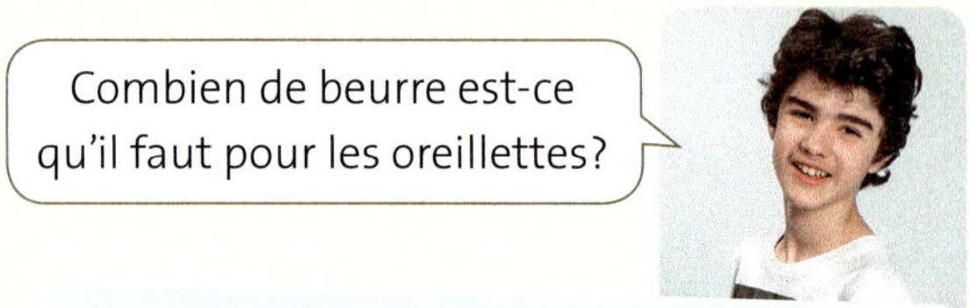

Les oreillettes de Montpellier

(pour 6 personnes)

30 min — 5 min

- 500 g de farine
- 2 œufs
- 30 g de sucre
- 75 g de beurre
- 1 sachet de levure
- 1 sachet de sucre vanillé
- le zeste d'un citron
- 100 ml d'eau
- 175 g de sucre glace
- 2 bouteilles d'huile

Miam, j'en veux!

Lire et comprendre

2 a **Qu'est-ce qu'il faut faire pour préparer les oreillettes? Prends des notes. Utilise des verbes à l'infinitif.**

b **Explique à un/e ami/e qui ne comprend pas le français la recette des oreillettes.**

Prononcer

2 22

3 a **[s] ou [z]? Écoute et répète.**

Pour la mousse au citron, il faut des œufs, du sucre, deux citrons et le zeste d'un citron.

2 23–24

b **À toi! Écoute la chanson et chante.**

Pour la mousse au citron
Il faut des œufs,
Il faut du sucre,
Il faut deux citrons
Et le zeste d'un citron.
Ah bon? Ah bon?
Il faut des citrons
Pour la mousse au citron?
Mais oui, bien sûr!
Pour la mousse au citron,
Il faut deux citrons
Et le zeste d'un citron!

Découvrir: l'article partitif

4 **Compare les langues: Lis et traduis la phrase. Quelle est la différence entre le français et l'allemand?**

Pour les oreillettes, il faut du beurre, de la farine, **de** l'eau, **des** œufs …

S'entraîner

5 **Qu'est-ce qu'il faut pour une mousse au chocolat? Regarde les photos et réponds. Utilise *du*, *de la*, *de l'*, *des*.** ▶Grammaire, p. 89/2

Die Rezepte findest du unter: www.cornelsen.de/codes fowoju.

1 La mousse au chocolat[1]

le chocolat

les œufs

le sucre vanillé

1 **le chocolat** die Schokolade

2 Les crêpes

les œufs

le lait

l'huile

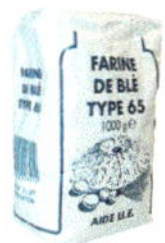

la farine

le sucre

le sel[2]

2 **le sel** das Salz

3 Le gâteau aux pommes

4 Le gâteau à la confiture

6 **À vous! Qu'est-ce qu'il faut pour une fête? Utilisez *du*, *de la*, *de l'*, *des*.** ▶Grammaire, p. 89/2

A: Pour une fête, il faut des boissons.

B: Pour une fête, il faut des boissons et de l'argent.

la boisson	l'ami/e	l'argent
le gâteau	les chips	la musique
l'idée	le temps	___

p. 129

7 a GRAMMAIRE MIXTE: **Faites une liste des courses. B va à la page 129.** | A: Sage B, was ihr braucht. B schaut nach, ob die Zutaten vorhanden sind und antwortet. ▶Grammaire, p. 89/2

le beurre   les œufs   le lait   la farine   l'huile

Exemples:

A: Il faut du beurre.
B: Attends, je regarde ... Oui, il y a du beurre.
A: Super!

A: Il faut du beurre.
B: Attends, je regarde ... On n'a pas de beurre.
A: Alors, il faut acheter du beurre.

b **Maintenant, B veut faire sa liste des courses. Tu réponds.** ▶Grammaire, p. 89/2

Il y a ...   On n'a pas de ...

8 **Nicolas veut organiser une fête pour son anniversaire. Complète par les formes du verbe *devoir*.**
▶Verbes, p. 167

Je n'ai pas le temps. Je ? acheter des boissons et des chips.

Julien? Non, il n'a pas le temps. Il ? travailler.

– Nous ? encore ranger ma chambre!
– Non. Toi, tu ? ranger ta chambre. Moi, je sors.

Vous ? mettre les œufs avant la farine!

Ils ? mettre les voisins au courant.

Écouter

2 25

9 a **Les élèves du collège Camille Claudel ont préparé une salade de fruits pour un nouveau record. Écoutez et notez les nombres.** ▶Nombres, p. 166

b **Comparez vos résultats. Dictez-vous les nombres de a.**

Salade de fruits
? pommes ? bananes ? oranges
? citrons ? g de sucre

2 26

10 a **Alex et Selma veulent faire un gâteau au yaourt. Écoute le dialogue au téléphone et réponds aux questions.**

DELF

1. Pour la fête de Mathilde, Alex veut faire un gâteau au yaourt. Pourquoi?
2. Qui va au supermarché?
3. Où est-ce que Selma et Alex font le gâteau? //○ ▶ p. 139

DELF

b **Qu'est-ce qu'il faut pour un gâteau au yaourt? Écoute le dialogue encore une fois et prends des notes.** //○ ▶ p. 139

Vocabulaire

11 a **Trouve les expressions pour parler d'une recette. Complète l'associogramme.**

b **Mime une des expressions de a. Les autres devinent.**

Tu mélanges les œufs, le beurre et le sucre.

À toi: Présente une recette

12 **Faites un film dans votre cuisine.**

DELF

- **Choisissez une recette.**
- **Qu'est-ce qu'il faut faire? Écrivez des phrases en français.**
- **Prenez le texte, p. 83–84, comme modèle.**
- **Présentez votre film en classe.**

▶Banque de mots, p. 195

TU ES EN FORME?

- Sage, dass dein Geburtstag dein Lieblingsfest ist.
- Sage, dass du deinen Geburtstag magst, weil es viele Geschenke gibt.
- Sage, dass man für Crêpes Eier, Mehl und Zucker braucht.

Grammaire et expressions utiles

Expressions utiles

So stellst du dein Lieblingsfest vor:

Ma fête préférée, c'est (mon anniversaire).
J'adore / J'aime beaucoup (la fête des voisins).
C'est ma fête préférée parce qu'on (retrouve la famille).
On prépare (nos plats traditionnels).
On met des tables et des chaises (dans la rue).
On apporte (des boissons).
On mange jusqu'à (minuit).
Nous faisons (des salades).
On part / Je vais toujours chez (mon grand-père).
Il y a (les treize desserts).
Cette année, je sors (avec mes copains).

So fragst du jemanden nach seinem Lieblingsfest:

Quelle fête est-ce que tu préfères?
Quels plats est-ce que vous préparez?
Quelles chansons est-ce que vous chantez?

So erläuterst du ein Rezept:

Il faut (de la farine, du sucre et des œufs).
Je mélange (la farine, le sucre et les œufs).
Je mets (le reste).
Nous devons rajouter (de la farine).
La pâte doit être très fine.
Je découpe (la pâte) en carrés.
Je mets (les oreillettes) dans (l'huile chaude).
On attend cinq minutes.
Avec un peu de (sucre glace), c'est trop bon.

Grammaire

L 80|3, 81|4
C 52|3, 53|4

1 **Du fragst nach einer bestimmten Person/ Sache:**

Quelle fête est-ce que tu préfères?
Quels plats est-ce que tu aimes?

→ **Dazu brauchst du:**

den Fragebegleiter *quel/quelle/quels/quelles*
(le déterminant interrogatif *quel*)

	masculin	féminin
singulier	quel plat quel ami	quelle fête quelle amie
pluriel	quels plats quels‿amis	quelles fêtes quelles‿amies

Alle vier Formen (*quel, quelle, quels, quelles*) werden vor Konsonanten gleich ausgesprochen: [kɛl].

Exercices de grammaire

1 Lisez les exemples à haute voix.
Attention à la liaison.
quel ami, quelles‿amies, quels‿élèves, quelle adresse, quels‿animaux, quelle heure, quel idiot, quelles‿idées

2 Qu'est-ce que vous aimez? Posez des questions et répondez.
A: *Quels fruits est-ce que tu aimes bien?*
B: *J'aime bien les pommes.*
1. ? *fruits*; 2. ? *film*; 3. ? *musique*;
4. ? *livre*; 5. ? *matière*; 6. ? *animal*;
7. ? *gâteau*; 8. ? *vêtements*

▶Solutions, p. 229

85|4 85|5 85|6 55|4 56|5 56|6

2

Du gibst eine unbestimmte Menge von etwas an:

Il faut **de la** farine, **du** sucre, **de l'** huile. → **den Teilungsartikel** (l'article partitif)

Dazu brauchst du:

Teilungsartikel:

Il faut **du** sucre.
Il faut **de la** farine.
Il faut **de l'**huile.
Il faut **des** citrons.

Mengenangaben:

Il faut **un peu de** sucre.
Il faut **un kilo de** farine.
Il faut **un litre d'**huile.
Il faut **beaucoup de** citrons.
Il **ne** faut **pas de beurre.**

~~de + le~~ = du | de + l' = de l'
de + la = de la | ~~de + les~~ = des

Exercices de grammaire

1 Traduisez. (Achtet darauf, ob Mengen angegeben sind!)
Il faut ...
1. ... Mehl, Milch, Zucker.
2. ... 1 kg Mehl, 2 l Milch, 1 kg Zucker.
3. ... Butter, Öl, Eier.
4. ... viel Öl, ein Päckchen Vanillezucker, etwas Butter.
5. ... Käse, Tomaten, Salat.
6. ... viel Käse, sechs Tomaten, etwas Salat.

2 Regardez encore une fois l'exercice 1. Quand est-ce qu'on utilise l'article partitif? Quand est-ce qu'on ne l'utilise pas?

78|4 81|5 86|8 50|2 53|5 57|7

3

Tu **attends** cinq minutes.
Je **sors** avec mes copains.
Nous **devons** rajouter de la farine.

→ **die Verben auf *-dre***
die Verben auf *-ir (dormir, partir, sortir)*
das Verb *devoir* ▶Verbes, p. 167

Tragt die Formen von *attendre*, *sortir* und *devoir* in eure Verbkartei ein. Vergesst nicht die Formen des *passé composé*.

▶Solutions, p. 229

La France en fête

Le 14 juillet est un jour férié[1] en France. Attention pour le programme touristique: beaucoup de magasins[2] et de musées restent fermés[3]!

L'Histoire

En 1789, les Français se révoltent[4] contre le roi Louis XVI[5]. Ils luttent pour la liberté[6] et ils réclament leurs droits[7]. Le 14 juillet, ils attaquent la prison de la Bastille et libèrent les prisonniers. Cette action devient le symbole de la Révolution. Le roi doit partir et la politique change.
En 1880, le 14 juillet, devient le jour de la fête nationale française.
Depuis, chaque année, on fête la libération du peuple par lui-même[8].

Qu'est-ce qui se passe le 14 juillet?

La parade militaire[9] sur l'avenue des Champs-Élysées est une tradition. Les Français et beaucoup de touristes la regardent. Après, les militaires[10] restent dans les rues de Paris. Ils parlent avec les gens et leur présentent leur métier.

1 **le jour férié** der Feiertag
2 **le magasin** das Geschäft
3 **fermé/fermée** *adj.* geschlossen
4 **se révolter** aufbegehren, eine Revolution starten
5 **le roi Louis XVI** König Ludwig der 16.
6 **lutter pour la liberté** für die Freiheit kämpfen
7 **réclamer ses droits** seine Rechte einfordern
8 **la libération du peuple par lui-même** die Befreiung des Volkes durch sich selbst
9 **la parade militaire** die Militärparade
10 **le/la militaire** der Soldat / die Soldatin

DELF **1** a **Lis l'article et réponds aux questions.**

1. Quand est-ce que la fête nationale française a lieu[1]?
2. Quel est son origine[2]?
3. Qu'est-ce qu'on fait à Paris?

1 **avoir lieu** stattfinden
2 **l'origine** *f.* die Herkunft

b **Quand est-ce que la fête nationale allemande a lieu? Qu'est-ce qu'on fait? Compare.**

Une invitation

DELF **1** **Sébastien est ton correspondant. Il habite à Montpellier avec sa famille. Hier, il t'a écrit un message. Lis son message et réponds aux questions.**

> À:
>
> Salut,
> Je voudrais t'inviter pour la fête nationale française à Montpellier!
> Tu pourrais venir le 10 juillet et passer une semaine avec moi et ma famille.
> Le 14 juillet, il y a toujours un grand feu d'artifice au Domaine de Grammont! C'est super!
> Réponds-moi vite!
> Amicalement,
> Sébastien

1. Quelle fête est-ce que Sébastien veut fêter avec toi?
2. Quand est-ce que tu peux venir?
3. Combien de temps est-ce que tu peux rester chez Sébastien?
4. Qu'est-ce qu'il y a toujours à cette fête?

DELF **2** **À toi! Écris un message. Invite ton correspondant français / ta correspondante française à ton anniversaire ou à une fête dans ta ville / ton village / ta région.** ▶Méthodes, p. 154

Fiche d'écriture pour écrire une invitation

Begrüßung:	Salut! Coucou! Cher ___. / Chère ___.
Schreiben, wozu man einlädt:	Je t'invite à ___. Je voudrais t'inviter à ___. Je fête mon anniversaire. On organise une fête surprise pour ___. Il y a (toujours) ___.
Fragen, ob jemand Zeit/Lust hat:	Est-ce que tu as le temps demain / samedi / le 13 mars à 17 heures / en juillet? Est-ce que tu peux/veux venir?
Um Antwort bitten:	Réponds-moi vite![1]
Verabschiedung:	À bientôt. Bisous. Amicalement. Je t'embrasse. (+ *ton prénom*)

1 **Réponds-moi vite!** Antworte mir schnell!

Unité 6 Des héros et des passions

Les héros des ados

2
27

Je suis fan de Titeuf. Il est vraiment drôle. Il adore frimer, mais avec sa copine, il est très timide!

1

2

3

Moi, je préfère les Simpson. Mais mon héros, c'est David Guetta. Tout le monde danse sur sa musique. J'aimerais être comme lui.

Approches

Hier lernst du:

- zu sagen, wer dein Vorbild ist und zu begründen warum.

Moi, j'admire mon grand-père parce que toute sa vie, il a cherché l'aventure. Il a été sur tous les continents. Il a même gagné une étape du Tour de France! C'est génial, non?

Mathilde

4

Kylian Mbappé est un super footballeur. Il a gagné toutes les coupes, toutes les médailles et tous les championnats: Championnats du Monde, Championnats d'Europe, Championnats de France!

Lôc

5

Ma star préférée, c'est Marie Dal Zotto. Elle a beaucoup de talent! Elle joue dans mon film préféré *Mention particulière*.

Selma

Lire et comprendre

DELF **1** **Ils parlent de leurs héros. Qui parle de qui? Quelle photo va avec quel texte? Justifie ta réponse.**

//● **2** **Pourquoi est-ce qu'ils admirent ces personnes? Explique.**

Exemple: Selma admire l'actrice Marie Dal Zotto parce qu'elle ...

//○ ▶ p. 139

S'entraîner

3 GRAMMAIRE MIXTE: **Qu'est-ce qu'ils font? Complète par *tout le / toute la / tous les / toutes les* et les formes correctes des verbes.**
▶ Grammaire, p. 104/1

Exemple:
1. Ils rangent toutes les bédés sur l'étagère.

Ils / ranger / ? bédés sur l'étagère.

Henri / appeler / ? garçons de sa classe.

Elle / manger / ? yaourt.

? filles / regarder / la sœur de Karim.

? classe / écouter / la prof.

//○ ▶ p. 140

Vocabulaire

4 **Qu'est-ce qu'il faut faire pour être une star? Il y a plusieurs possibilités. Note les expressions dans ton cahier.**

Exemple:
gagner toutes les coupes

gagner jouer avoir dessiner faire aider chanter écrire

beaucoup de livres beaucoup de talent toutes les coupes des mangas les jeunes des photos formidables dans un film toutes les médailles des chansons

Écouter

5 a **Selma est fan de Louane. Pourquoi est-ce qu'elle l'admire? Écoute et note trois raisons[1].**

//○ ▶ p. 140

b **Comparez vos résultats de a et complétez si possible[2].**

1 **la raison** der Grund
2 **si possible** wenn möglich

Écrire

6 a **Tu es fan de qui? Fais des devinettes.**

//○ ▶ p. 140

Exemple: J'adore machin[1]. Il/Elle a beaucoup de talent. Il/Elle ... C'est qui?

1 **machin** Dingsda

b **Lisez vos textes. Les autres devinent.**

Hier lernst du:
- einen Podcast zu hören und zu verstehen.

29–30

Un podcast sur Kylian Mbappé

Préparer l'écoute

1 a **Tu vas écouter un podcast sur le foot.** | Welche Wörter könnten vorkommen? Sammle sie in einer Mindmap. ▶Méthodes, p. 144

b **Trouve l'intrus.**

1. la coupe • le talent • la médaille • le championnat
2. être motivé • travailler • frimer • gagner
3. l'équipe • les joueurs • la compétition • rentrer
4. le copain • la compétition • le succès • gagner
5. le joueur • le champion • le frère • le footballeur

Écouter et comprendre

29–30
DELF

2 a **Écoute le podcast et choisis les bonnes réponses.**

1. Ce podcast est …	A une interview.	B un reportage.	C un commentaire.
2. Paul Brahimi est …	A un entraîneur de foot.	B un joueur de foot.	C un commentateur de foot.

b **Écoute encore une fois. Retrouve l'ordre des images. Attention, il y a une image en trop.**

1

2

3

4

c **Quelle image correspond à la famille de Kylian Mbappé?**

1

2

3

Vocabulaire

3 **Ta star préférée, c'est qui? Posez des questions et répondez.**

Exemple: Pour moi, Julian Draxler est le meilleur joueur de foot du monde parce qu'il joue super bien. Et pour toi?

le meilleur / la meilleure ____ du monde
le joueur / la joueuse de foot / ____
l'acteur / l'actrice
le chanteur / la chanteuse[1]
le groupe de musique

1 **le chanteur / la chanteuse** der Sänger / die Sängerin

LE SPORT EN DIRECT

Félix: Salut, tout le monde! Pour mon podcast *Le sport en direct*, j'ai rencontré le commentateur de foot Paul Brahimi pour une interview. Je lui ai posé des questions sur Kylian Mbappé.
Paul, qu'est-ce que vous pensez: est-ce que Mbappé est le meilleur joueur de foot?

Paul: Oui, bien sûr! Avec l'équipe de France, il est champion du monde! Et il est encore jeune!

Félix: Ses fans me posent beaucoup de questions: est-ce qu'il est toujours motivé? Est-ce qu'il veut toujours gagner? Qu'est-ce qu'on peut leur répondre?

Paul: Oui, il est très motivé parce qu'il adore la compétition!

Félix: Comment est-ce que vous expliquez son succès? Être un champion, c'est surtout avoir du talent?

Paul: Du talent? Ça dépend. À 12 ou 13 ans, il faut avoir du plaisir avec ses copains! C'est ça qui compte! Mais après, c'est la compétition, il faut travailler et encore travailler. Le talent sans le travail, ce n'est rien.

Félix: Oui, mais Kylian Mbappé a déjà appris cela dans sa famille ...

Paul: Oui, sa famille adore le sport! Sa mère Fayza: ex-handballeuse, son père Wilfried: ex-footballeur et entraîneur, ses frères: footballeurs ... Quelle famille!

Félix: Et comment est-ce que vous expliquez le succès de l'équipe de France?

Paul: Les joueurs de l'équipe de France sont formidables. Mais ils sont aussi copains. Ils aiment être ensemble et jouer ensemble. C'est très important!

Félix: Merci Paul! Et à bientôt avec *Le sport en direct*!

Découvrir: les pronoms objet indirect *lui* et *leur*

4 a **Qu'est-ce que ces phrases veulent dire? Traduis.**

1. Félix a rencontré Paul Brahimi et **lui** a posé des questions.
2. Les fans posent beaucoup de questions. Qu'est-ce qu'on peut **leur** répondre?

b **Quels mots est-ce que *lui* et *leur* remplacent dans les phrases de a? Échangez vos résultats.**

c **Trouve les mots remplacés.** | Finde die Ergänzungen, die in den Sätzen durch *lui*/*leur* ersetzt sind.

1. Les fans de Mbappé **lui** ont posé des questions.
2. Paul **leur** répond: «Mbappé est très motivé.»
3. Kylian Mbappé **lui** a écrit des messages.
4. Mbappé **leur** répond qu'il aime jouer avec eux.

à sa famille | à Félix | aux fans | aux joueurs de l'équipe de France

S'entraîner

5 **Les héros et leurs fans. Complète par *lui* ou *leur*.** ▶Grammaire, p. 105/2

donner qc **à** qn
montrer qc **à** qn
expliquer qc **à** qn
écrire qc **à** qn
répondre qc **à** qn

Exemple:
– Qu'est-ce que Lôc répond **à ses amis**?
– Il **leur** répond: «J'admire Mbappé.»

1. – Qu'est-ce que Lôc répond à ses amis? – Il ? répond: «J'admire Mbappé».
2. – Qu'est-ce que Mbappé explique à ses fans? – Il ? explique les règles du jeu.
3. – Qu'est-ce que Matéo donne à Selma? – Il ? donne un livre sur David Guetta.
4. – Qu'est-ce que Lôc montre à Alex? – Il ? montre un poster de Titeuf.
5. – Qu'est-ce que Selma et Mathilde écrivent à Marie Dal Zotto? – Elles ? écrivent un e-mail.
6. – Est-ce que Marie Dal Zotto répond à Selma et Mathilde? – Oui, elle ? répond!

6 **Émilie et Adil parlent à l'équipe de foot féminine de Montpellier. Complète par les pronoms objet indirect *me, te, lui, nous, vous, leur*.** ▶Grammaire, p. 105/2

1

– Je peux ? poser une question? – Oui, bien sûr, je vais ? répondre.

2

Qu'est-ce que vous ? expliquez?

3

Est-ce que vous pouvez ? expliquer cette règle?

▶▶▶

4 Qu'est-ce que vous ? donnez?

5 Vous pouvez ? montrer vos chaussures?

6 Nous voulons ? donner un cadeau de toute l'équipe!

7 GRAMMAIRE MIXTE: **Réponds aux questions. Utilise les pronoms objet direct ou indirect.** ▶Grammaire, p. 47/3, p. 71/3 et p. 105/2

1. – Est-ce que tu comprends **le problème**? – Oui, je ? .
2. – Est-ce que tu as parlé **à ton entraîneur**? – Non, je ne ? .
3. – Est-ce que tu as **son numéro**? – Oui, je ? .
4. – Est-ce qu'il va expliquer **les règles**? – Oui, il va ? .
5. – Est-ce que vous écoutez **les podcasts de Félix**? – Oui, nous ? .
6. – Est-ce que vous écrivez **à Félix et Paul Brahimi**? – Oui, nous ? .
7. – Est-ce que vous voulez présenter **vos footballeurs préférés**? – Oui, nous voulons ? .
8. – Est-ce qu'ils vont **vous** répondre? – Non, ils ne ? .

le la l'	lui
les	leur

//○ ▶ p. 141

Écouter

8 a **La 4e A du collège Camille Claudel a fait une interview. Écoute et réponds.** (2/31, DELF)

1. Qui parle?
2. Quand est-ce que la personne a commencé à faire de la musique?
3. Combien d'instruments est-ce que la personne joue?
4. Où est-ce que la personne a commencé à chanter?

b **Écoute l'interview encore une fois.** | Notiere alle Fragewörter, die verwendet werden. Welche Fragewörter kennst du noch? Ergänze und verwende sie in Aufgabe 9.

À toi: Pose des questions à une star

9 a **Vous voulez faire une interview avec votre star préférée. Mettez-vous d'accord. Puis faites des recherches sur Internet et préparez les questions et les réponses.** //○ ▶ p. 141

b **Jouez votre interview. A pose les questions, B répond.**

Ihr könnt eure Interviews auch filmen.

âge
équipe
médailles/championnats/coupes
musique préférée
projets pour l'avenir
héros
talent
succès
___

Hier lernst du:

- zu sagen, ob du ein Instrument spielst / eine Sportart ausübst,
- Informationen auszutauschen.

2 32–33

La passion, c'est ça qui compte!

Vincent, 15 ans, Nîmes

La passion:

À dix ans, j'ai vu une corrida avec mes parents et j'ai trouvé ça formidable! Depuis ce jour, je veux être toréro! Alors, je prends des cours dans une école à Nîmes. On a même entraînement dans l'arène! C'est génial! La corrida, c'est ma passion. Je vois le taureau, je lis dans ses yeux. J'ai beaucoup de respect pour lui.

Le collège:

C'est important, mais moi, je préfère l'entraînement!

Les hobbys:

Je lis beaucoup. Mon frère et moi, nous lisons toutes les histoires de toréros. Notre héros, c'est Nimeño II. Dans ma famille, on fait aussi de la musique ensemble. Ma mère joue du piano et mon frère de l'accordéon. Moi, je joue de la guitare.

Laure, 15 ans, Toulouse

La passion:

Le rugby, c'est un super sport d'équipe! Dans ma famille, tout le monde joue au rugby: mon père, mon frère, mon oncle, mes cousins. Moi, j'ai commencé à six ans! J'ai deux heures d'entraînement tous les soirs. Et tous les week-ends, on a un match avec mon club! Ça fait 15 heures de sport par semaine!

Le collège:

Je suis à l'internat et j'ai un emploi du temps lourd: cours de 8 heures à 15 heures 30, puis entraînement, douche, dîner à 19 heures 30. Et ça, tous les jours! Après, il faut faire nos devoirs. À 22 heures 15, on va au lit. Les surveillants nous prennent nos portables, comme ça, on ne peut pas téléphoner. C'est dur, mais c'est comme ça ... Nous voyons nos familles et nos amis le week-end.

Les hobbys:

Je n'ai pas assez de temps pour avoir un hobby. Mais ça m'est égal! Ma passion, c'est le rugby!

CIVILISATION

Rugby ist in Frankreich sehr beliebt. Frankreich war schon dreimal Vizeweltmeister im Rugby.

Lire et comprendre

DELF **1** **Les deux articles, p. 99, sont pour le journal du collège Camille Claudel. Choisis un titre pour chaque article. Justifie ton choix.**

1 Deux passions: la corrida et le piano
2 Avec ma guitare dans l'arène de Nîmes
3 Il adore la corrida et les histoires de toréros
4 Trop cool, l'internat!
5 15 heures de rugby par semaine et pas de hobby
6 Jamais sans ma famille!

2 a **Tu veux présenter Vincent ou Laure. Choisis un article, p. 99. Note toutes les informations sur Vincent ou sur Laure dans ton cahier. Puis travaillez à deux. Présentez Vincent et Laure.**

b **Est-ce qu'il y a quelque chose qui vous étonne[1]? Discutez.**

1 **qui vous étonne** das euch erstaunt

Vocabulaire

3 a **Préparez une grille de mots. Utilisez les mots des textes, p. 99. A note un mot, B continue.**

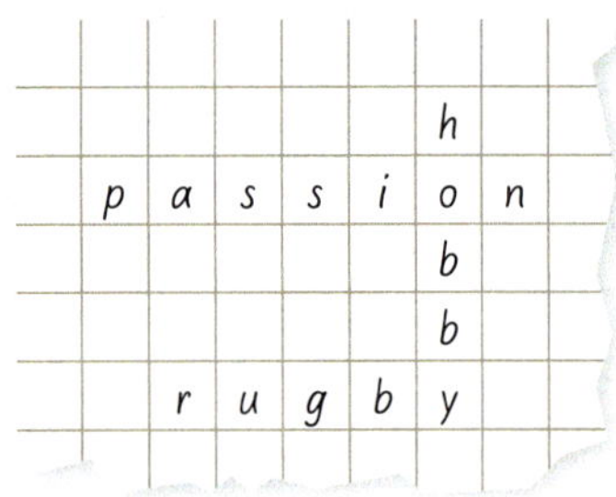

b **Forme des phrases. Utilise les mots de a.**

Exemple:
La passion de Laure, c'est le rugby. Elle n'a pas de hobby.

4 a **Voilà des expressions pour réagir dans une conversation. Qu'est-ce qui va ensemble? Note dans ton cahier.**
DELF

Exemple: **1 D** Ich sage, dass ich zustimme. → Moi aussi, je suis d'accord.

1 Ich sage, dass ich auch zustimme.
2 Ich finde etwas blöd/verrückt.
3 Ich finde, dass etwas Wahnsinn ist.
4 Ich finde etwas nicht schlecht.
5 Ich finde etwas gut/super/cool.
6 Ich bin nicht einverstanden.
7 Ich bin auch nicht dieser Ansicht.
8 Ich bin einverstanden.
9 Ich halte etwas für unmöglich.

A Ce n'est pas mal.
B Ce n'est pas possible.
C Je suis d'accord.
D Moi aussi, je suis d'accord.
E Je ne suis pas d'accord.
F Moi non plus, je ne suis pas d'accord.
G C'est bien/top/cool.
H Délire!
I C'est nul/fou.

b **Dans les textes, p. 92–93, 96 et 99, tu trouves d'autres expressions pour réagir dans une conversation. Note-les dans ton cahier et traduis-les.**

Découvrir: le verbe *jouer de / jouer à*

5 a **Regarde les phrases. Quand est-ce qu'on utilise *jouer à*? Quand est-ce qu'on utilise *jouer de*?**

Vincent **joue de la guitare.**
Julien **joue du piano.**

Laure **joue au rugby.**
Corinne **joue au football.**
Alex **joue aux jeux vidéo.**

b **Ils parlent de leurs hobbys. Complète.**

1. – Est-ce que tu joues ? tennis?
   – Non, je joue ? basket.
2. Il adore jouer ? jeux vidéo.
3. – Est-ce que vous jouez ? accordéon?
   – Non, on joue ? guitare.
4. Nous jouons ? football?

S'entraîner

//● **6** a **Qu'est-ce qu'ils font? Utilise *jouer à* ou *jouer de*.** ▶Grammaire, p. 105/3 //○ ▶ p. 141

Exemple: 1. Aurélie joue de la guitare.

1 
Aurélie

2 
Jules

3 
Khaled

4 
Pierre

5 
Abraham

6 
Cécile

7 
Maya

8 
Adèle

b **Est-ce que tu joues d'un instrument? Posez des questions et répondez.**
▶Méthodes, p. 146 ▶Banque de mots, p. 200

Exemples:
A: Est-ce que tu joues d'un instrument?
B: Oui, je joue du / de la / de l'____.

A: Est-ce que tu joues d'un instrument?
B: Non, mais je voudrais jouer du / de la / de l'____. / Non, ce n'est pas mon truc.

c **Mime. Tu joues d'un instrument ou à un jeu. Les autres devinent.** ▶Banque de mots, p. 200

Tu joues de la guitare!

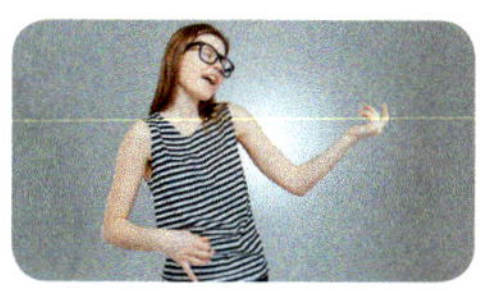

7 a **Qu'est-ce qu'on peut lire? Complète la liste dans ton cahier.**
▶Liste alphabétique, p. 204

Exemple: lire une recette

lire	une recette une page dans mon livre les règles du jeu ___

b **Qui lit quoi? Utilise *lire* et les noms de a.**
▶Verbes, p. 167

Je lis une recette.
Tu ___.

8 a **Note les formes du verbe *voir* dans ton cahier.** ▶Verbes, p. 167

b **Jouez à deux. Utilisez les formes du verbe *voir* et les couleurs.**

Exemple:
A: Je vois quelque chose que tu ne vois pas[1] et c'est noir.
B: Tu vois un portable?
A: Oui. / Non.
B: Tu vois ___.

1 **Je vois quelque chose que tu ne vois pas.** Ich sehe was, was du nicht siehst.

Regarder et comprendre

9 a **Regarde l'interview. Qui parle?**

webcode coguru

b **Lis les questions, regarde le film encore une fois et prends des notes dans ton cahier. Puis réponds aux questions.**

1. À quelle heure est-ce que le garçon a cours?	Il a cours à ___.
2. Comment est-ce que le garçon va au collège?	
3. Où est-ce que le garçon mange à midi?	
4. Le garçon a cours jusqu'à quelle heure?	
5. Est-ce que le garçon a un hobby?	

Parler

p. 130

10 a **Posez des questions et répondez. B va à la page 130.**
A: Ton/Ta partenaire voit une fille. Pose-lui ces questions. B répond par des phrases complètes.

1. Comment est-ce qu'elle s'appelle?
2. Elle a quel âge?
3. Quel sport est-ce qu'elle fait?
4. Quand est-ce qu'elle a commencé?
5. Quand est-ce qu'elle a entraînement?
6. Est-ce qu'elle a souvent des matchs?
7. Est-ce qu'elle a des hobbys?
8. Comment est-ce que tu trouves sa vie?

b **Maintenant, B te pose des questions sur Clément. Réponds par des phrases complètes. Voici tes informations.**

nom: Clément Gautier
âge: 15 ans
sport: basketball
a commencé: à 10 ans
entraînement: le lundi, le mercredi, le vendredi
matchs: d'octobre à mai: tous les week-ends
hobbys: jouer de la guitare, écouter de la musique
sa vie: C'est super ☺/ dur ☹/ ____.

11 **Et toi? Quel est ton hobby? Posez la question et répondez.**
▶ Les mots pour le dire, p. 233–234

À toi: Demande des informations

DELF

12 a **Tu voudrais t'inscrire[1] dans un internat de rugby mais tu n'as pas encore assez d'informations. Travaillez à deux. A pose les questions. B joue le rôle de l'élève qui est déjà à l'internat de rugby: il/elle prend le texte sur Laure (p. 99) comme base. Préparez les questions et les réponses et jouez le dialogue.** ▶ Méthodes, p. 146

1 **tu voudrais t'inscrire** du möchtest dich anmelden

//○ ▶ p. 142

Des idées pour les questions:
- Wie viele Stunden Training?
- Wann?
- Oft Spiele? Wann?
- Stundenplan? Tagesablauf?
- Wann Hausaufgaben?
- Zeit für Hobbys?
- Warum magst du das Internat?

Denke daran, deine/n Gesprächspartner/in zu begrüßen und zu verabschieden.
Verwende Höflichkeitsformeln:
– Bonjour. / Salut. / Au revoir. / À plus.
– ..., s'il te plaît. / Merci.
– Je voudrais ...

b **Échangez les rôles.**

TU ES EN FORME?

- Sage, dass *(Name)* der/die beste Schauspieler/in ist.
- Sage, dass du Rugby und Gitarre spielst.

Grammaire et expressions utiles

Expressions utiles

So sprichst du über deine Stars:

Ma star préférée, c'est (Marie Dal Zotto).
Je suis fan de (Titeuf).
J'admire (Kylian Mbappé).
C'est (un footballeur / une actrice).
Il/Elle a beaucoup de (talent).
Il/Elle est vraiment (drôle).
Il/Elle est le meilleur (joueur) / la meilleure (joueuse de football du monde).
Il/Elle est champion/championne (d'Europe).
Il/Elle a gagné (toutes les coupes).
J'aimerais être comme (lui/elle).

So sprichst du darüber, was du besonders gern tust:

Ma passion, c'est (la corrida).
Depuis ce jour, je veux être (toréro).
J'ai commencé à (six) ans.
Je prends des cours (de tennis).
On a entraînement (le lundi et le jeudi).
J'ai (deux) heures d'entraînement (tous les soirs / par semaine).
Je lis toutes les histoires (de toréros).
(Le rugby), c'est un super sport d'équipe.
J'ai un emploi du temps (assez lourd/super).

So reagierst du in einem Gespräch:

C'est dur, mais c'est comme ça.
Oui, mais c'est ça qui compte.
Ça m'est égal.
C'est génial/important.

Grammaire

L 94|3
C 63|3

1 **Du sprichst über das Ganze oder alle:**

Il a été sur **tous les** continents.
Il a parlé à **toute l'** équipe.

Dazu brauchst du:

→ **den Begleiter *tout le*, *toute la*, *tous les*, *toutes les***
(le déterminant *tout le, toute la, tous les, toutes les*)

	masculin	féminin
singulier	tout le temps tout l'argent	toute la vie toute l'équipe
pluriel	tous les jours	toutes les filles

Compare les langues:
tout le temps
all the time
die ganze Zeit

Exercices de grammaire

1 Traduisez les exemples. Comparez à deux.
2 Traduisez. Puis corrigez vos résultats à deux:
1. *der ganze Club*; 2. *alle Fußballer*; 3. *die ganze Etappe*; 4. *alle Schauspielerinnen*; 5. *alle Spezialitäten*; 6. *das ganze Mehl*; 7. *alle Getränke*; 8. *das ganze Jahr*

▶ Solutions, p. 230

L 97|5 97|6 98|7 C 66|4 66|5

2

Du ersetzt indirekte Objekte:		Dazu brauchst du:
Ses fans **lui** posent des questions. Il **leur** explique son succès.	→	**die indirekten Objektpronomen *lui* und *leur*** (les pronoms objet indirect *lui* et *leur*)

1. Qui pose des questions à Félix?
   Les fans **lui** posent des questions.
2. Qu'est-ce que Matéo a donné à Selma?
   Il **lui** a donné une photo.
3. Qu'est-ce que Mbappé peut expliquer à ses fans?
   Il peut **leur** expliquer son succès.
4. Qu'est-ce que Lôc montre à ses copines?
   Il **leur** montre des photos de Mbappé.

Exercices de grammaire

Répondez aux questions. Utilisez *lui* ou *leur*.
1. *Qu'est-ce qu'il écrit à son frère? (des e-mails)*; 2. *Qu'est-ce qu'il montre à ses fans? (ses médailles)*; 3. *Qu'est-ce qu'il explique aux jeunes? (les règles du jeu)*; 4. *Qu'est-ce qu'il apporte à ses parents? (des cadeaux)*

à + 👤 = lui   à + 👥 = leur
à + 👤 = lui   à + 👥 = leur

Anders als im Deutschen steht das französische Objektpronomen vor dem konjugierten Verb.

Je **lui** répond*s*.   Ich antworte **ihm**.
Je ne **leur** écris pas.   Ich schreibe **ihnen** nicht.

In Sätzen mit einem Infinitiv steht das Objektpronomen vor dem Infinitiv.
Je ne vais pas **lui** montrer la photo.

101|6 C 69|4

3

Du sagst, dass du ein Instrument oder eine Sportart spielst:		Dazu brauchst du:
Est-ce que tu **joues d'** un instrument? Est-ce que tu **joues au** rugby?	→	***jouer de / jouer à***

Elle **joue de la** guitare. → jouer **de** qc ♪
Ils **jouent au** foot. → jouer **à** qc ⚽

Exercices de grammaire

Traduisez. Comparez à deux.
1. *Yann spielt Akkordeon.* 2. *Mia spielt Handball.* 3. *Spielst du ein Instrument?*

102|7 102|8 C 69|5 70|6

4

Il **lit** beaucoup. Nous **voyons** le taureau.	→	**Les verbes irréguliers *lire, voir*** ▶Verbes, p. 167

▶Solutions, p. 230

La France en direct

MARIE DAL ZOTTO, l'actrice

Deux fois par semaine, le magazine *Cinéado* interviewe un ou une fan du cinéma. Aujourd'hui, c'est Jade: elle va nous parler de son actrice préférée.

Cinéado: Bonjour Jade, merci de nous donner cette interview. Alors, qui est cette actrice que tu aimes?

Jade: Elle s'appelle Marie Dal Zotto. Elle a joué dans un seul film, *Mention particulière*. Le film a même reçu deux prix!

Cinéado: Est-ce que tu sais comment Marie Dal Zotto a commencé sa carrière?

Jade: Elle fait du théâtre depuis l'âge de 14 ans. Le réalisateur[1] du film a choisi Marie pour le rôle principal parce qu'elle a beaucoup d'énergie.

Cinéado: Et est-ce qu'elle va jouer dans d'autres films?

Jade: Marie ne pense pas faire carrière comme actrice. Sa passion, c'est le théâtre mais aussi la cuisine. Elle travaille à un projet: un restaurant avec des serveurs trisomiques[2] à Grenoble.

Cinéado: C'est super! Jade, beaucoup d'enfants font du théâtre à l'école avec l'envie de percer[3] dans ce métier[4]. Un conseil à leur donner?

Jade: Marie aide des personnes à handicap à trouver du travail. Elle est très sérieuse[5] et veut, comme le personnage du film *Mention particulière*, passer le bac[6]. Il ne faut pas toujours prendre le théâtre au sérieux, mais c'est une passion qui aide à prendre confiance. Enfin, il ne faut pas confondre confiance en soi et talent.

Cinéado: Merci beaucoup, Jade!

1 **le réalisateur / la réalisatrice** der Regisseur / die Regisseurin
2 **trisomique** *adj.* Mensch mit Trisomie 21 / Downsyndrom (angeborene Behinderung)
3 **percer** den Durchbruch schaffen
4 **le métier** der Beruf
5 **sérieux/sérieuse** *adj.* ernsthaft
6 **le bac** *fam.* das Abi

Apprendre à apprendre: une médiation

1 **So berichtest du über einen französischen Text** ▶Méthodes, p. 156

a In einer Sprachmittlung gibst du jemandem wieder, was in einem französischen Text steht. Du musst nicht Satz für Satz oder Wort für Wort übersetzen. Gib auf Deutsch nur wieder, was inhaltlich wichtig ist **oder** was dein/e Partner/in wissen will.

b À toi! | Probiere es in der Aufgabe 2 gleich aus.

2 À toi! | Du findest in einer französischen Online-Zeitschrift dieses Interview. Ein Freund / Eine Freundin will wissen,

- was Marie Dal Zottos Beruf ist,
- wie sie ihre Karriere begonnen hat,
- was sie noch für Pläne hat.

Se donner rendez-vous

2 35
DELF

1 **Écoute la conversation. Où est-ce qu'ils veulent aller? Choisis la bonne image.**

1  2  3 

DELF

2 **Écoute encore une fois et réponds aux questions ou complète les phrases.**

1. Théo téléphone à Mohamed et veut aller ? avec lui et regarder ?.
2. Mohamed est A ☺ B 😐 C ☹
3. Pour Mohamed, le ticket coûte A 0 euro. B 15 euros. C 30 euros.
4. Quand est-ce que l'évènement a lieu? Note le jour et l'heure.
5. Théo va chercher Mohamed à ? heures.
6. Ils vont rentrer à ? heures.

DELF

3 a **Dans une conversation, on utilise les expressions suivantes. Classe-les dans le tableau.**

	Situation formelle (à un/e professeur/e ou vendeur/-euse)	*Situation informelle (à des amis ou la famille)*	*Situation formelle ou informelle*
saluer qn (jdn begrüßen)			
prendre congé de qn (sich von jdm verabschieden)			

Bonjour monsieur/madame. Salut! À bientôt! Bonsoir. À plus tard. Au revoir. À demain. À plus!

FR DE

b **Avec tes parents, tu es chez la famille de ta corres. Sa mère t'appelle et veut vous donner rendez-vous. Fais la médiation. Utilise aussi des expressions de a.**

1. **La mère de ta corres:** Âllo, c'est Mélanie, la maman de Lara. Vous allez bien? On voudrait vous inviter à un concert ce soir. Est-ce que tes parents ont envie?
   Toi à tes parents: ?
2. **Ton père:** Das ist aber nett! Und sonst gehen wir gerne ins Konzert, aber heute sind wir so müde. Frag sie doch, ob wir zusammen essen gehen wollen und sie ein schönes Restaurant kennen.
   Toi à la mère de ta corres: ?
3. **La mère de ta corres:** Ah oui, d'accord, je vois. Oui, c'est aussi une bonne idée. Effectivement, il y a un très bon restaurant à côté de l'opéra. Ils ont une jolie terrasse. Rendez-vous à vingt heures au restaurant?
   Toi à tes parents: ?
4. **Ton père:** Ah, das klingt wunderbar. Ich hab' jetzt schon mächtig Hunger ... Könnten wir uns nicht schon um 19:30 treffen? Und wo ist das Restaurant genau? Kannst du bitte noch mal fragen?
   Toi à la mère de ta corres: ?
5. **La mère de ta corres:** Ok, ça marche. Alors le restaurant s'appelle «L'entrecôte» et l'adresse, c'est 3, rue de Verdun. C'est à côté de la place de la Comédie. Donc, rendez-vous à 19 h 30, d'accord?
   Toi à tes parents: ?
6. **Ton père:** Wunderbar. Sag ihr vielen Dank und bis gleich. Dann haben wir ja noch ein Stündchen und können noch ein bisschen spazieren gehen ...
   Toi à la mère de ta corres: ?

Révisions 2 facultatif

Hier kannst du die Vokabeln und die Grammatik wiederholen, die du bereits gelernt hast.
Die Lösungen findest du unter www.cornelsen.de/codes fowoju.

1 a Classe les mots dans le tableau.

jouer de la guitare   le site   les vêtements
la liste des courses   l'information   le style
l'entraînement   imprimer   jaune
la boisson   le sapin de Noël   le tee-shirt

la mode	*le web*	*la fête*	*les hobbys*
le style			

b Trouve cinq mots pour chaque sujet de a. Complète ton tableau.

c Choisissez un sujet de a. Écrivez des phrases. Utilisez les mots de a et b.

2 Faites de la publicité[1] avec vos noms ou un nom de marque[2].

Exemple:

Achetez vos baskets chez A comme ados
L comme look
O comme «On y va!»
N comme noir

1 **la publicité** die Werbung
2 **la marque** die Marke

Ihr könnt Namen vermischen!
Alexa + Leon = Alon

2 36

3 Écoute ce reportage de la fête du sport du collège Camille Claudel. Prépare un tableau dans ton cahier. Note les nombres dans le bon ordre. ▸Nombres, p. 166

986	329	77	520
215	517	261	400

4 Complète les questions par ces verbes. ▸Verbes, p. 167

venir   prendre   sortir   écrire   devoir   mettre

1 Qu'est-ce que je ? ce soir?

2 Qu'est-ce que vous ? ?

3 Vous ? à la fête de Rachid?

▸▸▸

Tu ? un e-mail à Adeline?

Qu'est-ce que je ? acheter?

Vous ? ? Et vos devoirs?

5

GRAMMAIRE MIXTE: Tu prépares ta fête. Complète les questions. Utilise *quel, quelle, quels, quelles* et les formes correctes des verbes. Puis réponds aux questions. Écris dans ton cahier. ▶Grammaire, p. 88/1, ▶Verbes, p. 167

1. ? amis est-ce que tu *(inviter)*?
2. ? cadeau est-ce que tu *(vouloir)*?
3. ? boissons est-ce qu'on *(acheter)*?
4. ? musique est-ce que tu *(télécharger)*?
5. ? plat est-ce que je *(devoir)* apporter?

6

Pour ta fête, vous avez fait des crêpes. Complète par *du, de la, de l', des*. ▶Grammaire, p. 89/2

Hier, on a fait les courses avec les copains pour les crêpes. D'abord, on a acheté ? boissons: ? jus de pommes et ? eau minérale. Puis, on a acheté ? lait, ? beurre, ? œufs et ? huile. On a aussi pris ? confiture et ? sucre. Mais on n'a pas acheté ? farine. Pas cool!

7

C'est qui? Trouve le bon nom. Écris dans ton cahier. ▶Grammaire, p. 105/2

1. Tu lui expliques ton problème. (→ *au principal / aux sauveteurs*)
2. Tu leur montres ton profil. (→ *à ton chien / à tes amis*)
3. Tu lui poses des questions. (→ *à ta meilleure copine / à tes profs*)
4. Tu leur présentes ton copain. (→ *à ta grand-mère / à tes parents*)
5. Tu ne leur réponds jamais. (→ *à ton ami / à tes ennemis*)
6. Tu lui écris un e-mail. (→ *à ton acteur préféré / à tes fans*)

8

Qu'est-ce que tu as fait ce week-end? Travaillez à trois. | A erzählt B drei Dinge, die er/sie am Wochenende gemacht hat. B erzählt es C weiter. C wendet sich dann A zu und berichtet.

Exemple:

A: Dimanche, j'ai dormi jusqu'à 10 heures. Après, j'ai écrit des e-mails, puis je suis sorti/e avec mes amis.

B: Il/Elle a dormi jusqu'à 10 heures. Après, il/elle a écrit des e-mails, puis il/elle est sorti/e avec ses amis.

C: Tu as dormi jusqu'à 10 heures. Après, tu as écrit des e-mails, puis tu es sorti/e avec tes amis.

regarder dormir télécharger attendre
sortir essayer écrire aller
jouer à/de mettre au courant inviter
retrouver les copains faire les courses

Unité 7 Bonnes vacances!

Découvrez la région de Montpellier

2 37

Préparer la lecture

1 Choisissez un de ces endroits: la Camargue, les Gorges de l'Hérault, la Grotte des Demoiselles, le Pont du Diable, le Pont du Gard et faites des recherches sur Internet. Puis présentez «votre» endroit.

1 Aventure en Camargue

Qui? Jeunes entre 10 et 14 ans
Quand? Du 4 au 15 juillet
Quoi? On fait des jeux d'équipe en Camargue (canoë, cheval, VTT). Et on découvre la corrida!
Où? En Camargue … On fait du camping.

2 Escalade et spéléo

Qui? Jeunes entre 12 et 15 ans
Quand? Du 16 au 23 août
Quoi? Aventure sur terre et sous terre! Après deux jours d'entraînement sur le mur d'escalade, tu vas traverser les gorges de l'Hérault et descendre à 60 mètres sous terre.
Où? À la colonie de vacances de Ganges

la Grotte des Demoiselles

L'Hérault

le Pont du Diable

Hier lernst du:

- eine Werbung für deine Region in Form eines Gedichts zu schreiben.

3

Camping Pont du Gard****

- Ouvert du 1er mai au 15 octobre
- Entre les plages de la Méditerranée et les montagnes des Cévennes
- Piscine à vagues, toboggan
- Tennis, basket, foot, VTT
- Disco tous les vendredis soirs

— Chez Maurice —

Découvrez les spécialités de la région.
La maison vous offre le dessert.

le Pont du Gard

Lire et comprendre

2 C'est bientôt les vacances. Lis les trois annonces. Tu voudrais partir où? Pourquoi? Justifie ta réponse.

Médiation

3 Dein 16-jähriger Bruder interessiert sich für Klettersport. Er versteht kein Französisch und stellt dir Fragen zur Anzeige 2. Beantworte seine Fragen.

1. Klettert man nur an Übungshängen oder im freien Gelände?
2. Warum ist eine Höhle abgebildet?

CIVILISATION

Eine *colonie de vacances* ist ein Ferienlager für Kinder und Jugendliche.

Vocabulaire

4 a **Qu'est-ce qu'on peut faire en colonie de vacances et au camping? Note les activités dans le tableau.**
▶Approches p. 110–111

faire	*aller*	*découvrir*
du cheval	*en colonie de vacances*	___

b **Tu connais déjà d'autres expressions avec les verbes de a. Complète ton tableau.**
▶Liste alphabétique, p. 204

c **Quelles activités t'intéressent? Souligne-les[1] dans ton tableau.**

1 **souligne-les** unterstreiche sie

5 **Vous êtes dans une colonie de vacances. Est-ce que vous aimez le programme de cette semaine? Échangez vos avis.**

Exemple:
A: Regarde, lundi, on va faire du cheval.
B: Super! / Je ne sais pas.

☺	☹
Super! / Trop cool!	Non, je n'aime pas ça.
C'est top/génial!	Bof. / Je ne sais pas.
J'adore ça!	Je déteste ___.
Pas mal.	Ce n'est pas mon truc.

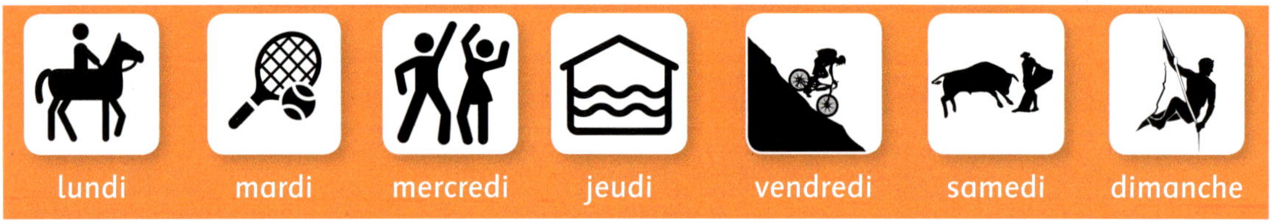

Découvrir

6 a **Trouve les formes des verbes *découvrir*, *ouvrir* et *offrir* dans les textes, p. 110–111. Complète le tableau dans ton cahier.**

b **Quelles formes manquent[1]? Complète le tableau à l'aide de** ▶Grammaire, p. 118/1.

Die Verben *découvrir* und *offrir* werden wie *ouvrir* konjugiert.

	ouvrir	*découvrir*	*offrir*
je/j'			
tu		*découvres*	
il/elle/on			
nous			
vous			
ils/elles			
participe passé[2]			

1 **ils/elles manquent** sie fehlen
2 **le participe passé** das Partizip Perfekt

S'entraîner

7 **Matéo et ses parents passent leurs vacances au camping «Pont du Gard». Complète par les formes des verbes *ouvrir*, *offrir* ou *découvrir*.** ▶Grammaire, p. 118/1

1

Tu m' ? la porte, s'il te plaît?

2

Vous m' ? cette robe?

3

La piscine ? à onze heures.

4

Regarde. Alex a ? son blog. Pas mal, les photos.

5

Maintenant, ? les yeux!

6

Aujourd'hui, nous ? la cuisine traditionnelle de Montpellier.

//O ▶ p. 142

Écrire

2 38

8 a **Écoute la publicité[1] pour la région autour de Montpellier. Écoute-la encore une fois et lis le texte à haute voix.**

1 **la publicité** die Werbung

b **Fais de la publicité pour ta région ou ta ville. Écris un poème.**

//O ▶ p. 143

Du kannst den Text der Aufgabe 8a als Modell nutzen.

Hier lernst du:

- Verwunderung und Ärger auszudrücken,
- in einem Gespräch den Weg zu beschreiben.

2 39–40

Sur la route de Ganges

Écouter et comprendre

2 39–40

1 a **Couvre[1] la page 115 et écoute le texte. Combien de personnes parlent? De quoi s'agit-il?**

1 **couvre** verdecke

DELF

b **Vrai ou faux? Écoute le texte encore une fois. Note les numéros des phrases dans ton cahier.**

1. Ils utilisent un GPS.
2. Dans la voiture[1], il y a Lôc et son oncle.
3. Lôc demande la route[2] à une dame.
4. Ils veulent aller à Laroque.
5. Ils doivent traverser Agonès et Ganges.

1 **la voiture** das Auto
2 **demander la route à qn** jdn nach dem Weg fragen

c **Maintenant, lis le texte, p. 115, et corrige les phrases fausses de b. Justifie tes réponses.**

Exemple: 1. C'est vrai. À la ligne 3, on lit «C'est pratique, le GPS.».

DELF

2 a **Comment s'appelle la colonie de vacances de Lôc? Regarde les annonces, p. 110–111.**

b **Où sont Lôc et son père? Trouve tous les endroits du texte, p. 115, sur la carte dans ton livre ou sur Internet.**

Vocabulaire

3 a **Trouve dans le texte, p. 115, toutes les expressions pour expliquer le chemin[1].**

expliquer le chemin
- *tourner à droite*
- ___

2 41

b **Tu es à Montpellier. Des touristes te demandent le chemin. Écoute et réponds à leurs questions. Utilise les expressions de a.**

1 **le chemin** der Weg

Exemple:
1. Il faut aller tout droit. La Fnac est sur la place, à droite.

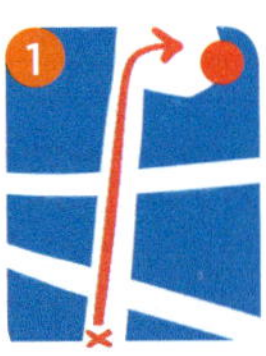

Il faut aller ? . La Fnac est sur la place, ? .

Il faut ? la place. Puis, tu ? tout droit.

Au ? , tu tournes ? .

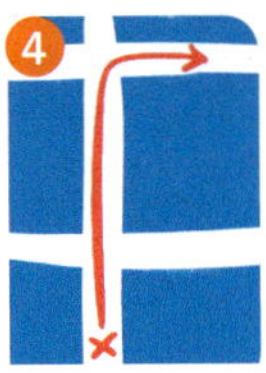

Vous ? la deuxième rue ? .

Vous ? toujours ? . ? de la rue, il y a une place. C'est là.

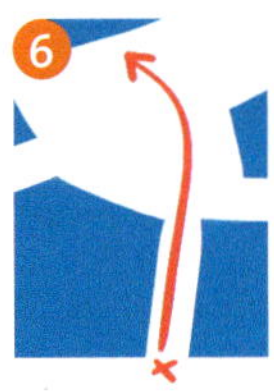

Vous ? cette rue. Puis, vous tournez ? .

Sur la route de Ganges

1

Le GPS: Après 500 mètres, tournez à droite, puis prenez la première rue à gauche.

Le père de Lôc: C'est pratique, le GPS ... On ne cherche plus sur la carte.

Le GPS: Après 150 mètres, tournez à gauche! ... Maintenant, tournez à gauche!

2

Le père: À gauche? Ce n'est pas possible ... Mais, ce n'est pas vrai! On n'est plus sur la route ...

Lôc: Hum ... Papa, nous sommes dans une cour.

Le père: Non, mais je rêve! C'est l'horreur, ce GPS!

Lôc: Regarde. Là-bas, il y a quelqu'un. Allez, on demande à la dame ...

3

Lôc: Bonjour, madame, pour aller à Ganges, s'il vous plaît?

La dame: Pour aller à Ganges? C'est facile! Vous prenez cette route. Au deuxième carrefour, vous tournez à droite. Puis vous continuez toujours tout droit, vous traversez Agonès et Laroque. À Laroque, il y a un feu rouge en face de l'église. Au feu rouge, vous tournez à droite. Au bout de la rue, vous tournez à gauche. Après, il y a encore quatre kilomètres jusqu'à Ganges.

4

Lôc: Merci ... Mais euh pardon ... Est-ce que vous pouvez répéter encore une fois, s'il vous plaît? Au feu rouge, on tourne à droite ou à gauche?

2 42

4 a **Qu'est-ce qu'on dit pour exprimer ses émotions? Traduis ces phrases.** ▶Liste alphabétique, p. 204

1 C'est fou! | 2 C'est nul, ce truc! | 3 C'est trop fort! | 4 C'est l'horreur! | 5 Ce n'est pas possible! | 6 Non, mais je rêve! | 7 Mais, ce n'est pas vrai!

b **Choisissez une phrase de a et trouvez un geste correspondant.** | Geht im Klassenraum umher. Auf ein Signal hin trefft ihr euch. A sagt seinen Satz und macht seine Geste. B reagiert darauf.

S'entraîner

5 **Tu es encore à la maison? Jouez des dialogues au téléphone. Posez des questions et répondez. Utilisez *ne ... plus*.** ▶Grammaire, p. 119/2

à la maison | chez Sarah | au collège | dans le bus | au musée | à la médiathèque | au centre commercial | à la plage | à la piscine | à la Fnac

A: Allô?
B: Salut, c'est moi. Tu es encore à la maison?
A: Non, je ne suis plus à la maison. Je suis déjà à la plage.

6 a **Comment est-ce qu'on forme les nombres ordinaux? Regarde à la page 166 et formule une règle. Est-ce qu'il y a des particularités[1]?** ▶Nombres, p. 166

1 **la particularité** die Besonderheit

b GRAMMAIRE MIXTE: **Lôc et son père sont pour la première fois sur la route de Ganges. Ils ont cherché la route mais maintenant ils ne la cherchent plus. Complète les phrases par les nombres ordinaux, *ne ... plus* et les formes correctes des verbes.** ▶Nombres, p. 166

1. Lôc a demandé le chemin pour la ? (11e) fois: maintenant il ? (ne ... plus / *demander*).
2. Le GPS a corrigé la route pour la ? (21e) fois: maintenant le père l' ? (ne ... plus / *écouter*).
3. La dame a expliqué le chemin pour la ? (5e) fois: maintenant elle ? (ne ... plus / *répéter*).
4. Ils ont tourné à gauche pour la ? (17e) fois: maintenant ils ? (ne ... plus / *tourner*) à gauche.
5. La voiture a traversé la place pour la ? (19e) fois: maintenant le père ? (ne ... plus / *chercher*) Ganges.
6. Maintenant Lôc et son père mangent leur ? (3e) steak frites au restaurant, alors ils ? (ne ... plus / *avoir*) faim et ils sont contents. ☺

Écouter / Regarder et comprendre

2 43

DELF

7 a **Écoute. De quoi s'agit-il? De quoi est-ce qu'ils parlent?**

b **Écoute encore une fois et regarde le plan de Montpellier dans ton livre. Où est Gino?**

c **Écoute le dialogue encore une fois et regarde le plan de Montpellier. Où est-ce que Gino doit aller?**

ebcode
coguru

8 Regarde les films et réponds.

1. Est-ce que Matéo doit tourner à droite ou à gauche au deuxième carrefour?
2. Une dame demande le chemin pour aller à la gare. Écoute et dessine le chemin dans ton cahier.
3. Qu'est-ce que Matéo cherche? Quelle est la réponse du monsieur?

CIVILISATION
Wie sprechen die Erwachsenen Matéo an?
Wie wirst du normalerweise angesprochen?

Parler

p. 130

9 a **B va à la page 130. A: Tu cherches les endroits 1–3. Demande le chemin à B.**

A: Pardon, je cherche le musée Fabre.
B: Tu prends la rue de la Loge. Puis, tu tournes ____.
A: Je n'ai pas compris. Tu peux répéter, s'il te plaît?
B: Alors, ____.

1 le musée Fabre
2 le Polygone
3 la poste

1 l'hôtel de ville *m.* das Rathaus

b **Maintenant, tu expliques le chemin à B.**

Tu prends la (deuxième) rue à (gauche).
Tu traverses (la rue de la Loge).
Tu continues tout droit.
Au bout de la rue, tu tournes à (droite).
Tu traverses deux/trois rues.
Et voilà, le/la ____.

À toi: Explique le chemin à un ami / une amie

10 **Ton/Ta corres veut rentrer chez toi mais il ne trouve plus son chemin. Il/Elle t'appelle. Tu lui expliques le chemin.**
- **Où est ton corres? Où est-ce qu'il doit aller?**
- **Jouez le dialogue au téléphone.**

//○ ▶ p. 143

TU ES EN FORME?
- Frage jemanden, wie du zur FNAC kommst.
- Sage, dass das Polygone rechts ist.
- Bitte jemanden zu wiederholen, was er/sie gesagt hat.

Grammaire et expressions utiles

Expressions utiles

So fragst du jemanden nach dem Weg:

Pardon monsieur/madame, je cherche / on cherche la route pour aller à (Ganges).
Pardon monsieur/madame, pour aller à (l'hôtel) ...?
Le (supermarché) / La (médiathèque), c'est où?

So fragst du, wenn du etwas nicht verstanden hast:

Pardon?
Est-ce que vous pouvez répéter encore une fois, s'il vous plaît?

So drückst du Verwunderung oder Ärger aus:

Mais, ce n'est pas vrai!
Non, mais je rêve!
C'est l'horreur!

So beschreibst du jemandem den Weg:

Vous prenez (la première rue) (à gauche).
Après (500 mètres), tu tournes (à droite).
Au (deuxième) carrefour, tu tournes (à gauche).
Au feu rouge, vous tournez (à droite).
Au bout de la rue, tu tournes (à gauche).
Tu traverses (deux rues).
Tu continues toujours tout droit.
C'est là/là-bas.
Et voilà (l'hôtel).

Grammaire

L 112|6 113|7
C 79|5

1 La piscine **ouvre** à 8 heures. → **die Verben auf *-ir: ouvrir, découvrir, offrir***
(les verbes en *-ir: ouvrir, découvrir, offrir*)

J'	**ouvre**	mes cadeaux.
Tu	**ouvres**	la porte, s'il te plaît?
Il/Elle/On	**ouvre**	le frigo.
Nous	**ouvrons**	les bouteilles de lait.
Vous	**ouvrez**	vos livres, s'il vous plaît.
Ils/Elles	**ouvrent**	les sachets de bonbons.

passé composé: **j'ai ouvert**

Die Verben vom Typ *ouvrir* konjugierst du wie die Verben auf *-er*.
Das Partizip Perfekt endet auf *-ert*.

Exercices de grammaire

1 Complètez par les formes du verbe *ouvrir*. Comparez vos résultats à deux, puis à l'aide des solutions.
1. *Il* **?** *la porte.*
2. *J'* **?** *mon livre.*
3. *Tu* **?** *la bouteille?*
4. *Ils* **?** *la bédé.*
5. *Elle* **?** *le cadeau.*
6. *Vous* **?** *la boîte?*

2 Tragt die Formen der Verben *ouvrir, découvrir* und *offrir* in die Verbkartei (im *Carnet d'activités*) ein. Korrigiert euch gegenseitig.

▶ Solutions, p. 230

116|5 116|6 81|3

2 **Du verneinst etwas:**

On **ne** cherche **plus** sur la carte.

Dazu brauchst du:

→ **die Verneinung mit *ne ... plus***
(la négation avec *ne ... plus*)

Il	**ne**	cherche	**plus** sur la carte.
On	**n'**	est	**plus** sur la route.
Léa	**n'**	a	**plus** dansé.
Enzo	**ne**	veut	**plus** jouer au foot.

Exercices de grammaire

1 Complète la règle en allemand:
Die Verneinung *ne ... plus* wird genauso verwendet wie die Verneinung mit **?** ... **?**.

2 Qu'est-ce que tu ne fais plus? Qu'est-ce que tu fais maintenant?

1. *J'achète mes baskets chez Supercher.*
   → Je n'achète plus mes baskets chez Supercher. Maintenant je les achète chez **?**.
2. *J'aide mon frère tous les jours.*
3. *J'appelle ma copine tous les soirs.*
4. *Je rentre avec Emma.*
5. *J'habite rue Lassalle.*
6. *Je mange des frites.*

3 Comparez vos résultats à deux.

Il **ne** mange **pas de** bonbons.
Er isst keine Bonbons.

Il **ne** mange **plus de** bonbons.
Er isst keine Bonbons mehr.

Unterscheide *ne ... plus* und *ne ... plus de* + Nomen!

▶ Solutions, p. 230

Pendant les vacances

Camping Les trois chevaux ***

Camping – Caravaning

Tarifs (par jour)

Ouvert du 1er mai au 30 septembre

	avant le 27/06 et après le 28/08	du 27/06 au 10/07	du 11/07 au 28/08
Emplacement + Véhicule	4,80 €	7,50 €	10,00 €
Personne + de 7 ans	3,50 €	4,50 €	5,80 €
Enfant – de 7 ans	2,00 €	2,50 €	3,00 €
Électricité	3,60 €	3,60 €	3,60 €
Animal	1,00 €	1,50 €	2,00 €
Véhicule supplémentaire	1,00 €	1,50 €	3,00 €
Visiteur	2,00 €	2,50 €	2,50 €
Visiteur + piscine	3,00 €	4,00 €	4,00 €

Locations de châlets et de mobile homes de Pâques au 30 sept. – renseignements à la réception

Restaurant du Camping

Ouvert tous les jours de 12 à 15 heures et de 19 à 22 heures.

Menu du jour
– 15,50 € –
(une entrée + un plat + un dessert)

Entrées au choix
– Soupe aux légumes
– Salade fraîcheur

Plats au choix
– Steak grillé
– Filet de saumon
– Quiche aux légumes
Garnitures du jour ou frites

Desserts au choix
– Gâteau au chocolat
– Salade de fruits
– Glace (trois boules)

1 **Du bist mit deinen Eltern in Frankreich. Ihr wollt eure Ferien auf dem Campingplatz „Les trois chevaux" verbringen. Deine Eltern sprechen kein Französisch und haben viele Fragen. Schau dir das Campingplatzschild und die Speisekarte an und beantworte ihre Fragen.**

1. Ist der Campingplatz im August geöffnet?
2. Wie viel kostet der Aufenthalt für euch (du, deine Eltern, deine Schwester (5 Jahre), dein Bruder (10 Jahre)) und euer Auto für zwei Wochen?
3. Sind Hunde auf dem Campingplatz gestattet?
4. Gibt es ein Schwimmbad?
5. Hat das Restaurant auch sonntags geöffnet?
6. Wie viel kostet das Tagesmenü?
7. Gibt es auch vegetarisches Essen?

CIVILISATION

In Frankreich isst man meist in drei oder vier Gängen: Vorspeise, Hauptspeise, Käse und/oder Nachtisch.

Une carte postale

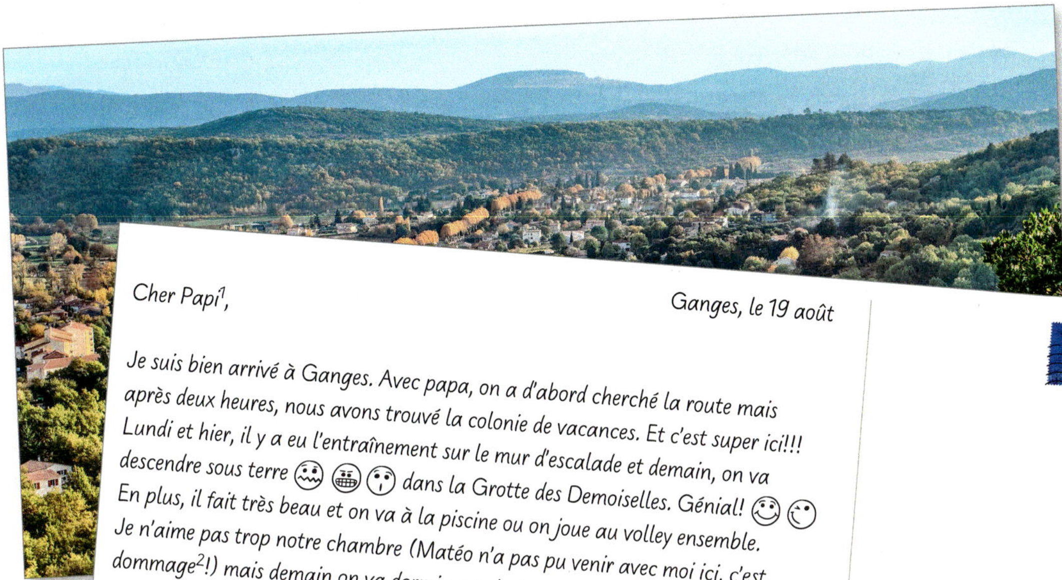

Cher Papi[1],

Ganges, le 19 août

Je suis bien arrivé à Ganges. Avec papa, on a d'abord cherché la route mais après deux heures, nous avons trouvé la colonie de vacances. Et c'est super ici!!! Lundi et hier, il y a eu l'entraînement sur le mur d'escalade et demain, on va descendre sous terre 😖 😬 😮 dans la Grotte des Demoiselles. Génial! 🙂 😉 En plus, il fait très beau et on va à la piscine ou on joue au volley ensemble. Je n'aime pas trop notre chambre (Matéo n'a pas pu venir avec moi ici, c'est dommage[2]!) mais demain on va dormir sous la tente – j'adore!

Je t'embrasse, Lôc

P.-S. Merci pour l'argent pour mon anniversaire!!!
P.P.-S. Est-ce que tu viens à Ganges avec papa dimanche? Il va y avoir une fête!!

Pierre Séverac
19, rue des cormorans
34000 Montpellier

1 **Papi** *m.* Opa 2 **C'est dommage!** Das ist schade!

DELF **1** a **Lis la carte postale. Qui écrit à qui? D'où? Quand?**

b **Est-ce que Lôc est 1. ☹ 2. 😐 3. 🙂? Justifie ta réponse.**

DELF **2** **Lis la carte postale encore une fois. Quelles images correspondent au texte? Justifie ta réponse.**

L'image A est correcte parce que Lôc va dormir sous la tente.

A 
B 
C 
D 
E 
F 
G 
H 
I 
J 

3 **Écris une carte postale et raconte ton week-end. Parle aussi de tes projets[1] pour les vacances.** ▶Méthodes, p. 152–154

1 **le projet** der Plan

Fiche d'écriture pour ta carte postale

Datum	Kempten, le (25 août) / ___.
Anrede	Chère (maman), / Cher (papa), / Salut (Bruno),
Dein Text	

Über Erlebnisse berichten (*passé composé*)	Hier, Samedi/Dimanche, D'abord, Après, Puis, Ensuite, Tout à coup, Alors,	je il/elle/on nous ils/elles	aller à la piscine / au cinéma / ___. faire une fête. faire du shopping / de l'escalade / du surf / ___. jouer au foot / au basket / ___. tomber (dans l'eau). rentrer à la maison. ___
Über Pläne sprechen (*futur composé*)	Demain, En août, Pendant les vacances,	je il/elle/on nous ils/elles	aller chez mes grands-parents. aller à Munich/Berlin/Paris/___. faire un stage d'équitation / de volley / ___. retrouver des copains/copines. lire beaucoup de livres/bédés. ___

Sich bedanken	Merci pour (ton message / ton e-mail / ta carte postale / ton cadeau)!
Schluss	Je t'embrasse. Bisous. Amicalement. À bientôt! Donne le bonjour à tes parents.

Hier kannst du überprüfen, welche Kompetenzen du in den *Unités 5–7* erworben hast.
Die Lösungen findest du unter www.cornelsen.de/codes fowoju.

Compréhension des écrits

1 **Ce week-end, vous attendez un ami français. Regarde le billet[1] de train et réponds aux questions.**

1. D'où est-ce que François part?
2. À quelle heure est-ce que le train part?
3. Où est-ce que François arrive?
4. À quelle heure est-ce que le train arrive?
5. Combien est-ce que le billet coûte?
6. Quelle place est-ce que François a réservé?

Mon billet

TGV inOui

LUNDI 17 JUIN 2019

07h47 PARIS MONT 1 ET 2
TGV INOUI 8251 - 1e classe
02h09 Voiture 01 Place 22
place assise - espace pro 1ere bas
09h56 BORDEAUX ST JEAN

Dossier Voyage : THJQSL
Nom : DUPOND
Prénom : FRANCOIS
Voyageur : ADULTE
Référence Client : 0029090164140657010

N° e-billet : 686075902
Prix : 175,00 EUR

Acheté via l'agence : SNCF GLCD A1

POUR BIEN PRÉPARER MON VOYAGE

- Je télécharge **mon billet sur l'application.** C'est + simple et + écologique
- Je n'oublie pas d'**étiqueter mes bagages**, c'est obligatoire
- Je prends **ma pièce d'identité** (originale et valide) pour l'embarquement et/ou le contrôle
- Je monte à bord du train **au plus tard 2mn** avant le départ. Passé ce délai, l'accès est interdit

1 **le billet** die Fahrkarte

Production écrite

2 **Tu veux faire un stage d'escalade en France. Remplis[1] le formulaire d'inscription. Écris dans ton cahier.**

nouveau!

ESCALADE / MULTISPORTS

Le Chassezac (Massif Central)

7 jours / 6 nuits – 14 à 17 ans

Inscription

nom: ? prénom: ?
adresse: ? code postal: ?
ville: ? tél.: ?
tél. portable: ? e-mail: ?
âge: ? date de naissance: ? / ? / ?
Je fais de l'escalade depuis ?

1 **remplir qc** etw. ausfüllen

3 **Tu es en vacances et tu écris une carte postale à ton/ta corres. Tu dis[1] où tu es et comment tu trouves tes vacances. Tu parles de tes activités et de ce que[2] tu vas faire. (40 mots minimum)**

1 **tu dis** du sagst 2 **ce que** was

Compréhension de l'oral

Tu vas entendre deux fois un document. Il y a 30 secondes de pause entre les deux écoutes puis tu as 30 secondes pour vérifier tes réponses.

2 44

4 **Tu écoutes la radio française. Lis les questions, écoute le document puis réponds. Écris dans ton cahier.**

1. C'est …
   a un reportage.
   b une interview.
   c une discussion.
2. Qui répond aux questions?
   a Tony Parker
   b Mickaël Piétrus
   c Nikola Karabatic
3. Quel sport est-ce qu'il fait?
4. Avec son équipe, il a gagné …
   a le titre NBA[1].
   b la coupe du monde.
   c la ligue des champions.

1 **NBA** Basketball-Profiliga in Nordamerika

2 45

5 **Lis les questions, écoute le document puis réponds. Écris dans ton cahier.**

1. Il est quelle heure?
   a 12 heures 05
   b 12 heures 20
   c 00 heures 20
2. Est-ce qu'ils vont au CDI ensemble?
   a Oui.
   b Non.
   c Peut-être.
3. Alex rencontre Selma à …
   a 11 heures 30.
   b 12 heures 30.
   c 23 heures 30.
4. Qu'est-ce qu'Alex et Selma vont faire pour la fête?
5. La fête de Selma, c'est quel jour?
6. L'anniversaire de Lôc, c'est le …
   a 12 juin.
   b 16 juin.
   c 16 janvier.

Production orale

6 **Entretien dirigé: A pose les questions suivantes. B répond. Puis échangez les rôles.**

1. Quelle est ta fête préférée?
2. Quels plats est-ce que tu aimes?
3. Qui est ton héros/héroïne?
4. Qu'est-ce que tu aimes faire (hobbys, sport, instrument)?
5. Où est-ce que tu vas passer tes vacances?
6. Qu'est-ce que tu aimes faire pendant les vacances?

7 **Échange d'informations: A pose des questions à l'aide des mots suivants. B répond. Puis échangez les rôles.**

Vêtements?	Lire?	Devoirs?
Cadeau?	Acteur/Actrice?	Vacances?

8 a **C'est bientôt ton anniversaire. Tu veux inviter une amie française. Tu laisses un message vocal[1].**

b **Dialogue simulé: Ton amie te rappelle[2]. Vous jouez le dialogue au téléphone.**

1 **le message vocal** die Sprachnachricht
2 **elle te rappelle** sie ruft dich zurück

Le journal de Zoé

Samedi, je suis allée au centre commercial du Polygone avec Lisa pour une journée shopping entre filles. Nous sommes d'abord allées à la médiathèque d'Antigone pour rendre[1] des livres. Après, j'ai cherché un joli poster pour ma chambre, mais je n'ai rien trouvé.

Ensuite, on a regardé des sacs dans un magasin. On ne peut pas dire que[2] Lisa aime les sacs. Non. Elle ne les aime pas, elle les adore! Et elle achète des sacs comme un serial killer fait des meurtres[3]! Sa collection est incroyable[4]. Un jour, j'ai photographié Lisa avec tous ses sacs. Ça a donné ça:

Quand nous sommes rentrées dans le magasin[5], j'ai fait une blague[6]:

– Pourquoi est-ce que tu veux acheter un sac? Pour ranger tes sacs?

Mais ça n'a rien changé: Lisa a acheté un sac! Rose, super joli, avec le dessin d'une perruche. Elle était très contente et elle a vite rangé toutes ses affaires[7] dans le nouveau sac.

À midi, on a eu faim et on a voulu monter à la coupole pour acheter un sandwich au Petit Café. Surprise! Sur les escaliers roulants[8], on a rencontré Bilal et Nathan! On a pris un repas[9] entre copains, et puis Lisa et Bilal ont voulu aller chez «Nature et Découvertes», mais moi, j'ai dit STOP: le centre commercial, ça va cinq minutes, mais après, je veux voir le soleil!!!

J'ai proposé un safari-photo dans la vieille ville[10]. Nathan a dit[11] oui tout de suite: il est comme moi, il aime bien faire des photos pendant son temps libre[12]. Mais Lisa et Bilal ont préféré rester au Polygone.

Dans le tram, j'ai expliqué mon idée à Nathan. D'habitude[13], on fait un safari-photo en Afrique et on photographie des singes[14], des girafes, des tigres, des éléphants ... Mais on peut aussi faire un safari-photo dans la vieille ville, il faut juste chercher des animaux ... ou alors, des trucs qui ressemblent[15] à des animaux ... Nous sommes descendus place Albert 1er. On a fait un concours[16]:

1 **rendre qc** etw. zurückgeben; 2 **On ne peut pas dire que ...** Man kann nicht sagen, dass ...; 3 **le meurtre** der Mord; 4 **incroyable** *adj.* unglaublich; 5 **le magasin** das Geschäft; 6 **la blague** der Witz; 7 **les affaires** *f. pl.* die Sachen; 8 **l'escalier roulant** *m.* die Rolltreppe; 9 **le repas** das Essen, die Mahlzeit; 10 **la vieille ville** die Altstadt; 11 **il/elle a dit** er/sie hat gesagt; 12 **le temps libre** die Freizeit; 13 **d'habitude** normalerweise; 14 **le singe** der Affe; 15 **ressembler à qn/qc** jdm/etw. ähneln; 16 **le concours** der Wettbewerb

1 **Lis le début de l'histoire et réponds aux questions: Qui écrit? Où est-ce que l'histoire a lieu? Note les activités des filles.** ▶Méthodes, p. 151

Lecture

Qui va trouver le premier animal? Nathan a gagné: des oiseaux[17] sur le tram!

On a fait le tour de la cathédrale. Boulevard Henri IV, à l'arrêt de bus, en face du jardin des Plantes, j'ai vu une affiche[18] avec un taureau et un toréro. D'habitude, je n'aime pas trop ça. Mais sur l'image, le taureau était adorable, alors j'ai fait une photo!

J'adore Montpelle[19]! Il y a vraiment plein d'endroits fantastiques ici! Mais nous n'avons pas trouvé d'animaux, alors nous n'avons pas insisté ...
Tout à coup, mon téléphone a sonné. Bilal. Non, en fait, Lisa, mais elle a appelé avec le téléphone de Bilal.

– Allô Zoé, c'est Lisa ...
– Ah, salut Lisa ... Pourquoi est-ce que tu appelles avec le téléphone de Bilal?
– Zoé ...
– Qu'est-ce qui se passe[20]?

Lisa n'a pas répondu, elle a commencé à pleurer[21].

Je suis restée très tranquille[22]. J'ai posé des questions.

– Qu'est-ce que tu as?
– On m'a volé[23] mon nouveau sac avec toutes mes affaires: mon porte-monnaie avec ma carte d'identité scolaire[24], mon portable et la clé de la maison! C'est l'horreur! En plus, mes parents sont partis pour le week-end. Les voleurs[25] ont aussi mon adresse. Ils peuvent aller chez nous, tu comprends? C'est la cata! J'ai peur, Zoé!
– Comment est-ce que c'est arrivé?
– Je ne sais pas ... On est encore restés un moment au Petit Café avec Bilal ... On a discuté ... On a repris deux cocas ... Le serveur était sympa. Il a fait des blagues avec Bilal ... On a bien rigolé[26] ...
– Et après?
– Après? On a terminé nos cocas, et puis on est allés chez «Nature et Découvertes» ... On a regardé les objets ... Il y avait un hamac[27] super joli ... Et puis tout à coup ... Mon sac n'était plus là! J'ai cherché partout, mais ... trop tard. Je n'ai rien pu faire ...
– Qui a pu le prendre?
– Je ne sais pas moi ... C'était très animé[28], au Polygone, comme tous les samedis. Je n'ai rien vu!
– Est-ce que tu peux toujours[29] rentrer chez toi?
– Oui, la voisine a une autre clé, mais ...

J'ai voulu dire un truc pour aider Lisa:

– Il ne faut pas avoir peur Lisa, tu peux dormir chez moi, ce n'est pas un problème ...

Mais ça n'a pas marché. Ça a énervé Lisa encore plus.

– Si[30], c'est un problème! C'est un grand problème! Je ne peux pas quitter la maison. Ils ont la clé, ils peuvent entrer et tout prendre ...

J'ai juste dit:

– On doit parler. Rendez-vous chez toi dans une demi-heure!

Puis, j'ai coupé[31].

17 **l'oiseau** *m.* der Vogel; 18 **l'affiche** *f.* das Plakat;
19 **Montpelle** = Montpellier; 20 **Qu'est-ce qui se passe?** Was ist los?; 21 **pleurer** weinen; 22 **tranquille** *adj.* ruhig; 23 **voler qc à qn** jdm etw. stehlen; 24 **la carte d'identité scolaire** der Schülerausweis; 25 **le voleur / la voleuse** der Dieb / die Diebin; 26 **rigoler** lachen, Spaß haben; 27 **le hamac** die Hängematte; 28 **animé/e** *adj.* belebt; 29 **toujours** *hier:* immer noch; 30 **si** doch; 31 **couper** *hier:* auflegen

2 **Résume l'histoire en deux phrases.**

D'abord Nathan et Zoé vont ... et ils font des ... Puis Lisa ... parce qu'on a volé ... avec ses ...

3 **Comment est-ce que l'histoire continue? À deux, imaginez la suite et dessinez une bédé avec des bulles.**

Unité 2 ▶ p. 26

4 a **A gibt an und erzählt dir, was er/sie gestern angeblich getan hat. Du glaubst ihm/ihr kein Wort.**

A: Hier, j'ai parlé à Manuel Neuer.
B: Arrête, c'est trop fort! Tu n'as pas parlé à Manuel Neuer.

C'est trop fort! | Tu frimes! | Arrête!

1 **Mon œil!** Ich glaub' dir kein Wort!

b **Jetzt gibst du an und sagst, was du angeblich gestern getan hast. A glaubt dir auch kein Wort.**

1. avoir cours jusqu'à 20 heures
2. ranger ma chambre
3. tomber de la Tour Eiffel
4. danser avec ____
5. ____

B: Hier, j'ai eu cours jusqu'à 20 heures!
A: Arrête! Tu n'as pas eu cours jusqu'à 20 heures!

Unité 3 ▶ p. 40

6 a **Tu es le vendeur / la vendeuse. A veut acheter des vêtements. Réponds.**

Exemple:
A: Pardon, vous avez ces baskets blanches en 39?
B: Non, mais j'ai ces baskets blanches en 40. Vous voulez essayer?
A: Oui, je veux bien[1]. / Non, merci.

1 **je veux bien** gerne

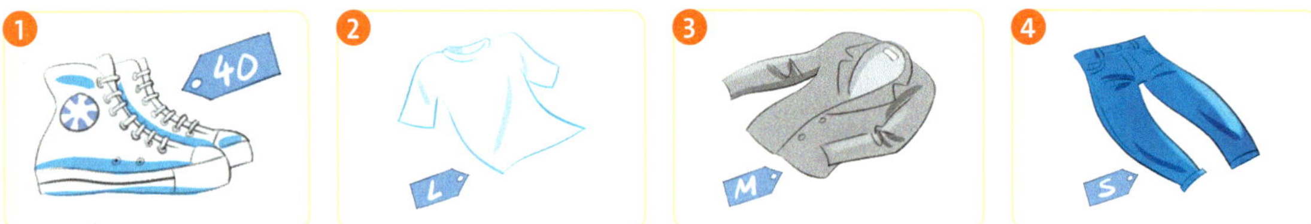

b **Maintenant, tu es le client / la cliente. Tu veux acheter ces vêtements:**

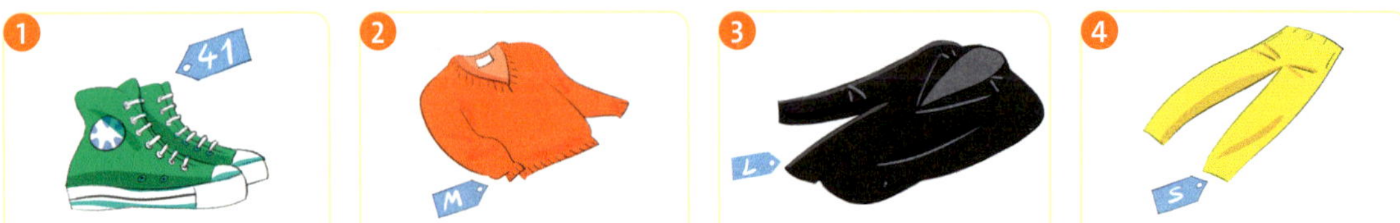

ces baskets vertes | ce pull rouge | cette veste noire | ce pantalon jaune

Unité 3 ▶ p. 44

8 a **A a des problèmes. Choisis un conseil et réponds.**

Exemple:
A: J'ai eu un 7 en allemand.
B: Tu pourrais parler à ton/ta prof. Il/Elle donne des conseils.

Il faut trouver des arguments.
Tu pourrais parler à ton/ta prof. Il/Elle donne des conseils.
Tu pourrais faire un stage de VTT.
Pourquoi est-ce que tu n'invites pas tes amis à la maison?
Tu pourrais inviter tes parents à un concert de ce groupe.
…

b **Maintenant, tu as des problèmes. A te donne des conseils.**

1. Je suis toujours en retard.
2. Je voudrais organiser une fête mais mes parents ne sont pas d'accord.
3. Je voudrais inviter mon copain / ma copine chez moi mais mes parents sont contre.
4. Je voudrais acheter un cadeau pour mon copain / ma copine mais je n'ai pas d'argent.

Unité 5 ▶ p. 86

7 a **GRAMMAIRE MIXTE: Faites une liste des courses.** | A sagt dir, welche Zutaten ihr braucht. Du schaust nach und antwortest. ▶ Grammaire, p. 89/2

Attends, je regarde ... Oui, il y a ...

Attends, je regarde ... On n'a pas de ...

Exemple:
A: Il faut du beurre.
B: Attends, je regarde ... On n'a pas de beurre.
A: Alors, il faut acheter du beurre.

b **Maintenant, tu veux faire ta liste des courses. A répond.** ▶ Grammaire, p. 89/2

la confiture | le sucre | la levure | les citrons | le chocolat

Exemples:
B: Il faut de la confiture.
A: Attends, je regarde ...
Oui, il y a de la confiture.
B: Super!

B: Il faut de la confiture.
A: Attends, je regarde ...
On n'a pas de confiture.
B: Alors, il faut acheter de la confiture.

Unité 6 ▶ p. 103

10 a **A te pose des questions sur Sarah. Réponds par des phrases complètes. Voici tes informations.**

b **Maintenant, tu poses ces questions. A répond par des phrases complètes.**

1. Comment est-ce qu'il s'appelle?
2. Il a quel âge?
3. Qu'est-ce qu'il fait?
4. Quand est-ce qu'il a commencé?
5. Quand est-ce qu'il a entraînement?
6. Est-ce qu'il a souvent des matchs?
7. Est-ce qu'il a des hobbys?
8. Comment est-ce que tu trouves sa vie?

nom: Sarah Mercier
âge: 14 ans
sport: tennis
a commencé: à 7 ans
entraînement: le mardi, le jeudi
matchs: deux matchs par mois
hobbys: lire
sa vie: C'est super ☺ / dur ☹ / ____.

Unité 7 ▶ p. 117

9 a **A te pose des questions. Explique-lui le chemin.**

A: Pardon, je cherche le musée Fabre.
B: Tu prends la rue de la Loge. Puis, tu tournes ____ et tu ____.
A: Je n'ai pas compris. Tu peux répéter, s'il te plaît?

Tu prends la (deuxième) rue à (gauche).
Tu traverses (la rue de la Loge).
Tu continues tout droit.
Au bout de la rue, tu tournes à (droite).
Tu traverses deux/trois rues.
Et voilà, le/la ____.

b **Tu cherches les endroits 4–6. Demande le chemin à A.**

4 l'office du tourisme | 5 l'église Saint-Roch | 6 l'hôtel de ville[1]

1 **l'hôtel de ville** *m.* das Rathaus

Unité 1 ▶ p. 14

//O **4** **Qu'est-ce qu'ils font? Complète.** ▶ Grammaire, p. 16/1

1

J'aime le cheval.
→ Je fais du cheval.

2

Ils aiment la natation.
→ Ils font ? .

le volley	→	faire du volley
la natation	→	faire de la natation
l'escalade *f.*	→	faire de l'escalade

3

Elle adore le sport.
→ Elle fait ? .

4

Nous adorons l'escalade.
→ Nous faisons ? .

5

On aime le shopping.
→ On fait ? .

6

Elles adorent le foot.
→ Elles font ? .

Unité 1 ▶ p. 15

DELF PF **8** a **Bilal est nouveau dans ton collège. Il cherche des amis. Travaillez à deux. Préparez la conversation au téléphone. A se présente. B prend le rôle de Bilal.**

1. Wer übernimmt welche Rolle?
2. Welche Fragen wollt ihr stellen? (Alter? Wohnort? Geschwister? Lieblingsort?)
3. Welche Antworten könnt ihr geben?
4. Was wollt ihr gemeinsam unternehmen?
5. Ihr wollt euch verabreden. Wann? Wo?

Moi, 13 ans, nouveau dans ton collège, cherche des copains. J'aime le foot. Mes clubs préférés: le Bayern Munich et le Montpellier HSC. J'aime aussi le cinéma et le rap. Et toi? Appelle au: 09190/42XX (Je ne parle pas allemand. ☺)
Bilal

//O b **Notez le dialogue. Jouez-le devant la classe. Vous pouvez utiliser ces phrases.** ▶ Méthodes, p. 146

Allô?
Est-ce que Bilal est là?
C'est moi.
Est-ce que tu fais du/de la/de l'___?
Ça va?
Moi non plus!
À quelle heure?
On va au/à la/à l'___ ensemble?
Moi aussi, j'adore ___
Ce n'est pas possible!
D'accord!

Unité 2 ▶p. 20

10 //O

4 b **Écoute. Présent ou passé composé? Fais le geste correspondant.**

1 J'appelle les sauveteurs.	6 Vous achetez un bateau?
2 J'ai appelé les sauveteurs.	7 Vous ignorez le drapeau rouge!
3 Les jeunes quittent la plage.	8 Ils ont ignoré le drapeau rouge.
4 Les jeunes ont quitté la plage.	9 Il a apporté son bateau.
5 Nous avons acheté un bateau.	10 Tu apportes ton bateau?

//O **5** **Hier, à la plage. Utilise le passé composé.** ▶Grammaire, p. 29/1

Exemple: 1. Matéo **a** appel**é** Lôc et Mathilde.

1. Matéo ? appel ? Lôc et Mathilde.
2. Les copains ? retrouv ? Selma sur la plage.
3. Mathilde ? prépar ? un gâteau.
4. Selma, nous ? apport ? le bateau!
   Et toi, tu ? achet ? les croissants?
5. Non, j' ? apport ? des bonbons.
   Et vous, vous ? appel ? Alex?

j'ai
tu as
il/elle/on a
nous avons
vous avez
ils/elles ont

Unité 2 ▶p. 22

//O **3** d ***Avoir* ou *être*? Choisis.**

1. Elles *(sont/ont)* allées à la plage.
2. Il *(est/a)* fait du sport.
3. Ils *(sont/ont)* montés dans le bateau.
4. Nous *(sommes/avons)* eu peur.
5. Tu *(es/as)* poussé le bateau?
6. Elles *(sont/ont)* restées à la maison.

//O **4** a **Qui a écrit ces messages? Relie. Note les noms et les numéros dans ton cahier.**

1. Nous sommes arrivées à 10 heures à Paris.
2. Je suis allé chez Mo et on a regardé un film.
3. Hier, j'ai fait de l'escalade et je suis tombée.
4. Nous sommes allés à la Fnac.

Lola	Philippe et Marie	Léa et Clara	Hugo

b **Wie hast du das erkannt? Begründe. Ergänze die Beispiele im Kasten.**

Il est arriv ? .
Elle est arriv ? .
Ils sont arriv ? .
Elles sont arriv ? .

Unité 2 ▶ p. 23

//O **6** **L'aventure de Malik, Laure et Zoé. Regardez les images et écrivez une histoire au passé composé.**
▶ Grammaire, p. 29/1–2; p. 30/3

Exemple: Malik, Laure et Zoé sont allés au parc hier.

Malik		poussé les vélos.
Laure	est	tombée du mur.
Zoé	sont	aidé Zoé.
Il/Elle	a	fait de l'escalade.
Ils	ont	allés au parc.
Les trois amis		rentrés à pied.

//O **7** a **Qu'est-ce que tu as fait hier? Prépare une interview. Note des phrases.**

avoir	acheté des bonbons surfé sur Internet chatté avec ___ regardé la télé / ___ retrouvé ma copine / ___ fait mes devoirs / la cuisine rangé ma chambre / ___ dansé fait du cheval / ___ préparé le dîner / ___
être	rentré/e à la maison allé/e au cinéma / ___

Unité 2 ▶ p. 25

//O

1 b **Comment est-ce qu'on dit dans le texte? Écris les phrases en français dans le tableau.**

allemand	*français*
1. Er hat mit seinem Boot angegeben.	*1. Il a frimé avec son bateau.*
2. Ich wollte nicht, wegen der roten Flagge.	
3. Die anderen wollten nicht hören.	
4. Ich habe Panik bekommen.	
5. Ich habe um Hilfe gerufen.	
6. Sie haben Selma retten können.	
7. Ihm hat das Abenteuer seines Sohnes nicht besonders gefallen.	

c **C'est qui dans les phrases de b? Lis le texte encore une fois et réponds.**

Exemple: 1. C'est Matéo.

Unité 3 ▶ p. 39

//O

5 c **Note ces noms dans ton tableau de a:** *librairie*, *rue*, *centre commercial*, *sacs*, *étagères*, *hôtel*, *ordinateur*, *problème*, *animaux*, *groupe*, *atlas*. ▶ Liste alphabétique, p. 204

Unité 3 ▶ p. 41

1 26 //O FR DE

9 **Tu fais du shopping avec tes parents. Écoute les annonces et explique à tes parents les soldes[1] et les prix.**

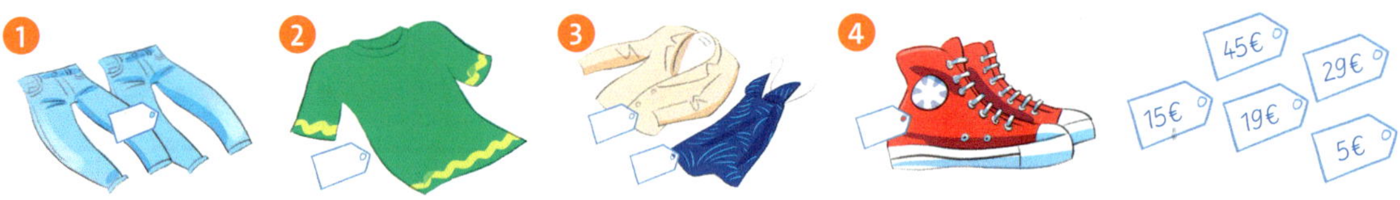

1 les soldes *m. pl.* die Sonderangebote

Unité 3 ▶ p. 44

//O

7 a **Qu'est-ce qu'ils mettent aujourd'hui? Retrouve les phrases et note-les dans ton cahier. Mets aussi les signes de la phrase[1].** ▶ Grammaire, p. 47/4

1 les signes de la phrase die Satzzeichen

ELLEMETDESFOULARDSJEMETSTOUJOURSDESJEANSTUMETSTAMONTRENOUSMETTONSDESBASKETS
ILSMETTENTDESCASQUETTESILMETSAVESTESURLELITELLESNEMETTENTPASLEURSCASQUETTESTUNEVAS
PASMETTRECETTECEINTUREELLEAMISUNPULLQU'EST-CEQUEVOUSMETTEZPOURLAFÊTE

Unité 3 ▶ p. 45

//O DELF

9 **Donne un conseil à Paul. Réponds à son message. Utilise les expressions des exercices, p. 43/4 et 44/8.**

Je voudrais avoir un chien mais mes parents ne veulent pas parce qu'on habite dans un appartement. Les chiens en ville, ce n'est pas super. Qu'est-ce que je peux faire?
Paul, 14 ans, Marseille

Begrüße Paul	Salut, Paul! / Bonjour, Paul!
Äußere deine Meinung	– chien + appartement = problème – moi aussi: chien ♥ – chien = copain
Gib Paul einen Rat	– un cochon d'Inde? – trouver des arguments (→ Internet) – montrer des photos de chiens (parents + chien = ♥)
Verabschiede dich	Salut! / À plus!

Unité 4 ▶ p. 59

//O

3 b **C'est qui? Décris un camarade / une camarade. Les autres devinent.**

Exemples:
A: Machin[1] a les cheveux blonds.
C'est qui?
B: C'est Jonas?
A: Oui, c'est Jonas.

A: Machin[1] a les cheveux blonds. C'est qui?
B: C'est Laura?
A: Non. Machin a les cheveux blonds et les yeux marron.
C: C'est David?
A: Oui!

les cheveux bruns

les cheveux roux[2]

les cheveux noirs

les cheveux blonds

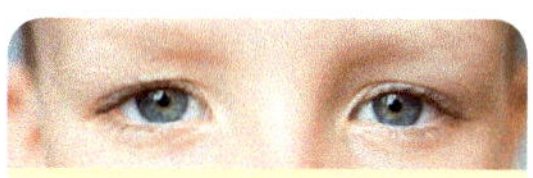
les yeux bleus

les yeux verts

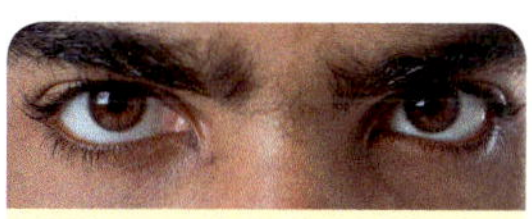
les yeux marron

les yeux noirs

1 **machin** Dingsda
2 **les cheveux roux** rote Haare

Unité 4 ▶ p. 64

//O **7** **Choisis deux monstres et fais leur portrait. (Tu peux aussi apporter une image de ton choix.) Utilise le plus de fantaisie et d'adjectifs possible. Fais attention à la place des adjectifs.** ▶ Grammaire, p. 70/2

Exemple:
Voilà mon copain Jean-Claude. C'est un petit monstre très moche. Il a les cheveux bleus et il adore porter des jolis tee-shirts très chers et des grandes montres jaunes. Il a des grands yeux … Il est fan de … Il aime les séries françaises … Il est très timide.

Fange mit dem Äußeren an, dann schreibe über Charakter und Eigenschaften.

1

2

3

4

le physique[1]		le caractère / les qualités[2]	
grand/e	blanc/blanche	gentil/gentille	horrible
petit/e	rouge	sympa	fou/folle
moche	jaune	cool	américain/e
joli/jolie	orange	intéressant/e	cher/chère
sexy	vert/e	formidable	traditionnel/
bon/bonne	bleu/e	content/e	traditionnelle
blond/e	rose	timide	motivé/e
brun/brune	gris/e	nul/nulle	
noir/e	marron		

1 **le physique** das Äußere
2 **la qualité** die Eigenschaft

Unité 4 ▶ p. 65

//O

8 b **Qu'est-ce qui s'est passé? On a piraté le profil de ton corres. Tu as beaucoup de questions. Trouve les bonnes traductions.**

1. Was ist passiert?
2. Hast du Feinde?
3. Wann hat man dein Profil „gehackt"?
4. Hast du jemandem dein Passwort gegeben?
5. Was wirst du jetzt tun?
6. Was kann ich für dich tun?

A Quand est-ce qu'on a piraté ton profil?
B Qu'est-ce que je peux faire pour toi?
C Est-ce que tu as des ennemis?
D Qu'est-ce que tu vas faire maintenant?
E Qu'est-ce qui s'est passé?
F Est-ce que tu as donné ton mot de passe à quelqu'un?

2 7 //O DELF

9 b **Lis d'abord les questions. Après, tu écoutes le dialogue au téléphone. Réponds.**

1. Qui parle à qui?
   a) Adeline + Selma
   b) Adeline + Alex
   c) Adeline + Mathilde

2. Qu'est-ce que les jeunes vont faire?
   a) Adeline retrouve ses copains demain à 14 heures.
   b) Demain, Adeline va au club Internet.
   c) Adeline va mettre ses parents au courant.

Unité 4 ▶ p. 68

//O

6 a **Dis le contraire. Utilise *ne ... jamais, ne ... personne, ne ... rien.*** ▶Grammaire, p. 71/4

Exemple: 1. Alex chatte **toujours sur Visago**. → Selma **ne** chatte **jamais** sur Visago.

1. Alex chatte **toujours sur Visago**. → Selma ? chatte ? sur Visago.
2. Mathilde fait **quelque chose** pour aider Adeline. → Tarik ? fait ? pour aider Adeline.
3. Matéo regarde **toujours** la série américaine «Stranger Things».
   → Lôc ? regarde ? la série américaine «Stranger Things».
4. Mathilde invite **ses copains**. → Alex ? invite ? .
5. Karim regarde **toujours** les profils de ses copains sur Visago.
   → Amande ? regarde ? les profils de ses copains sur Visago.

quelque chose = *etwas*	≠	ne ... rien = *nichts*
quelqu'un = *jemand*	≠	ne ... personne = *niemanden*
toujours = *immer*	≠	ne ... jamais = *nie*

Unité 5 ▶ p. 78

//O **4 a Qu'est-ce qui va ensemble? Forme des phrases et des questions. Il y a plusieurs possibilités.**
▶ Verbes, p. 167

Exemples: Il attend le bus. Tu as vendu ton vélo?

Je/J'		le bus	
Tu		mon portable	
Il/Elle/On	attendre	ton vélo	
Nous	entendre	son temps	
Vous	perdre	à la question	.
Ils/Elles	répondre	les vacances	?
Matéo	vendre	beaucoup de bruit	
Alex et Mathilde		à leurs e-mails	
Le vendeur / La vendeuse		des vêtements	
		la musique des voisins	

//O DELF **5 b Jérémy veut organiser une fête pour son anniversaire. Lis son message et réponds.**

Salut!
Je voudrais organiser une fête pour mon anniversaire. Mais qu'est-ce qu'il faut faire? Vous avez des idées? Merci!
Jérémy 14:50

Salut Jérémy, ça va?
Pour ta fête, il faut inviter ... 14:54

parents? inviter? après la fête? shopping? liste des courses? musique? jeux? voisins? ___

Unité 5 ▶ p. 81

//O **4 a Complète les questions. Utilise *quel*, *quelle*, *quels*, *quelles*.**

Exemple: 1. Quelle bédé est-ce que tu aimes?

1. ? bédé est-ce que tu aimes?
2. ? animal est-ce que tu as?
3. ? musique est-ce que tu écoutes?
4. ? groupes de musique est-ce que tu aimes?
5. ? boissons est-ce que tu préfères?
6. ? vêtements est-ce que tu portes?
7. ? couleurs est-ce que tu aimes?
8. ? jeux vidéo est-ce que tu aimes?

Unité 5 ▶ p. 87

2 26 //O DELF

10 a Alex et Selma veulent faire un gâteau au yaourt. Écoute le dialogue au téléphone et choisis la bonne réponse.

1. Pour la fête de Mathilde, Alex veut faire un gâteau au yaourt. Pourquoi?
   a) Parce que c'est bon et ce n'est pas cher.
   b) Parce que c'est son anniversaire.
   c) Parce que Mathilde adore les yaourts.

2. Qui va au supermarché?
   a) Selma
   b) Alex
   c) Alex et Selma

3. Où est-ce que Selma et Alex font le gâteau?
   a) Chez Selma.
   b) Chez Alex.
   c) Chez Mathilde.

//O DELF

b Écoute le dialogue encore une fois. Qu'est-ce qu'il faut pour faire un gâteau au yaourt? Quelle table va avec la recette?

1

2

Unité 6 ▶ p. 93

//O

2 Pourquoi est-ce qu'ils admirent ces personnes? Lis les textes, p. 92–93. Retrouve les phrases. Il y a plusieurs possibilités.

Exemple: Selma admire Marie Dal Zotto parce qu'elle a beaucoup de talent.

1. Selma admire Marie Dal Zotto parce que/qu'...
2. Lôc admire Kylian Mbappé parce que/qu'...
3. Alex adore Titeuf parce que/qu'...
4. Mathilde admire son grand-père parce que/qu'...
5. Matéo adore David Guetta parce que/qu'...

... il est champion du monde.
... sa musique, c'est top pour danser.
... il a gagné une étape du Tour de France.
... il adore frimer mais avec sa copine, il est timide.
... elle a beaucoup de talent.
... il a gagné beaucoup de médailles.
... il a été sur tous les continents.
... il est un super footballeur.
... elle joue dans son film préféré.

Unité 6 ▶ p. 94

//O

3 GRAMMAIRE MIXTE: **Qu'est-ce qu'ils font? Complète par *tout le / toute la / tous les / toutes les* et les formes correctes des verbes.**

▶ Grammaire, p. 104/1

Exemple:
1. Ils rangent toutes les bédés sur l'étagère.

1 Ils (range/rangeons/rangent) ? bédés sur l'étagère.

2 Henri (appelle/appelles/appellent) ? garçons de sa classe.

3 Elle (manges/mangez/mange) ? yaourt.

4 ? filles (regarde/regardent/regardons) la sœur de Karim.

5 ? classe (écoutez/écoutent/écoute) la prof.

2 28 //O

5 a **Selma est fan de Louane. Pourquoi est-ce qu'elle l'admire? Écoute et note les numéros dans ton cahier.**

1 Elle a beaucoup de talent.
2 Elle a gagné toutes les médailles.
3 Elle est trop belle.
4 Selma aime son look.
5 Elle a été sur tous les continents.
6 Selma adore toutes ses chansons.
7 Elle chante et danse trop bien.
8 Sa musique est top.

//O

6 a **Tu es fan de qui? Fais des devinettes.**

Exemple: J'adore machin[1]. Il/Elle a beaucoup de talent. Il/Elle ... C'est qui?

1 **machin** Dingsda

Musique	Sport	Cinéma/Télé
– Il/Elle a beaucoup de talent. – Il/Elle chante et danse trop bien. – Sa musique est top. – J'ai son poster dans ma chambre.	– Il/Elle a gagné toutes les coupes / toutes les médailles. – Il/Elle a beaucoup de talent. – Il/Elle fait du foot / ___. – Il/Elle joue dans l'équipe de ___.	– Il/Elle a joué dans le film/la série ___. – Il/Elle joue dans le film – ___ / dans mon film préféré. – Il/Elle a beaucoup de talent.

Unité 6 ▶ p. 98

7 GRAMMAIRE MIXTE: **Réponds aux questions. Utilise les pronoms objet direct ou indirect.** ▶ Grammaire, p. 47/3, p. 71/3 et p. 105/2

le la l'	lui
les	leur

1. – Est-ce que tu comprends **le problème**? – Oui, je ? comprends.
2. – Est-ce que tu as parlé **à ton entraîneur**?
   – Non, je ne ? ai pas parlé.
3. – Est-ce que tu as **son numéro**? – Oui, je ? ai.
4. – Est-ce qu'il va expliquer **les règles**? – Oui, il va ? expliquer.
5. – Est-ce que vous écoutez **les podcasts de Félix**? – Oui, nous ? écoutons.
6. – Est-ce que vous écrivez **à Félix et Paul Brahimi**? – Oui, nous ? écrivons.
7. – Est-ce que vous voulez présenter **vos footballeurs préférés**? – Oui, nous voulons ? présenter.
8. – Est-ce qu'ils vont **vous** répondre? – Non, ils ne vont pas ? répondre.

//O P|F

9 a **Vous voulez faire une interview avec votre star préférée. Mettez-vous d'accord. Puis faites des recherches sur internet et préparez les questions et les réponses.**

Vous avez quel âge?
Est-ce que votre équipe est sympa?
Est-ce que vous avez gagné beaucoup de médailles?
Quelle musique est-ce que vous aimez?
Quels projets d'avenir est-ce que vous avez?
Votre héros, c'est qui?
Est-ce que le talent est important pour vous?
Comment est-ce que vous expliquez votre succès?

Unité 6 ▶ p. 101

//O

6 a **Qu'est-ce qu'ils font? Utilise *jouer à* ou *jouer de*.**
▶ Grammaire, p. 105/3

Elle **joue de la** guitare. → jouer **de** qc ♪
Ils **jouent au** foot. → jouer **à** qc ⚽

Exemple: 1. Aurélie joue de la guitare.

1

Aurélie joue ? guitare.

2

Jules joue ? volley.

3

Khaled joue ? piano.

4

Pierre joue ? basket.

5

Abraham joue ? rugby.

6

Cécile joue ? tennis.

7

Maya joue ? foot.

8

Adèle joue ? accordéon.

Unité 6 ▶ p. 103

//O
DELF

12 a **Tu voudrais t'inscrire[1] dans un internat de rugby mais tu n'as pas encore assez d'informations. Travaillez à deux. A pose les questions. B joue le rôle de l'élève qui est déjà à l'internat de rugby: il/elle prend le texte sur Laure (p. 99) comme base. Préparez les questions et les réponses et jouez le dialogue.**
▶Méthodes, p. 146

1 **tu voudrais t'inscrire** du möchtest dich anmelden

Questions:
- Combien d'heures d'entraînement est-ce que tu as?
- Quand est-ce que tu as entraînement?
- Est-ce que tu as souvent des matchs? Et quand?
- Tu peux me parler de ton emploi du temps et de ta journée?
- Quand est-ce que tu fais tes devoirs?
- Est-ce qu'on a encore du temps pour d'autres hobbys?
- Pourquoi est-ce que tu aimes être dans un internat de rugby?

Denke daran, deine/n Gesprächspartner/in zu begrüßen und zu verabschieden.
Verwende Höflichkeitsformeln:
- Bonjour. / Salut. / Au revoir. / À plus.
- ..., s'il te plaît. / Merci.
- Je voudrais ...

Unité 7 ▶ p. 113

//O

7 **Matéo et ses parents passent leurs vacances au camping «Pont du Gard». Complète par les formes des verbes *ouvrir*, *offrir* ou *découvrir*.** ▶Grammaire, p. 118/1

Exemple:
1. Tu m'ouvres la porte, s'il te plaît?

1

Tu m'(*ouvrir*) la porte, s'il te plaît?

2

Vous m'(*offrir*) cette robe?

3

La piscine (*ouvrir*) à onze heures.

4

Regarde, Alex a (*ouvrir*) son blog. Pas mal, les photos.

5

Maintenant, (*ouvrir*) les yeux!

6

Aujourd'hui, nous (*découvrir*) la cuisine traditionnelle de Montpellier.

//O

8 b **Fais de la publicité pour ta région ou ta ville.**
Écris un poème.

Ouvre les yeux!
Notre ___ t'offre beaucoup:
le/la/les ___,
son/sa/ses ___,
son/sa/ses ___.
Découvre notre ___. Il/Elle t'attend!

la région / la ville / le village
la couleur / la musique / la chanson / le bruit
la rue / la place / le parc
la piscine / le musée / le café / le cinéma
la montagne / la plage
le vélo / le VTT
le festival / la fête / l'aventure
___

Unité 7 ▶ p. 117

//O

10 **Ton/Ta corres veut rentrer chez toi mais il ne trouve plus son chemin. Il/Elle t'appelle.**
Tu lui expliques le chemin.

- **Où est ton corres? Où est-ce qu'il doit aller?**
- **Jouez le dialogue au téléphone.**

Melde dich am Telefon	Allô? Salut, c'est moi, ___.
Sage, was passiert ist	Je suis (encore) à ___. Je cherche déjà depuis ___. Le bus n'arrive pas.
Erkläre den Weg	Tu es où? Tu es en face d'un / d'une ___? Tu continues tout droit. Tu tournes à gauche / à droite. Tu prends la deuxième rue à gauche / à droite.
Frage nach	Je n'ai pas compris. Tu peux répéter, s'il te plaît?
Verabschiede dich	Dans dix minutes, je suis là. On t'attend pour le dîner. Merci. Salut! / À plus!

Französischlernen mit Methode! Hier erfährst du, wie dir Hören, Sprechen, Lesen, Schreiben und Sprachmittlung besser gelingen können.

Écouter | Hörverstehen

Je öfter du Französisch hörst, desto leichter wirst du es verstehen.
TIPP Im *Carnet d'activités* findest du alle *Unité*-Texte zum Anhören.

Je nach Aufgabenstellung der Höraufgabe sollst du
– verstehen, worum es im Hörtext allgemein geht oder
– bestimmte Informationen heraushören.

2 46

1 Compréhension globale | Hören und verstehen, worum es geht

Es gibt drei Fragen, die dir helfen, Hörtexte grob zu verstehen:
1. **Qui parle?** (Wer?)
2. **C'est où?** (Wo?)
3. **De quoi est-ce qu'on parle?** (Was? / Worüber?)

Probiere es gleich aus
1 Hör dir das Gespräch an und beantworte die Fragen 1 und 2 (hier links).
2 Worüber wird gesprochen? Wähle das zum Hörtext passende Foto aus.

3 Vergleicht eure Ergebnisse zu zweit.

2 Compréhension sélective | Bestimmte Informationen heraushören ▶ Unité 3

Avant l'écoute | Vor dem Hören
Wenn die Aufgabe verlangt, dass du aus dem Hörtext ganz bestimmte Informationen heraushören sollst, kannst du dich darauf vorbereiten. Hier ist eine Beispielaufgabe:

1 *À sa fête, ton copain Yanis te présente Anaïs, Hugo, Rémi et Mélodie. Qui est qui (sœur, cousin …)? Qui a quel âge?*

Du liest zuerst die Aufgabenstellung und stellst Vermutungen an: Welche Art von Hörtext (Telefongespräch, Durchsage, Dialog …) erwartest du? Welche Wörter könnten vorkommen?
So bereitest du dich auf den Hörtext vor.
Erst danach hörst du ihn dir an und löst die Aufgabe.
TIPP Wenn du einem Hörtext mehrere Informationen entnehmen sollst, kannst du dir vor dem Hören eine Tabelle anlegen.

Probiere es gleich aus
1 Bereite dich auf die Aufgabe 1 vor.
– Was erwartest du?
– Sammle Wörter, die im Hörtext vorkommen könnten.
2 Überprüft eure Vermutungen und Wortsammlungen zu zweit.

Pendant l'écoute | Während des Hören

Während des Hörens schreibst du Stichworte mit oder füllst deine vorher angefertigte Tabelle aus. Beim Mitschreiben benutzt du Abkürzungen (+ (*et*), = (*c'est*), 3 h = (*trois heures*) ...).

Du hörst Hörtexte mindestens zweimal. Beim zweiten Hören ergänzt und korrigierst du deine Notizen.

	Anaïs	*Hugo*
C'est son/sa ...	*sœur*	
Âge?		

Probiere es gleich aus

1. Lege für die Aufgabe auf S. 144 (Aufgabe 1) eine Tabelle an (siehe hier links).
2. Hör dir den Hörtext an und fülle deine Tabelle aus. Verwende Abkürzungen.
3. Vergleicht eure Ergebnisse zu zweit.

NOUVEAU

Regarder et comprendre | Hörsehverstehen

3 Bilder einer Filmsequenz zum Verstehen nutzen

Alle Techniken, die du vom Hörverstehen kennst, kannst du auch auf das Hörsehverstehen übertragen. Hier erleichtern dir die Bilder zusätzlich das Verstehen.

Wenn du z. B. einen Wetterbericht im Fernsehen siehst, verstehst du dank der Bilder viel, selbst ohne Ton. Auch in Filmen vermitteln dir die Bilder viele wichtige Informationen. Achte besonders auf Gestik und Mimik der Personen: Sehen die Personen traurig oder fröhlich aus, aufgeregt oder ruhig, enttäuscht oder wütend? Auch die Hintergrundmusik gibt dir oft Hinweise darauf, wie die Situation zu verstehen ist.

Parler | Sprechen

4 S'entraîner à parler | Das freie Sprechen trainieren ▶ Unité 2

Parler couramment | Flüssig sprechen

Hör dir die Texte der *Unité*, die ihr gerade behandelt, oft an und lies sie laut. (Du findest alle Texte aus deinem Buch zum Anhören in deinem *Carnet d'activités*.)
Außerdem kannst du Sätze einüben und auswendig lernen, damit du sie beim Sprechen schneller verwenden kannst: Lerne zu jeder *Unité* die *Expressions utiles* (z. B. S. 16, 29, ...) auswendig. Alle diese Sätze findest du noch einmal, thematisch geordnet, unter *Les mots pour le dire*, S. 232. Du kannst sie dir auch anhören.

Probiere es gleich aus

Wähle aus *Les mots pour le dire*, S. 232–241, ein Thema, das zu der *Unité* passt, die ihr gerade behandelt. Lerne die Sätze auswendig. Du kannst dir die gesprochenen Sätze auch auf dein Smartphone laden. Du findest sie hier: www.cornelsen.de/codes monuzi.

NOUVEAU

Des phrases pour pratiquer | Einzelne Sätze üben

Bei der hier vorgestellten Methode kommt es nicht darauf an, ein sinnvolles Gespräch zu führen. Du übst einzelne Sätze, die du dir durch häufiges Sprechen und Spielen merkst. Dabei trainierst du gleichzeitig deine französische Aussprache. Und nicht zuletzt geht es darum, Spaß am Üben zu haben.

1. Du wählst einen Satz, der dir gefällt oder den du dir nicht merken kannst, aus einem *Unité*-Text oder einer Übung aus. Hör dir den Satz mehrmals an und murmle ihn vor dich hin.
2. Ihr geht in der Klasse umher. Auf ein Signal bleibt ihr stehen und sprecht den Schüler / die Schülerin neben euch mit eurem Satz an. Er/Sie „antwortet" mit seinem/ihrem Satz. Auf das nächste Signal hin geht ihr weiter.

TIPP Sprich deinen Satz auf unterschiedliche Weise aus: Sprich mal wütend, mal traurig, mal fröhlich, mal leise ...

Probiere es gleich aus

1 Jede/r wählt einen Satz aus dem Text der *Unité 3*, S. 42, aus und lernt ihn auswendig. Probiert dann die Methode aus. Denkt daran, eure Sätze auf unterschiedliche Weise auszusprechen.

2 Überlegt euch für die zweite Runde eine passende Geste zu eurem Satz.

5 Jouer un dialogue | Einen Dialog vorspielen ▸ Unité 3

Préparer le dialogue | Die Vorbereitung

Ihr wollt einen Dialog oder eine Szene vorspielen. Wie geht ihr vor?

1. Zuerst sammelt ihr Ideen und schreibt sie in Stichpunkten auf: Welche Personen kommen vor? Was sagen sie? Wie verhalten sie sich?

TIPP Ihr könnt auch Hörtexte aus dem Buch als Modelltexte nutzen, wie in *Unité 3*, S. 45, beschrieben. Alle *Unité*-Texte findet ihr in eurem *Carnet d'activités*. Achtet auf die Sprecher: Hört euch an, wie sie sprechen und überlegt, ob ihr Wendungen von ihnen übernehmen könnt.

2. Schreibt dann das „Drehbuch" und verteilt die Rollen. Denkt auch an Gegenstände und Musik oder Geräusche, die ihr einsetzen wollt.
3. Jetzt lernt jeder seinen / jede ihren Text auswendig. Für das Vorspielen könnt ihr den „Kniff mit dem Knick" nutzen.

Le «pli magique» | Der „Kniff mit dem Knick"

1. Knicke ein Drittel deines Blattes nach hinten.
2. Schreibe deinen Text auf die linke, größere Seite deines Blattes.
3. Auf die rechte Seite schreibst du zu jeder Zeile ein Stichwort auf.
4. Beim Vorspielen schaust du nur auf die rechte Seite mit deinen Stichworten. Wenn du nicht weiter weißt, klappst du dein Blatt auf und siehst deinen vollständigen Text vor dir.

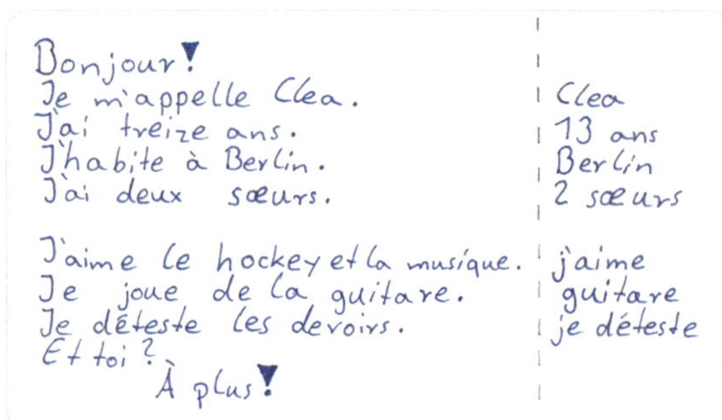

L'évaluation | Die Bewertung

Bewertet eure Dialoge und Rollenspiele gegenseitig. Einigt euch zuerst gemeinsam in der Klasse: Was wollt ihr bewerten? Ihr könnt zum Beispiel den Inhalt, die Präsentation und die sprachliche Richtigkeit bewerten. Legt gemeinsam Kriterien fest und schreibt sie auf.
Paar 1 spielt vor und Paar 2 gibt anschließend ein Feedback. Dann spielt Paar 2 vor und Paar 1 bewertet.

TIPP Fangt bei eurer Bewertung immer mit dem an, was ihr gut fandet.

Beispielaufgabe:

2
A: Du willst dich mit B treffen und rufst ihn/sie an.
Du schlägst vor, gemeinsam einen Film anzuschauen.
B: Du bist einverstanden.
Einigt euch:
– Welchen Film wollt ihr sehen?
– Bei wem?
– Um wie viel Uhr?

Probiere es gleich aus

1 Erstellt zu zweit einen Bewertungsbogen zur Beispielaufgabe 2. Beginnt mit dem Inhalt (Was ist gefordert?), findet dann Kriterien für die Präsentation und abschließend für die sprachliche Richtigkeit.
2 Vergleicht eure Bewertungsbögen zu viert.

Ein Muster für einen Bewertungsbogen und Kriterien für die Bewertung findet ihr hier: www.cornelsen.de/codes fowoju.

6 Faire une présentation | Einen Kurzvortrag halten ▶ Unité 5

Avant la présentation | Die Vorbereitung

1. Zuerst sammelst du Informationen zu deinem Thema und wählst aus, was du sagen möchtest. Eine Mindmap kann dir helfen, deine Ideen zu strukturieren.
2. Anschließend schreibst du den Text deines Vortrags auf. Schreibe aus deinem Text die wichtigsten Stichworte in einem Stichwortgeländer auf. Du kannst auch den „Kniff mit dem Knick", S. 146, verwenden.
3. Dann übst du deinen Kurzvortrag vor Freunden oder vor dem Spiegel.

Marie Dal Zotto est une actrice française. Elle fait du théâtre depuis l'âge de 14 ans et elle joue dans le film «Mention particulière». C'est son premier film à la télé. Aujourd'hui, elle a 22 ans, elle aide des personnes à handicap[1] et elle veut ouvrir[2] un restaurant avec des serveurs trisomiques[3].

1 **une personne à handicap** eine Person mit Behinderung
2 **ouvrir qc** etw. (er-)öffnen
3 **trisomique** *adj.* Mensch mit Trisomie 21 / Downsyndrom (angeborene Behinderung)

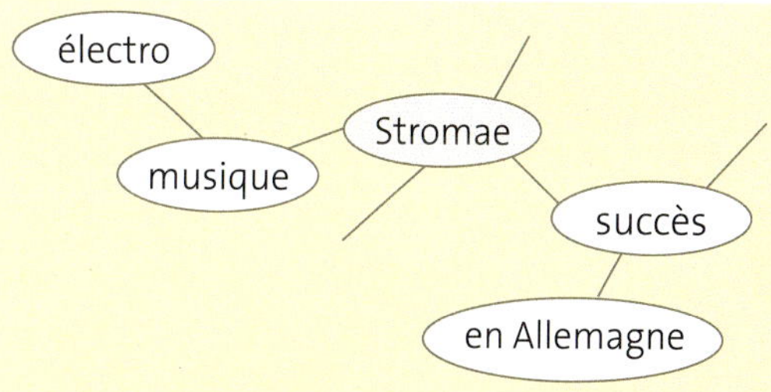

Stromae
– musique
→ électro
– beaucoup de succès
→ concerts en Allemagne

Probiere es gleich aus

1 Erstelle zu dem Text über Marie Dal Zotto (hier links) ein Stichwortgeländer.
2 Vergleiche dein Stichwortgeländer mit dem deines Lernpartners / deiner Lernpartnerin.

Pendant la présentation | Der Kurzvortrag

Wenn du in deinem Vortrag unbekannte Wörter verwenden willst, schreibst du sie vorher an die Tafel und erklärst sie deinen Mitschülern und Mitschülerinnen. Während deines Vortrages sprichst du möglichst frei und siehst dein Publikum an. Du kannst den „Kniff mit dem Knick", S. 146, verwenden.

TIPP Präsentiere deinen Vortrag anschaulich und benutze Bilder. Du kannst eine Präsentation am Computer erstellen oder ein Poster anfertigen.

NOUVEAU

Après la présentation | Nach dem Kurzvortrag

Fordere dein Publikum am Ende deines Vortrages auf, Fragen zu stellen und beantworte diese.

TIPP Erstelle einen Fragebogen oder ein Kreuzworträtsel zu deinem Vortrag. Deine Mitschüler und Mitschülerinnen können so testen, was sie sich von deinem Vortrag gemerkt haben.

Quiz

1. À la fête des cabanes, on ...

☐ mange des bananes.
☐ fait une cabane dans le jardin.
☐ fête le Nouvel An.

Pour terminer:

Est-ce que vous avez des questions?
J'ai préparé un quiz / un questionnaire (Fragebogen) pour vous.
Merci de votre attention. (Vielen Dank für Eure Aufmerksamkeit.)

Lire et comprendre | Leseverstehen

NOUVEAU

7 Comprendre des mots | Wörter über Wortfamilien erschließen ▶ Unité 4

Wörter bestehen aus einem Stamm (z. B. *-sauv-*) und einer Endung (z. B. *-er*). Wörter mit demselben Stamm gehören zu einer Wortfamilie.

– Erkennst du den Stamm eines Wortes, kannst du häufig die Bedeutung des Wortes erschließen.
– An der Wortendung erkennst du oft die Wortart: die meisten französischen Verben enden z. B. auf *-er*.

sauver	le sauveteur	la spécialité
ouvrir	l'appartement	la question
répondre	le bateau	la casquette
Französische **Verben** enden z. B. auf *-er*, *-ir* oder *-dre*.	Männliche **Nomen** enden z. B. auf *-eur*, *-ment*, *-eau*.	Weibliche **Nomen** enden z. B. auf: *-té*, *-tion*, *-ette*.

sauver retten
→ **le sauveteur** der Rettungsschwimmer

inviter einladen
→ **l'invitation** die Einladung

Probiere es gleich aus

1 Was bedeuten die Wörter *la répétition*, *la permission* und *la préparation*? Von welchen Wörtern hast du ihre Bedeutung abgeleitet?
2 Vergleicht eure Ergebnisse zu zweit. Überprüft eure Vermutungen mit Hilfe eines (Online-) Wörterbuches.

NOUVEAU

8 Utiliser un dictionnaire | Ein Wörterbuch benutzen

Unbekannte Wörter schlägst du in einem Wörterbuch nach. In einem zweisprachigen Wörterbuch gibt es meist einen französisch-deutschen und einen deutsch-französischen Teil. Du schlägst das Wort unter seiner Grundform (Verben im Infinitiv, Nomen im Singular) nach. Hat das Wort verschiedene Bedeutungen, musst du die passende heraussuchen.

1. Le dictionnaire français-allemand | Das französisch-deutsche Wörterbuch

Wortart:
n. = *nom* (Nomen)
(*v.* = Verb, *adj.* = Adjektiv)

Genus:
f. = *féminin* (weiblich),
m. = *masculin* (männlich)

la coupe [kup] *n. f.*
1 *für Obst, Eis* Schale
2 *Sport* Pokal, Meisterschaft, Cup
3 *von Kleidung, Haaren* Schnitt
4 **la ~ d'Europe** Europameisterschaft,
la ~ du Monde Weltmeisterschaft

1, 2, 3, 4 = verschiedene Bedeutungen

~ = Die Tilde ersetzt das gesuchte Wort.

zusammengesetzter Ausdruck

Probiere es gleich aus

1 Schlage diese Wörter im Wörterbuch nach: *coccinelle, mouchoir, trésor.*
– Schreibe sie mit dem bestimmten Artikel auf.
– Schreibe ihre deutsche Bedeutung dazu.
2 Vergleiche deine Ergebnisse mit denen deines Lernpartners / deiner Lernpartnerin.

TIPP Bei Online-Wörterbüchern kannst du auch gebeugte Verbformen (z. B. *fais*) eingeben.

2. Le dictionnaire allemand-français | Das deutsch-französische Wörterbuch

Wenn du die französische Bedeutung für ein deutsches Wort suchst, schlägst du im deutsch-französischen Teil des Wörterbuches nach. Lies den gesamten Eintrag und wähle das passende französische Wort aus.

TIPP Überprüfe das gefundene französische Wort, indem du es im französisch-deutschen Teil des Wörterbuches nachschlägst und seine deutsche Bedeutung liest.

1, 2, 3, 4, 5 = verschiedene Bedeutungen

~ = Die Tilde ersetzt das gesuchte Wort.

Schale, die
1 *Gefäß* **la coupe** [kup]; *flache ~* **le plateau** [plato]
2 Kartoffel~ Bananen~ **la peau** [po]; Orangen~ **l'écorce** *f.* [ekɔʀs]; abgeschälte ~ **la pelure** [pəlyʀ]
3 *Eier~, Nuss~, Muschel~* **la coquille** [kɔkij]
4 *Krebs~, Krabben~* **la carapace** [kaʀapas]
5 sich in Schale werfen *umg.* **se mettre sur son trente-et-un**

Redewendung

umg. = umgangssprachlich (*fam.* = *familier*)

Probiere es gleich aus

1 Welches Wort für „Schale" passt hier am besten?
Jonas hatte Bananen für den Affen mitgebracht.
Der Affe aß alle Bananen sogar mit Schale auf.
2 Schlage „Lakritze", „Weltreise" und „Wolkenbruch" im Wörterbuch nach.
3 a Finde im Wörterbuch drei französische Wörter, die dir gefallen und buchstabiere sie deinem Lernpartner / deiner Lernpartnerin. Schreibe dann die Wörter auf, die er/sie dir diktiert.
b Danach schlägt jede/r die Bedeutung der Wörter, die er/sie aufgeschrieben hat, im Wörterbuch nach.

9 Regarder le texte | Auf Form und Gestalt eines Textes achten

Schau dir den Text, den du verstehen willst, an und achte auf folgende Punkte:
- Um welche Art von Dokument handelt es sich? Um welche Textsorte?
- Gibt es eine oder mehrere Überschriften? Was sagen sie dir über den Textinhalt?
- Sind Bilder, Fotos oder Illustrationen vorhanden? Welche Informationen liefern sie dir?

10 Survoler le texte | Den Text überfliegen

Du überfliegst einen Text, um dir einen Überblick über das Thema zu verschaffen und dich darauf einzustellen. Beim Überfliegen eines Textes achtest du auf einzelne Schlüsselwörter, die du verstehst. Im Text A finden sich z. B. diese Schlüsselwörter: *parc zoologique*, *Montpellier*, *animaux*, *informations*, *gratuit*.

Probiere es gleich aus

1 Überfliege den Prospekt (Text A). Worum geht es hier? Achte auf die Gestaltung, die Bilder, Überschriften und Schlüsselwörter. Antworte, ohne den Text zu lesen.
2 Besprecht eure Ergebnisse zu zweit.

A

Bienvenue au parc zoologique de Montpellier!

Présentation

80 hectares et 11 km de promenade à pied.

Un parc fantastique – pour découvrir et observer les animaux des cinq continents et pour passer un moment de rêve dans les paysages de notre région.
Un programme de visites guidées et de journées spéciales pour tout le monde.
Des activités et des ateliers pour les écoles (petits et grands jusqu'à 18 ans), toute l'année de janvier à décembre, pour comprendre la vie des animaux.

Informations pratiques

Le parc est ouvert:
d'octobre à avril: 9 h – 17 h
de mai à septembre: 10 h – 18 h 30
du mardi au dimanche
pendant les vacances de la zone A (Montpellier) et les jours fériés

Comment venir?

En voiture (A9 ou A75): parking gratuit devant l'entrée du parc

En tramway (ligne 1 jusqu'à St Eloi) puis bus (ligne 13 direction université)

Le parc zoologique est gratuit!
Audioguide: 1 €
Plan du parc: 0,50 €

Se restaurer:
Tables de pique-nique
Restaurant-terrasse panoramique l'AmaZOOne

Contact
Parc zoologique de Montpellier
50, avenue Agropolis
34090 Montpellier
Standard: 04 67 54 XX XX

11 Lire le texte | Lesen und verstehen, worum es geht ▶ Unité 2

Lass dich beim Lesen eines Textes von Fragen leiten. Mit dieser Methode findest du schnell heraus, worum es in einem Text geht. Sie bietet sich besonders bei längeren Sach- oder Erzähltexten an.

TIPP Arbeite mit einer Tabelle, in die du deine Informationen in Stichpunkten einträgst.

B

Strasbourg, le 15 juillet

Salut, Yasmine!

Merci pour ta carte!

Ici, à Strasbourg, ça va bien. On a déjà visité beaucoup de trucs. Avec mes grands-parents, on est allés au château du Haut-Kœningsbourg et on a fêté l'anniversaire de ma sœur. On a aussi passé deux jours au lac Blanc. Mon frère et moi, on a fait un stage de VTT! Génial! Quand est-ce que tu rentres à Strasbourg?

À plus,

Clara

Yasmine Muller
17, rue Voltaire
92300 Levallois

1. C'est quoi?	
2. Qui ...?	
3. Quand ...?	
4. Où ...?	
5. De quoi ...? (Worüber ...?) Qu'est-ce qui s'est passé?	

Probiere es gleich aus

1 Lies den Text B und stelle die fünf Fragen an den Text. Trage deine Antworten als Stichpunkte in eine Tabelle ein.
2 Vergleicht eure Tabellen zu zweit.

12 Repérer les informations recherchées | Bestimmte Informationen herausfinden

Lies die Aufgabenstellung immer genau durch, bevor du die Aufgabe löst. Welche Informationen werden gesucht? Suche den Text nach diesen Informationen ab: „Scanne" den Text.
Beispielaufgabe:

3
Lies den Prospekt (Text A, S. 150) und beantworte diese Fragen:
a Ist der Zoo montags geöffnet?
b Muss man Eintritt bezahlen?

Probiere es gleich aus

1 Lest die Beispielaufgabe 3:
Nach welchen Wörtern scannt ihr den Text A?
Einigt euch zu zweit auf Schlüsselwörter.
2 Beantworte die Fragen a und b.
3 Vergleicht eure Antworten zu zweit.

NOUVEAU

13 La structure d'un texte | Einen Text in Sinnabschnitte gliedern

Texte haben einen Aufbau, der das Lesen erleichtert. Du findest z. B. in Zeitungstexten eine Einleitung, einen Hauptteil und einen Schluss. Der Hauptteil ist nach Themen gegliedert.
Um einen Text zu verstehen, kannst du dir diese Gliederung bewusst machen: Du markierst die Sinnabschnitte.

Probiere es gleich aus

1 Gliedere den Text B in drei Sinnabschnitte (Begrüßung/Einleitung, Hauptteil, Verabschiedung/Schluss). Schreibe dazu nur die Nummern der Zeilen in dein Heft.
2 Welche Themen behandelt Clara im Hauptteil ihrer Postkarte? Mach dir Notizen.
3 Vergleicht eure Ergebnisse zu zweit

NOUVEAU

14 Trouver les points de repères | Einen Text über Verstehensinseln erschließen

Du sollst einen Text genau verstehen.

1. Lies ihn einmal und markiere alles, was du verstehst, in einer Farbe. Das sind deine „Verstehensinseln".
2. Schau dir diese „Inseln" nun genauer an. Welche Wörter und Informationen kannst du um sie herum erschließen?
3. Lies nun den gesamten Text ein zweites Mal und markiere dabei wieder alles, was du jetzt verstehst – diesmal in einer anderen Farbe.

Probiere es gleich aus

Hier findest du einen Text, an dem du diese Methode ausprobieren kannst:
www.cornelsen.de/codes fowoju

Écrire | Schreiben

15 Avant d'écrire | Vor dem Schreiben ▶ Unité 2

Bereite das Schreiben vor:

- Was für einen Text sollst du schreiben: eine E-Mail, eine Postkarte, eine Geschichte?
- Wem schreibst du? Oder für wen schreibst du?
- Worüber sollst du schreiben? Sammle Ideen für den Inhalt und strukturiere sie in einer Mindmap oder schreibe dir Stichpunkte auf.

L'aventure de Léna
- *habiter près de la mer*
- *appeler Noah*
- *idée: fête à la maison*
- *parents: pas là*

Probiere es gleich aus

Du sollst eine Postkarte aus den Ferien schreiben.

1 Was gehört zu einem Postkartentext (Datum, Begrüßung ...)? Besprich diese Frage mit deinem Lernpartner / deiner Lernpartnerin.
2 Worüber willst du schreiben? Sammle Ideen und schreibe sie in Stichpunkten auf.
3 Besprecht eure Stichpunkte zu zweit.

NOUVEAU

16 Écrire des textes | Texte schreiben ▶ Unité 2

Beim Schreiben eines Textes kannst du auf Modelltexte zurückgreifen. Wie das geht, kannst du in *Unité 2*, S. 24, lesen. Du findest in deinem Buch verschiedene *fiches d'écriture* (Schreibhilfen) für deine eigenen Texte:

- Sie helfen dir, deinen Text zu strukturieren.
- Sie bieten dir Ideen für den Inhalt.
- Sie enthalten Wendungen, die du übernehmen kannst.

TIPP *Fiches d'écriture:*

- Tagebuch- oder Blogeintrag ▶ S. 28
- Einladung ▶ S. 91
- Brief/Postkarte ▶ siehe rechts und S. 122

Begrüßung	Bonjour. / Salut ____ ! Ça va? Moi, ça va.
Dein Bericht	
Ort	Je suis à *(endroit)*. Je suis chez *(personne)*. Notre hôtel/camping est super!
Aktivitäten	Je fais du / de la / de l'____. On a visité ____. J'adore / J'aime beaucoup ____. Je n'aime pas / Je déteste ____.
Meinung	C'est super! / C'est vraiment mon truc! / C'est nul!
Verabschiedung	Salut! / À plus! / À bientôt!

17 Après l'écriture | Nach dem Schreiben ▶Unité 2

Wenn du deinen Text fertig geschrieben hast, korrigierst du ihn und achtest dabei auf Inhalt, Stil und Sprache.

1. Inhalt

- Hast du zu allen geforderten Punkten etwas geschrieben? Setze ein Häkchen hinter jede Vorgabe, die du erfüllt hast.
- Hast du alles beachtet, was die Textsorte erfordert? Zu einem Brief gehören z. B. Datum und Ort sowie Anrede und Verabschiedung.
- Prüfe dann, ob dein Text klar aufgebaut ist: Sind Einleitung, Hauptteil und Schluss vorhanden? Ist der Hauptteil nach Themen gegliedert?
  TIPP Baue Wörter ein, die deinen Text stukturieren.

Schreibe deinem Austauschpartner / deiner Austauschpartnerin eine E-Mail aus den Ferien. Sage ihm/ihr
- wo du die Ferien verbringst, ✔
- was du gemacht hast, ✔
- was du noch machen wirst. ✔

Wörter, mit denen du deinen Text strukturierst:
- zeitliche Strukturierung: *aujourd'hui, hier, demain, d'abord, puis, après, ensuite, enfin, alors, tout à coup*
- räumliche Strukturierung: *ici, là, à* (Ort), *chez* (Person)

2. Stil

1. Vermeide Wiederholungen: Du kannst statt eines Nomens auch Pronomen oder Umschreibungen verwenden. Schreibe z. B. statt „Max" auch *il, mon copain* oder *ce garçon.*
2. Wenn du Adverbien verwendest, wird dein Text interessanter, z. B.: *Elles parlent* ***bien*** *français. On a* ***beaucoup*** *chanté.* Lies dazu auch in *Unité 2* auf S. 27/6 nach.
3. An wen richtet sich dein Text? Einem Freund / Einer Freundin schreibst du anders als einem Erwachsenen.

förmliche Sprache (= le français standard)	Umgangssprache (= le français familier)
Bonjour!	Salut!
les vêtements *m. pl.*	les fringues *f. pl.*
l'adolescent/e *m./f.*	l'ado *m./f.*
le/la professeur	le/la prof
Au revoir!	À plus! / Salut!
sympathique *m./f. adj.*	sympa *m./f. adj.*
bien, très bien	super, génial, trop fort, cool

Probiere es gleich aus

1 Finde in dieser Postkarte alle unpassenden Wörter und ersetze sie.

Munich, le 12 mai

Salut Madame Forestier,
On est à Munich. Hier, je suis tombé dans l'Isar. Mais ça va, Monsieur Manteau m'a acheté des fringues. C'est un prof super sympa.
Salut et à plus!
Jean et toute la 5e B

2 Vergleiche deine Lösung mit der deines Lernpartners / deiner Lernpartnerin.

▶▶▶

3. Sprache

Achte darauf, welche Rechtschreib- oder Grammatikfehler du häufig machst. Du kannst deine eigene Fehlerliste erstellen und deine Texte mit ihrer Hilfe überprüfen.

Dans ma classe, Lisa ...	Stimmt die Groß- und Kleinschreibung?	✔
j'habite, l'endroit, le numéro, rêver, le mètre	Hast du an die Apostrophe und die *accents* gedacht?	✔
ma guitare, **les** festivals, cette fille	Passen Begleiter und Nomen zusammen?	✔
Mes copains arrive**nt** toujours en retard.	Passen Subjekt und Verbform zusammen?	✔
Nous avons retrouvé nos copains sur la plage. Subjekt Prädikat Objekt Ergänzungen	Stimmt die Satzstellung (Subjekt – Prädikat – Objekt – Ergänzungen)?	✔
une casquette **blanche**	Passen Nomen und Adjektiv zusammen?	✔
1. – Est-ce que **Matis et Léonie** sont au courant? – Non. Je **leur** écris un e-mail. 2. – Est-ce que tu prends **ce pantalon**? – Oui, je **le** prends.	Passen die Objektpronomen zu den Wörtern, die sie ersetzen? Stehen die Objektpronomen an der richtigen Stelle?	✔
Hier, Marie et Jeanne **sont allées** à la piscine. Aujourd'hui, je **reste** à la maison. Demain, mes grands-parents **vont arriver**.	Hast du die richtige Zeit verwendet? Hast du das Partizip beim *passé composé* mit *être* der Person angeglichen?	✔

TIPP Du kannst dir Besonderheiten, wie z. B. Konjugationsmuster, mit einer Eselsbrücke oder einem Spruch merken: →

Bei *prendre* stehen zwei „n" bei *ils* – und das ist viel.
Bei *nous* und *vous* steht „n" allein, so muss es sein!

C

Salut, Luc!
Je répond très tard a ton E-mail, pardon!
Il m'est arrivé un truc de fous! Nous sommes allé en Camargue, mes parents, ma amie Lisa et moi. Et tout à coup, j'ai vu un taureau. Moi, je trouver les taureaux super joli. J'ai voulé aller près de lui pour une photo faire. Il me a regardé mais il est resté cool. Génial! Mais Lisa as paniqué et puis le animal a eu peur! J'ai quand même faire une photo du taureau. Et toi, comment ca va à Levallois?
À plus, Hugo

Probiere es gleich aus

1 Korrigiere die Fehler, die in der E-Mail (Text C) enthalten sind, in deinem Heft. Nutze dazu die Fehlerliste.
2 Überprüft eure Korrekturen zu zweit.

TIPP Digitale Rechtschreibkorrektur in Word-Dokumenten: Gehe auf → Überprüfen → Sprache → Sprache für die Korrekturhilfen festlegen → Französisch (Frankreich). Markiere deinen geschriebenen Text und klicke auf → Überprüfen → Rechtschreibung und Grammatik.

NOUVEAU

L'atelier d'écriture | Die Schreibkonferenz

Korrigiert eure Texte gegenseitig: Ist alles Wichtige enthalten? Ist der Text sprachlich korrekt?

1. Du schreibst deinen Text in die Mitte eines Blattes, so dass an den Rändern genug Platz für Anmerkungen bleibt.
2. Setzt euch nun zu viert zusammen und tauscht eure Texte untereinander aus. Jede/r liest jeden Text und korrigiert oder schreibt Anmerkungen oder Vorschläge hinzu. Ihr könnt Symbole verwenden.
3. Nun erhält jeder seinen / jede ihren Text zurück und verbessert ihn. Dabei müsst ihr nicht alle Vorschläge der anderen übernehmen.

☺ Diese Stelle ist gut gelungen.
∅ Ich finde, da fehlt etwas.
? Das verstehe ich nicht.
~ Das Wort ist falsch.

Probiere es gleich aus

1 Lade einen französischen Freund / eine französische Freundin in einer E-Mail zu deinem Geburtstag ein: Wann? Wo? Was wollt ihr machen? Soll er/sie etwas mitbringen? Schreibe deinen Text in die Mitte eines Blattes.
2 Führt zu viert eine Schreibkonferenz durch.

NOUVEAU

18 Utiliser les caractères spéciaux | Die Sonderzeichen verwenden

L'apostrophe et les accents | Der Apostroph und die Akzente

MK

Wenn du französische Texte mit dem Computer schreibst, musst du wissen, wie du Apostrophe, Akzente und Sonderzeichen auf der deutschen Tastatur tippen kannst.

→ **Wo findest du sie auf der Tastatur?**

Apostroph (c'est)	rechts neben dem	Ä
accent aigu (é)	rechts neben dem	?
accent grave (è)	rechts neben dem	?
accent circonflexe (ê)	links neben dem	!

→ **Wie tippst du sie in deinen Text?**

'	↑ + #
é	´ , dann E
è	↑ + ´ , dann E
ê	^ + E
à	↑ + ´ , dann A
À	↑ + ´ , ↑ + A

▸▸▸

Les signes «e dans l'o» et cédille (œ, ç) | Die Zeichen œ und ç

→ Wo findest du sie auf der Tastatur?
Die Sonderzeichen œ und ç sind nicht auf der deutschen Tastatur zu finden.

→ Wie tippst du sie in deinen Text?
Für die Sonderzeichen œ, ç und Ç drückst du Alt, hältst die Taste gedrückt und tippst nacheinander die folgenden Zahlen auf dem Nummernblock rechts auf der Tastatur.
Das entsprechende Zeichen erscheint, sobald du alle Tasten wieder losgelassen hast.

œ Alt (festhalten) + 0 + 1 + 5 + 6
ç Alt (festhalten) + 1 + 3 + 5
Ç Alt (festhalten) + 0 + 1 + 9 + 9

Du findest die Sonderzeichen auch unter dem Menüpunkt „Einfügen“: Wähle die Option „Symbol einfügen“ aus und klicke dann doppelt auf das gewünschte Zeichen in der Tabelle.

Faire une médiation | Sprachmittlung

NOUVEAU

Falls deine Familie oder deine Freunde kein Französisch sprechen, bist du als Französischexperte/-expertin gefordert. Umgekehrt musst du vielleicht für französische Jugendliche, die dich in Deutschland besuchen, deutsche Aussagen oder Texte auf Französisch erklären.

Bei der Sprachmittlung ist vor allem wichtig: Übersetze nicht Wort für Wort oder Satz für Satz. Teile nur das mit, was der/die andere wissen muss.
Wenn du ein Wort auf Französisch nicht kennst oder es dir gerade nicht einfällt, nutze folgende Strategien:

- Verneine das Gegenteil:
  klein → Ce n'est pas grand.
  verlassen → Ce n'est pas «rester».
  Feind → Ce n'est pas ton ami.
  langweilig → Ce n'est pas intéressant.
- Nenne Beispiele:
  Sänger/Sängerin → Ce sont des personnes comme par exemple Louane et Stromae.
- Umschreibe das Wort:
  ein Klavier → C'est un grand instrument noir.
  Erbsen → Ce sont des légumes verts et très petits.

Nouveau réseau Tram

3 Lignes à la Gare!

Les tickets de transport

Tickets valables dans la Communauté Urbaine de Strasbourg (CUS) et Kehl.

- **ALLER SIMPLE**
  Ticket valable pour un aller simple.
  1 ticket 1.40€
  10 tickets 12.20€

- **ALLER SIMPLE Tarif réduit**
  Tickets valables pour un aller simple, pour les enfants de moins de 12 ans et les séniors de plus de 65 ans.
  1 ticket 1.05€
  10 tickets 9.50€

- **24H TRIO**
  Ticket valable pendant 24 heures du lundi au vendredi, pour 3 personnes.
  1 ticket 5.50€

- **24H TRIO WEEK-END**
  Ticket valable pendant 24 heures le samedi ou le dimanche, pour 3 personnes.
  1 ticket 5.00€

! Attention: Commandez les tickets TRIO trois semaines avant votre départ!

Probiere es gleich aus

1 Ihr wollt eine dreitägige Klassenfahrt nach Straßburg unternehmen. Erkläre deinem Lernpartner / deiner Lernpartnerin, welches Ticket für euch alle das günstigste ist, wenn ihr von Dienstag bis Donnerstag in Straßburg seid.

2 Lass dir erklären, welche Tickets ihr am besten kauft, wenn ihr von Freitag bis Sonntag nach Straßburg fahrt.

Version | Übersetzung vom Französischen ins Deutsche

NOUVEAU

Anders als bei der Sprachmittlung (siehe S. 156) musst du bei der Übersetzung ganz genau sein und alles vom Französischen ins Deutsche übersetzen.

Beachte dabei Folgendes:

1. Achte auf die Details: Zeitangaben (*demain*), Ortsangaben (*chez moi*), Mengenangaben (*peu de*), Adverbien (*bien*) und Überleitungswörter (*mais*). Diese werden sehr häufig in die Version eingebaut, um zu testen, wie genau du arbeitest.
2. Übersetze nicht Wort für Wort, sondern verwende die im Deutschen übliche Wendung.
   → „Il fait attention." heißt „Er passt auf." (wortwörtlich: „Er macht Achtung.")
   → „Tu as le temps?" heißt „Hast du Zeit?" (wortwörtlich: „Hast du die Zeit?")
3. Wenn Du ein Wort nicht weißt, versuche es aus dem Zusammenhang zu erraten. Manchmal kannst du es auch aus dem Englischen oder Deutschen ableiten.

Die Übersetzung vom Französischen ins Deutsche kannst du mit Hilfe von *Module 1*, S. 50–51, trainieren.
Auf den Seiten 158–159 findest du zu jeder *Unité* einen Übersetzungstext zum Üben.

ENTRAÎNEMENT À LA VERSION

Hier trainierst du die *Version*, also die Übersetzung eines französischen Textes ins Deutsche. Du findest zu jeder *Unité* einen passenden Text. Tipps und Hinweise zur *Version*: ▶Module 1, S. 50–51 und ▶Méthodes, S. 157

Die Lösungen findest du unter www.cornelsen.de/codes fowoju

Unité 1: Un week-end à Montpellier

Bonjour! Mon endroit préféré, c'est la piscine / parce que j'aime la natation. / J'aime aussi aller à la plage / parce que j'adore la mer. / On peut faire du volley, de la natation, / de la planche à voile et des photos! / C'est formidable! /
Ma sœur adore sa chambre / parce qu'elle aime rêver sur son lit. / Elle joue souvent avec nos chats / et chatte avec ses copines. / Dans sa chambre, elle est contente! /
L'endroit préféré de nos chats, c'est la cuisine! / Ils adorent manger. ☺ /

Unité 2: Aventure à la montagne

Salut les amis, /
le samedi, on va souvent chez mes grand-parents. / Mais hier, je suis allée à la montagne avec ma famille. / Trop cool! J'aime beaucoup la montagne et la nature. /
D'abord, on a mangé dans un restaurant / et après, on a fait de l'escalade. / Mes parents adorent faire de l'escalade. / Mon frère, lui, aime rester à la maison avec ses jeux vidéo. / Mais là, il a frimé: / Farid super-héros. 😩 / Tout à coup, il est tombé. Quel idiot! 😮 / Mon père a eu vraiment peur et il a paniqué. / Alors, ma mère et moi, on a aidé mon frère / et peu après, nous sommes rentrés à la maison. / Voilà mon samedi. /
À plus! Aïsha /

Unité 3: Je voudrais avoir une perruche

David, 14 ans, nous a appelé. / Voilà son message: / «Je voudrais avoir une perruche / mais ma mère est contre. / Qu'est-ce que je peux faire?» /
Voilà le conseil de Jeanne, 12 ans: / «Pour moi, un chien ou un chat peuvent être un problème dans un appartement. / Mais une perruche? / Est-ce que ta mère n'aime pas les animaux / parce qu'ils font du bruit? / Pourquoi est-ce que tu n'achètes pas un cochon d'Inde? / C'est sympa aussi.» /
Et voilà la réponse d'Ibrahim: / «Salut David, moi, je comprends ta mère. / Les animaux, ce n'est pas mon truc. / Un animal, c'est comme un ami? / Délire! Tu as essayé? / Ta mère ne te permet peut-être pas cet animal / parce qu'elle veut être à l'aise dans sa maison. / Tu pourrais aller au zoo. / Là, il y a des perruches vertes, bleues, grises et même jaunes!» /

Unité 4: Passer ses vacances à la maison: c'est un problème?

Sarah nous écrit: / «Pour moi, des vacances comme ça, c'est vraiment l'horreur! / Mes parents travaillent et moi, je reste à la maison: / je chatte, je regarde mes séries préférées, / j'écris des commentaires. / Mais je ne peux pas retrouver mes copains / parce qu'ils ne sont pas là. / Tout le monde est à la plage ou à la montagne, / tout le monde fait de l'escalade ou du vélo. / Mais moi, je ne fais rien.» /

Nous avons des idées pour Sarah: / «Ne baisse pas les bras! / Fais quelque chose: / va à la piscine ou fais du dog-sitting. / Tu peux aussi faire des photos de ta ville et les mettre sur Internet. / Écris un blog. Mais ne fais pas rien.» ☺ /

Unité 5: La Fête de la musique

Pourquoi est-ce qu'on fête la Fête de la musique? /
La Fête de la musique n'est pas une fête traditionnelle française, / non, elle est encore jeune[1]: / en 1976, l'Américain Joel Cohen / a eu l'idée pour la première fête de la musique. /
Où et quand est-ce qu'on la fête? /
On la fête dans les rues, dans les parcs / et même dans les écoles. / Et toujours le 21 juin! / Beaucoup de restaurants et de cafés organisent des concerts / et tout le monde écoute la musique et danse! /
Et cette année? /
Il ne faut pas attendre longtemps[2]. / Dans quinze jours, c'est la fête de la musique! / Vous allez entendre la musique dans les rues de Montpellier / et vous n'allez pas dormir avant minuit! ☺ /

1 **jeune** *adj.* jung 2 **longtemps** *adv.* lange

Unité 6: Marius – fan de Louane

Louane est une star du film: / comme actrice, elle a eu beaucoup de succès / avec, par exemple, le film *La famille Bélier*[1]. / Mais elle est aussi une star de la chanson: / elle donne des concerts dans toute l'Europe. / Elle chante en anglais et en français, / elle joue du piano / et elle écrit des chansons. /
Marius est un grand fan de Louane. / Il l'admire / et il adore surtout danser sur sa musique. / En juillet, il va même aller à un concert de Louane / et voir sa star préférée dans l'arène de Nîmes. /

1 *Filmtitel übersetzt du nicht.*

Unité 7: Bonnes vacances!

Vous êtes déjà partis dans une colonie de vacances? / Non? Il faut essayer! / C'est génial! / On peut découvrir beaucoup de choses / et rencontrer des amis. / Voilà deux ados. / Ils veulent partir ensemble mais où? / Maurice aime bien la colonie de vacances de beach-volley à Nice / parce qu'on peut aller à la plage tous les jours / et visiter la ville. / Jérémie préfère la nature. / Il veut aller à la colonie de vacances dans l'Hérault / parce qu'il adore les cours de spéléo dans la montagne / et faire du cheval. / Qu'est-ce qu'ils vont faire?

Personen

Bigflo&Oli [bikfloeɔli]
Französisches Rapduo aus Toulouse. Seit ihrer Kindheit spielt Musik für die Brüder Florian „Bigflo“ und Olivio „Oli“ Ordonez eine große Rolle. Die beiden waren 22 und 19 Jahre alt, als ihr Debütalbum erschien. Ihre drei ersten Alben wurden jeweils mit der „Platin-Schallplatte“ ausgezeichnet.
▶Unité 3 / France en direct

Dal Zotto, Marie [maʀidalzɔto]
Französische Schauspielerin mit Down-Syndrom. Seit ihrem 14. Lebensjahr spielt sie Theater. 2017 erhielt sie die Hauptrolle im Film → „Mention particulière“, für die sie auch einen Preis gewonnen hat. Marie begeistert sich neben dem Schauspiel für das Kochen. ▶Unité 6 / Approches, France en direct

Eyeless [ailɛs]
Metalband aus → Montpellier. Das erste Album der Band hieß „Path to the Unknown“.
▶Unité 3 / Approches

Guetta, David [davidgɛta]
Französischer DJ und Musikproduzent, aufgewachsen in Paris. Er ist einer der bekanntesten und erfolgreichsten House-DJs der Welt. Seine Alben „One Love“ und „Nothing but the beat“ waren weltweite Erfolge. ▶Unité 6 / Approches

Lee, Jena [ʒenali]
Französische R&B-Sängerin. Ihre Debütsingle „J’aimerais tellement“ hielt sich elf Wochen lang auf Platz 1 der französischen Charts.
▶Unité 3 / Approches

Louane (oder Louane Emera) [luan]

Französische Sängerin und Schauspielerin, eigentlich Anne Peichert. Ihren Künstlernamen „Louane“ bildete sie durch das Zusammensetzen ihres Vornamens und dem ihrer Schwester Louise. Sie macht französische Popmusik. Ihre Alben „Chambre 12“ und „Louane“ erreichten schnell Platz 1 der französischen Album-Charts. Für den Film „La famille Bélier“ lernte sie die Gebärdensprache und erhielt einen Preis als beste Nachwuchsdarstellerin.
▶Unité 3 / France en direct

Mbappé, Kylian [kilianɛmbape]
Französischer Fußballspieler, der in Paris geboren und in der Pariser Banlieue (Bondy) aufgewachsen ist. Sein Vater war Fußballspieler und seine Mutter erfolgreiche Handballspielerin. Mbappé spielt in der französischen Nationalmannschaft und war der jüngste Nationalspieler Frankreichs in den letzten 62 Jahren. Er war bereits U19-Europameister und Weltmeister sowie mehrfach französischer Meister. 2018 wurde er „Frankreichs Fußballer des Jahres“.
▶Unité 6 / Approches, Texte A

Nimeño II [nimeɲodø] (1954–1991)

Französischer Stierkämpfer, eigentlich Christian Montcouquiol. Er wurde von seinem Bruder, dem berühmten Stierkämpfer Nimeño I, trainiert und trat im Alter von 15 Jahren zum ersten Mal in der Arena an. Nach 20 Jahren als Stierkämpfer wurde er in der Arena von einem Stier so schwer verletzt, dass er mit dem Stierkampf aufhören musste. In → Nîmes wurde ihm zu Ehren eine Statue errichtet.
▶Unité 6 / Texte B

Stromae [stʀomaj]
Belgisch-ruandischer Musiker, eigentlich Paul Van Haver. Seinen Künstlernamen „Stromae" bildete er durch Vertauschen der Silben des Wortes *maestro* (Meister). Er macht elektronische Tanzmusik (House, New Beat). Die Titel „Alors on danse", „Papaoutai" und „Formidable" waren sehr erfolgreich. Mit seiner Frau betreibt er das Modelabel „Mosaert".
▶Unité 3 / Approches

Titeuf [titœf]
Hauptfigur des gleichnamigen Comics, den der Schweizer Zep (eigentlich Philippe Chappuis) zeichnet. Titeuf ist ein Junge, der in seinem (Schul-) Alltag und bei seinen Problemen mit Mädchen und der Welt der Erwachsenen gezeigt wird. Titeuf ist auch im Kino und im Fernsehen zu sehen.
▶Unité 6 / Approches

Zaz [zaz]

Französische Sängerin, eigentlich Isabelle Geffroy. Sie startete ihre Karriere mit dem sehr erfolgreichen Lied „Je veux" und hat seitdem vier Alben veröffentlicht. Zaz singt in der Tradition französischer Chansons. In ihrer Musik mischt sie Jazz mit Pop und lebendiger Straßenmusik. ▶Unité 3 / Approches

Geografisches

Agonès [agɔnɛs]
Kleiner Ort in der Region → Occitanie mit ca. 250 Einwohnern. ▶Unité 7 / Texte

la Camargue [lakamaʀg]

Gebiet im Süden Frankreichs. In dieser Sumpf- und Seenlandschaft leben viele Wasservögel wie z. B. Flamingos sowie die weißen Camargue-Pferde und schwarze Stiere in Freiheit. ▶Unité 7 / Approches

les Cévennes [lesevɛn]
Gebirgsregion im Süden Frankreichs, in der sich ein Nationalpark befindet. Der höchste Berg der Cevennen ist mit 1699 m der Mont Lozère. Einige Flüsse, wie z. B. der Hérault, durchziehen das Gebirge. ▶Unité 7 / Approches

Ganges [gɑ̃ʒ]
Stadt in der Region → Occitanie mit ca. 4 000 Einwohnern. Die Stadt ist ca. 45 km von → Montpellier entfernt. In der Umgebung gibt es viele Höhlen. Die bekannteste ist die → *Grotte des Demoiselles*.
▶Unité 7 / Approches, Texte

les Gorges de l'Hérault [legɔʀʒdəleʀo]

Kalksteinschluchten in der Region → Occitanie, die vom Fluss Hérault gegraben wurden. Auf dem Fluss kann man Tagestouren mit dem Kanu oder Kajak unternehmen. Außerdem kann man in der Gegend Höhlen besichtigen. ▶Unité 7 / Approches

la Grotte des Demoiselles [lagʀɔtdedəmwazɛl]
Große Tropfsteinhöhle, in den Hérault-Schluchten (→ *Gorges de l'Hérault*), bei → Agonès gelegen. Die Höhle wurde im 18. Jahrhundert entdeckt und ist für Besucher zugänglich. ▶Unité 7 / Approches

Laroque [larɔk]
Ort in der Region → Occitanie mit ca. 1600 Einwohnern. Der mittelalterliche Ort wurde auf einem Felsen erbaut. ▶Unité 7 / Texte

la mer Méditerranée [lamɛʀmeditɛʀane]
Das Mittelmeer. Binnenmeer, das zwischen 400 und 740 km breit ist und sich von Ost nach West über eine Länge von 3 800 km erstreckt. An seiner tiefsten Stelle ist es über fünf Kilometer tief. Wegen des milden Klimas und der guten Bedingungen für Schifffahrt und Handel war die Region um das Mittelmeer bereits im Altertum dicht besiedelt.
▶Unité 1 / Texte

Montpellier [mɔ̃pəlje]

Stadt in der Region → Occitanie mit ca. 280 000 Einwohnern. Der historische Stadtkern besteht größtenteils aus einer Fußgängerzone mit zahlreichen kleinen Straßen. Er wird auch *l'Écusson* (das Wappenschild) genannt. Die medizinische Fakultät der Universität ist seit dem Mittelalter in ganz Frankreich bekannt. Die Stadt liegt zehn Kilometer von der Mittelmeerküste (→ *mer Méditerranée*) entfernt. Der Rugbyverein Montpellier Hérault Rugby spielt seit Jahren in der ersten französischen Rugby-Liga, der Fußballverein Montpellier Hérault Sport Club (MHSC) war schon französischer Meister und der Handballverein Montpellier Agglomération Handball (MAHB) hat zahlreiche Meister- und Pokalsieger-Titel gewonnen. ▶Unité 1 / Text

Nîmes [nim]

Stadt im Süden Frankreichs mit ca. 150 000 Einwohnern. Das Wahrzeichen von Nîmes ist das römische Amphitheater *Les Arènes*, das heute für Stierkämpfe, aber auch für Konzerte genutzt wird. ▶Unité 6 / Texte B

Occitanie [ɔksitani]
Zweitgrößte Region Frankreichs. Entstand 2016 aus dem Zusammenschluss der ehemaligen Regionen Languedoc-Roussillon et Midi-Pyrénées. Die Region umfasst 13 *départements*. Größte Stadt und Hauptstadt der Region ist Toulouse, zweitgrößte Stadt ist → Montpellier. Ein wichtiger Wirtschaftszweig der Region ist die Luftfahrtindustrie, der Flugzeugbauer Airbus ist das umsatzstärkste Unternehmen. Außerdem spielt der Tourismus eine wichtige Rolle.
▶Unité 7 / Texte

Palavas-les-Flots [palavasleflo]

Badeort am Mittelmeer in der Nähe von → Montpellier mit ca. 6 200 Einwohnern. Mit seinem sieben Kilometer langen Strand ist der Ort bei Wassersportlern und Badeurlaubern sehr beliebt. Aufgrund seiner Beliebtheit hat der Strand mit Umweltverschmutzung zu kämpfen. ▶Unité 1 / Texte

le Pic Saint-Loup [ləpiksɛ̃lu]
Berg in der Nähe von → Montpellier, 658 m hoch. Von seinem Gipfel aus kann man von den Cevennen (→ *Cévennes*) bis zum Mittelmeer (→ *mer Méditerranée*) blicken. ▶Unité 1 / Texte

le Pont du Gard [ləpɔ̃dygaʀ]
Teil eines Aquädukts, zwischen → Nîmes und Avignon gelegen. Der Aquädukt wurde im 1. Jahrhundert von den Römern erbaut und diente damals als Wasserleitung. Das Wasser floss von der Quelle 50 km bis nach → Nîmes. Der heute noch erhaltene Teil des Aquädukts ist 273 m lang und 49 m hoch. Er führt über den Fluss Gardon. ▶Unité 7 / Approches

Saint-Guilhem-le-Désert [sɛ̃gilɛmlədezɛʀ]
Kleiner Ort in der Region → Occitanie mit ca. 250 Einwohnern. Das Dorf ist für sein Kloster und den *Pont du Diable* (Teufelsbrücke), eine Steinbrücke aus dem 11. Jahrhundert, bekannt. ▶Unité 1 / Texte

Sehenswürdigkeiten in Montpellier

Antigone [ɑ̃tigɔn]

Stadtviertel im Osten → Montpelliers, das ab 1979 vom Architekten Ricardo Bofill erbaut wurde. Säulen, Statuen, Brunnen, Häuser und Plätze sollen an die Architekur der griechischen Antike erinnern.
▶Unité 1 / Texte

la place de la Comédie [laplasdəlakɔmedi]
Zentraler Platz mit zahlreichen Cafés, am Rand der Altstadt gelegen. An der *Place de la Comédie* liegt die *Opéra Comédie*, ein Opernhaus aus dem 19. Jahrhundert mit 1200 Plätzen. ▶Unité 1 / Texte

le Polygone [ləpɔligɔn]
Eines der größten Einkaufszentren Frankreichs, in dem über hundert Geschäfte zu finden sind.
▶Unité 1 / Texte

Feste

l'Aïd-el-Fitr [laidɛlfitʀ]
Islamisches Fest des Fastenbrechens, das auf den Fastenmonat Ramadan folgt. An diesem Tag findet in der Moschee ein gemeinschaftliches Gebet statt. Es werden große Festessen veranstaltet und man tauscht Geschenke aus. ▶Unité 5 / Texte A

la fête des cabanes [lafɛtdekaban]
Sukkot, jüdisches „Fest der Laubhütten". Das Fest findet im Herbst statt und dauert sieben Tage. Der Tradition nach wohnen Juden in dieser Zeit in einer selbst gebauten Hütte. Man gedenkt so der Wanderungen, zu denen das jüdische Volk im Laufe seiner Geschichte gezwungen war, und macht sich bewusst, dass das ganze Leben einer langen Wanderung gleicht. ▶Unité 5 / Texte A

la fête des voisins [lafɛtdevwazɛ̃]
Straßen- oder Hausfest, das zunächst in einem Stadtteil von Paris für die Bewohner großer Wohnblocks organisiert wurde. Bei diesem Fest sollten die Nachbarn untereinander Kontakte knüpfen können. Mittlerweile finden auf der ganzen Welt solche Nachbarschaftsfeste statt. ▶Unité 5 / Texte A

Noël [nɔɛl]
Christliches Weihnachtsfest zum Gedenken an die Geburt von Jesus Christus. Oft kommt die Familie zusammen und feiert gemeinsam. In Frankreich finden die Kinder am Morgen des 25. Dezember in Schuhen oder Socken Geschenke, die der *Père Noël* (Weihnachtsmann) über Nacht gebracht hat.
▶Unité 5 / Texte A

le Nouvel An Chinois [lənuvɛlɑ̃ʃinwa]
Chinesisches Neujahrsfest, das in einer Neumondnacht zwischen dem 21. Januar und dem 21. Februar beginnt und mehrere Tage andauert. Das Fest wird überall auf der Welt in Städten mit großem chinesischen Bevölkerungsanteil gefeiert. Eine besonders große Feier findet z. B. in Paris statt.
▶Unité 5 / Texte A

le 14 juillet [ləkatɔrzʒɥijɛ]
Französischer Nationalfeiertag zum Gedenken an die Französische Revolution. Am 14. Juli 1789 wurde das Gefängnis *la Bastille* gestürmt. Die Bastille stand symbolisch für das alte Regime, das abgeschafft werden sollte. Auf der *Avenue des Champs-Élysées* in Paris findet alljährlich am 14. Juli eine Militärparade statt. In ganz Frankreich werden Feuerwerke und Straßenfeste veranstaltet.
▶Unité 5 / France en direct

Schule

le collège [ləkɔlɛʒ] **et le/la principal/e** [lə/lapʀɛ̃sipal]
Ganztagsschule mit vier Klassenstufen von der *sixième* (in Deutschland: 6. Klasse) bis zur *troisième* (in Deutschland: 9. Klasse), die von allen französischen Schülern/Schülerinnen besucht wird (einzige Schulform). Am Mittwochnachmittag haben die meisten Schüler/Schülerinnen schulfrei. Der/Die Schuldirektor/in im *collège* heißt *le/la principal/e.*
▶S. 8–9, Module 3

la cantine [lakɑ̃tin]
Da französische Schulen Ganztagsschulen sind, gibt es in der Kantine von ca. 11.30 Uhr bis 13 Uhr für alle Schüler/Schülerinnen ein Mittagessen. Es besteht aus drei bis vier Gängen: Vorspeise, Hauptspeise, Käse und/oder Nachspeise (Obst/Joghurt). ▶S. 8–9

le CDI (Centre de Documentation et d'Information) [ləsedei] **et le/la documentaliste** [lə/ladɔkymɑ̃talist]
Schülerbibliothek an französischen → *collèges*. Im CDI ihrer Schule können die Schüler/Schülerinnen einzeln oder in Gruppen arbeiten. Sie haben Zugang zu Büchern, Zeitschriften, DVDs und zum Internet. Hier arbeitet der/die *documentaliste* und unterstützt die Schüler/innen bei ihren Recherchen.
▶S. 8–9, Module 3

le/la CPE (Conseiller/-ère Principal/e d'Éducation) [lə/lasepeø]
Mitarbeiter/Mitarbeiterin an französischen → *collèges*. Der/Die CPE ist für das Einhalten der Regeln an der Schule zuständig. Wenn der Unterricht morgens begonnen hat, schließen die Schultore. Schüler/Schülerinnen, die zu spät kommen, müssen klingeln und sich beim / bei der CPE ein *billet de retard* ausstellen lassen. Der/Die CPE kümmert sich außerdem um die individuellen Probleme der Schüler/Schülerinnen und steht in Kontakt mit Lehrern/Lehrerinnen und Eltern. ▶S. 8–9, Module 3

l'infirmerie [lɛ̃fiʀməʀi] **et l'infirmier/-ière** [lɛ̃fiʀmje/-jɛʀ]
In französischen Schulen gibt es eine Krankenstation. Dort kümmert sich ein/e *infirmier/infirmière* (Krankenschwester/Krankenpfleger) um Schüler und Schülerinnen, die sich verletzt haben oder sich krank fühlen. ▶S. 8–9, Module 3

la rentrée [laʀɑ̃tʀe]

Beginn des neuen Schuljahres Anfang September. Alle ca. 12 Millionen Schüler/Schülerinnen kehren in Frankreich nach den Sommerferien gleichzeitig in die Schulen zurück. In den Geschäften gibt es Verkaufsaktionen für Schulmaterialien und überall ist Sommerschlussverkauf. ▶S. 8–9

la salle de permanence [lasaldəpɛʀmanɑ̃s] **et le/la surveillant/e** [lə/lasyʀvɛjɑ̃/t]
Aufenthaltsraum in der Schule, in den alle Schüler/Schülerinnen gehen, die eine Freistunde haben. Dort erledigen sie ihre Hausaufgaben und werden dabei von *surveillants/surveillantes* beaufsichtigt. Diese übernehmen in Frankreich anstelle von Lehrern/Lehrerinnen auch die Pausenaufsicht.
▶S. 8–9, Module 3

Sonstiges

le couscous [ləkuskus]
Hartweizengrieß bzw. Name für ein nordafrikanisches Gericht, das mit Couscous zubereitet wird. Man isst den Couscous mit Gemüse-, Fleisch- oder Fischbrühe. ▶Unité 5 / Texte A

la Fnac [lafnak]
Große französische Warenhauskette, die Bücher, Comics, DVDs, Videospiele und elektronische Geräte wie z. B. Fotoapparate, Computer und Smartphones verkauft. In → Montpellier befindet sich die Fnac im Einkaufszentrum → Polygone. ▶Unité 1 / Texte

Mention particulière [mɑ̃sjɔ̃paʀtikyljɛʀ]
Französischer Fernsehfilm, in dem → Marie Dal Zotto die Rolle von Laura spielt, die ihr Abitur machen möchte. Die Hauptfigur Laura hat, wie Marie, das Downsyndrom / Trisomie 21. Der Film basiert auf der Geschichte von Yasmine Berraoui, die 2014 das französische Abitur (le baccalauréat) mit Auszeichnung bestanden hat. ▶Unité 6 / Approches, France en direct

les oreillettes [lezɔʀɛjɛt]
Gebäckspezialität aus Südfrankreich, die zu Karneval oder Weihnachten (→ *Noël*) gegessen wird. ▶Unité 5 / Texte B

le tajine [lətaʒin]
Nordafrikanisches Gericht, das nach dem Tontopf benannt ist, in dem es zubereitet wird. Der würzige Eintopf kann aus Fisch, Fleisch, Gemüse und Früchten bestehen und wird mit Fladenbrot gegessen. ▶Unité 5 / Texte A

le Tour de France [ləturdəfʀɑ̃s]

Radrennen durch Frankreich und angrenzende Länder. Die erste Tour de France fand 1903 statt. Sie findet alljährlich im Sommer statt und dauert drei Wochen. Sie ist eines der wichtigsten Radrennen der Welt. Die Fahrer bewältigen mit ihren Rädern eine Strecke von ca. 3 400 km. Die Tour de France gerät immer wieder aufgrund von Dopingskandalen in die Kritik. ▶Unité 6 / Approches

les treize desserts [letʀɛzdesɛʀ]

Nachspeise, die man hauptsächlich in der Provence (Gegend in Südfrankreich) zu Weihnachten (→ *Noël*) isst. Sie besteht aus dreizehn verschiedenen Süßigkeiten wie unter anderem Datteln, weißem Nougat, Mandeln, Feigen, Rosinen, Nüssen und Orangen oder Mandarinen. ▶Unité 5 / Texte A

LES NOMBRES

Les nombres cardinaux de 0 à 1000 | Die Grundzahlen von 0 bis 1000

0	zéro	[zeʀo]
1	un	[ɛ̃] *(männlich) /*
	une	[yn] *(weiblich)*
2	deux	[dø]
3	trois	[tʀwa]
4	quatre	[katʀ]
5	cinq	[sɛ̃k]
6	six	[sis]
7	sept	[sɛt]
8	huit	[ɥit]
9	neuf	[nœf]
10	dix	[dis]
11	onze	[ɔ̃z]
12	douze	[duz]
13	treize	[tʀɛz]
14	quatorze	[katɔʀz]
15	quinze	[kɛ̃z]
16	seize	[sɛz]
17	dix-sept	[disɛt]
18	dix-huit	[dizɥit]
19	dix-neuf	[diznœf]
20	vingt	[vɛ̃]
21	vingt-**et**-un	[vɛ̃teɛ̃] *(männlich) /*
	vingt-**et**-une	[vɛ̃teyn] *(weiblich)*
22	vingt-deux	[vɛ̃tdø]
30	trente	[tʀɑ̃t]
40	quarante	[kaʀɑ̃t]
50	cinquante	[sɛ̃kɑ̃t]
60	soixante	[swasɑ̃t]
70	soixante-dix	[swasɑ̃tdis]
71	soixante-et-onze	[swasɑ̃teɔ̃z]
72	soixante-douze	[swasɑ̃tduz]
73	soixante-treize	[swasɑ̃ttʀɛz]
74	soixante-quatorze	[swasɑ̃tkatɔʀz]
75	soixante-quinze	[swasɑ̃tkɛ̃z]
76	soixante-seize	[swasɑ̃tsɛz]
77	soixante-dix-sept	[swasɑ̃tdisɛt]
78	soixante-dix-huit	[swasɑ̃tdizɥit]
79	soixante-dix-neuf	[swasɑ̃tdiznœf]
80	quatre-vingt**s**	[katʀəvɛ̃]
81	quatre-vingt-un	[katʀəvɛ̃ɛ̃] *(männlich) /*
	quatre-vingt-une	[katʀəvɛ̃yn] *(weiblich)*
82	quatre-vingt-deux	[katʀəvɛ̃dø]
90	quatre-vingt-dix	[katʀəvɛ̃dis]
91	quatre-vingt-onze	[katʀəvɛ̃ɔ̃z]
100	cent	[sɑ̃]
101	cent-un	[sɑ̃ɛ̃]
102	cent-deux	[sɑ̃dø]
110	cent-dix	[sɑ̃dis]
200	deux-cents	[døsɑ̃]
201	deux-cent-un	[døsɑ̃ɛ̃]
1000	mille	[mil]

Les nombres ordinaux | Die Ordnungszahlen

le 1er / la 1ère	le premier / la première	[ləpʀəmje/lapʀəmjɛʀ]
le/la 2^{e}	le/la deuxième	[lə/ladøzjɛm]
le/la 3^{e}	le/la troisième	[lə/latʀwazjɛm]
le/la 4^{e}	le/la quatrième	[lə/lakatʀjɛm]
le/la 5^{e}	le/la cinquième	[lə/lasɛ̃kjɛm]
le/la 6^{e}	le/la sixième	[lə/lasizjɛm]
le/la 7^{e}	le/la septième	[lə/lasɛtjɛm]
le/la 8^{e}	le/la huitième	[lə/laɥitjɛm]
le/la 9^{e}	le/la neuvième	[lə/lanœvjɛm]
le/la 10^{e}	le/la dixième	[lə/ladizjɛm]
le/la 20^{e}	le/la vingtième	[lə/lavɛ̃tjɛm]
le/la 21^{e}	le/la vingt-et-**unième**	[lə/lavɛ̃teynjɛm]

Die Schreibung mit Bindestrich ist nach den Empfehlungen zur französischen Rechtschreibung bei allen zusammengesetzten Zahlen möglich.

le premier mai / le 1er mai
aber: *le deux mai / le 2 mai*
Bei Datumsangaben verwendest du die Ordnungszahl nur beim ersten Tag des Monats.

Les verbes | Die Verben

Eine Übersicht über alle Verben, die du schon kennst und in *À toi!* 2 noch lernst, findest du hier: www.cornelsen.de/codes fowoju

Hier findest du die Konjugationen der Verben aus *À toi!* 1 und *À toi!* 2.

Les verbes auxiliaires *avoir* et *être* | Die Hilfsverben *avoir* und *être*

infinitif		avoir (haben)		être (sein)
présent	j'	ai	je	suis
	tu	as	tu	es
	il/elle/on	a	il/elle/on	est
	nous	avons	nous	sommes
	vous	avez	vous	êtes
	ils/elles	ont	ils/elles	sont
passé composé	j'	ai eu	j'	**ai** été (ich **bin** gewesen)

Les verbes réguliers en *-er* | Die regelmäßigen Verben auf *-er*

infinitif		rentrer (nach Hause gehen)
présent	je	rentre ! j'habite
	tu	rentres
	il/elle/on	rentre
	nous	rentrons
	vous	rentrez
	ils/elles	rentrent
impératif		Rentre.
		Rentrons.
		Rentrez.
passé composé	je	suis rentré/e

! Die folgenden Verben auf *-er* haben eine Besonderheit in der Schreibung:
appeler (anrufen): j'appe**ll**e, nous appelons
acheter (kaufen): j'ach**è**te, nous achetons
préférer (bevorzugen): je préf**è**re, nous préférons
répéter (wiederholen): je rép**è**te, nous répétons
commencer (anfangen): nous commen**ç**ons
ebenso: effacer (löschen)
corriger (korrigieren): nous corrig**e**ons
ebenso: manger (essen), mélanger (mischen), partager (teilen), ranger (aufräumen), télécharger (downloaden)

Les verbes en *-ir* (*sortir*) | Die Verben auf *-ir* (Typ *sortir*)

infinitif		sortir (ausgehen)
présent	je	sors
	tu	sors
	il/elle/on	sort
	nous	sortons
	vous	sortez
	ils/elles	sortent
impératif		Sors.
		Sortons.
		Sortez.
passé composé	je	suis sorti/e

ebenso:

dormir (schlafen)	je dors, nous dormons, j'ai dormi
partir (wegfahren)	je pars, nous partons, je suis parti/e
servir (servieren)	je sers, nous servons, j'ai servi

Les verbes en *-ir (ouvrir)* | Die Verben auf *-ir* (Typ *ouvrir*)

infinitif		ouvrir (öffnen)
présent	j'	ouvre
	tu	ouvres
	il/elle/on	ouvre
	nous	ouvrons
	vous	ouvrez
	ils/elles	ouvrent
impératif		Ouvre.
		Ouvrons.
		Ouvrez.
passé composé	j'	ai ouvert

ebenso:

découvrir (entdecken)	je découvre, j'ai découvert
offrir (schenken)	j'offre, j'ai offert

Les verbes en *-dre* | Die Verben auf *-dre*

infinitif		attendre (warten)
présent	j'	attends
	tu	attends
	il/elle/on	attend
	nous	attendons
	vous	attendez
	ils/elles	attendent
impératif		Attends.
		Attendons.
		Attendez.
passé composé	j'	ai attendu

ebenso:

descendre (hinabsteigen)	je descends, je suis descendu/e
entendre (hören)	j'entends, j'ai entendu
perdre (verlieren)	je perds, j'ai perdu
répondre (antworten)	je réponds, j'ai répondu
vendre (verkaufen)	je vends, j'ai vendu

Les verbes irréguliers | Die unregelmäßigen Verben

infinitif		aller (gehen)		devoir (müssen)
présent	je	vais	je	dois
	tu	vas	tu	dois
	il/elle/on	va	il/elle/on	doit
	nous	allons	nous	devons
	vous	allez	vous	devez
	ils/elles	vont	ils/elles	doivent
impératif		Va.		
		Allons.		
		Allez.		
passé composé	je	suis allé/e	j'	ai dû

		écrire (schreiben)		faire (machen)		lire (lesen)
infinitif		écrire (schreiben)		faire (machen)		lire (lesen)
présent	j'	écris	je	fais	je	lis
	tu	écris	tu	fais	tu	lis
	il/elle/on	écrit	il/elle/on	fait	il/elle/on	lit
	nous	écrivons	nous	faisons	nous	lisons
	vous	écrivez	vous	**faites**	vous	lisez
	ils/elles	écrivent	ils/elles	font	ils/elles	lisent
impératif		Écris.		Fais.		Lis.
		Écrivons.		Faisons.		Lisons.
		Écrivez.		Faites.		Lisez.
passé composé	j'	ai écrit	j'	ai fait	j'	ai lu

infinitif		mettre (legen, anziehen)		pouvoir (können)		prendre (nehmen)
présent	je	mets	je	peux	je	prends
	tu	mets	tu	peux	tu	prends
	il/elle/on	met	il/elle/on	peut	il/elle/on	prend
	nous	mettons	nous	pouvons	nous	prenons
	vous	mettez	vous	pouvez	vous	prenez
	ils/elles	mettent	ils/elles	peuvent	ils/elles	prennent
impératif		Mets.				Prends.
		Mettons.				Prenons.
		Mettez.				Prenez.
passé composé	j'	ai mis	j'	ai pu	j'	ai pris
	ebenso:	permettre (erlauben)			*ebenso:*	apprendre (lernen)
						comprendre (verstehen)

infinitif		venir (kommen)		voir (wollen)		vouloir (wollen)
présent	je	viens	je	vois	je	veux
	tu	viens	tu	vois	tu	veux
	il/elle/on	vient	il/elle/on	voit	il/elle/on	veut
	nous	venons	nous	voyons	nous	voulons
	vous	venez	vous	voyez	vous	voulez
	ils/elles	viennent	ils/elles	voient	ils/elles	veulent
impératif		Viens.		Vois.		
		Venons.		Voyons.		
		Venez.		Voyez.		
passé composé	je	suis venu/e	j'	ai vu	j'	ai voulu

L'alphabet phonétique | Die Lautschrift

Les consonnes | Die Konsonanten

[b] banane, bonjour
[d] décembre, ordinateur
[f] photo, soif
[g] garçon, grand-mère, frigo
[k] classe, cadeau
[l] là, aller
[m] mardi, aimer
[n] non, anniversaire
[ŋ] shopping
[ɲ] Allemagne, Bretagne
[p] père, réponse
[ʀ] rue, livre
[s] *scharfes „s" wie in Kuss:* ça, merci, sonner, passer
[z] *summendes „s" wie in Rasen:* maison, les‿enfants, six‿heures, zéro
[ʃ] *„sch" wie in Tasche:* chercher, chat
[ʒ] *wie „g" in Garage:* argent, bonjour
[t] tour, baguette
[v] *„w" wie in Wasser:* vendredi, livre, élève

Les voyelles | Die Vokale

[a] *kurzes „a" wie in Ball:* ami, nature
[ɑ] *langes „a" wie in Bahn:* ne ... pas, gâteau, âge
[ɛ] *offenes „e" wie in Ende:* mais, chaise, c'est, chercher, collège
[e] *geschlossenes „e" wie in See:* école, ranger
[ə] *stummes „e" wie in Kabel:* le, de, cheval
[i] idée, ici
[o] *geschlossenes „o" wie in Floh:* trop, gâteau
[ɔ] *offenes „o" wie in doch:* fromage, encore, pomme
[ø] *geschlossenes „ö" wie in böse:* jeudi, monsieur
[œ] *offenes „ö" wie in öffnen:* sœur, neuf
[u] *„u" wie in Mut:* où, bonjour, sous
[y] *„ü" wie in müde:* unité, minute, légumes

Les semi-voyelles | Die Gleitlaute

[ɥ] cuisine, huit, fruit
[j] quartier, surveillant
[w] oui [wi], toi [twa], armoire [aʀmwaʀ]

Les voyelles nasales | Die nasalierten Vokale

[ɑ̃] enfant, cantine, chambre
[ɔ̃] pardon, combien
[ɛ̃] un, inviter, faim, copain, mur peint

Les signes dans la phrase | Die Zeichen im Satz

LA MAJUSCULE – l'apostrophe *f.* – l'accent aigu *m.* – le point d'exclamation – l'accent circonflexe *m.* – les deux-points – le «c» cédille – les guillemets *m. pl.*

Samedi, c'est l'anniversaire de Jérôme! Il fait une fête et il invite ses amis: deux garçons et trois filles. Mercredi après-midi, les copains achètent des cadeaux. Hélène achète le CD «Joyeux anniversaire», Raphaël regarde une bédé – elle est super, mais trop chère. Et moi? (Je n'ai pas encore d'idée ...)

le trait d'union – l'accent grave *m.* – la minuscule – les parenthèses *f. pl.* – les points de suspension – le tréma – le tiret – la virgule – le point – le point d'interrogation

Liste des mots | Wortliste

p. 37 1 2 Hier stehen die Vokabeln zu Abschnitt 1 und 2 des Textes auf Seite 37.

≠ Hier findest du das Gegenteil des Wortes.

= Hier findest du ein Wort mit gleicher Bedeutung.

→ Hinter diesem Pfeil findest du ein Wort, das zur gleichen Wortfamilie gehört und das du schon gelernt hast.

! Achtung! Pass hier besonders gut auf.

🇬🇧 Hier siehst du ein englisches Wort, das dem französischen Wort ähnlich ist.

▶Verbe en -er, p. 167 / ▶Verbe en -ir, p. 167 / ▶Verbe en -dre, p. 168 Dieses Verb gehört zu den Verben auf *-er*, *-ir* oder *-dre*. Die Konjugation aller Verben findest du auf den Seiten 167–169.

▶Civilisation, p. 160 zeigt dir an, dass du im *Petit dictionnaire de civilisation* (Kleines landeskundliches Wörterbuch) ab Seite 160 weitere Informationen zu dem Eintrag findest.

l'endroit *m.* Blau sind alle männlichen Nomen, deren Genus (Geschlecht) du nicht am Artikel erkennen kannst.
l'escalade *f.* Rot sind alle weiblichen Nomen, deren Genus (Geschlecht) du nicht am Artikel erkennen kannst.

adj.	*adjectif* (Adjektiv)
adv.	*adverbe* (Adverb)
f.	*féminin* (weiblich)
fam.	*familier* (umgangssprachlich)
imp.	*impératif* (Imperativ)
inv.	*invariable* (unveränderlich)
inf.	*infinitif* (Infinitiv, Grundform)
m.	*masculin* (männlich)
p.p.	*participe passé* (Partizip Perfekt)
pl.	*pluriel* (Plural)
qc	*quelque chose* (etwas)
qn	*quelqu'un* (jemand)
sg.	*singulier* (Singular)

etw.	etwas
jdm	jemandem
jdn	jemanden
männl.	männlich
Pers.	Person
Pl.	Plural
Sg.	Singular
ugs.	umgangssprachlich
weibl.	weiblich
wörtl.	wörtlich

Unité 1 | Texte

p. 12	Bienvenue! [bjɛ̃vəny]	Willkommen!	Vous arrivez? Alors, **bienvenue**.
	Montpellier [mɔ̃pəlje]	*Stadt in Südfrankreich* ▶Civilisation, p. 160	
	la place de la Comédie [laplasdəlakɔmedi]	*Platz in Montpellier* ▶Civilisation, p. 160	
	très [tʀɛ] *adv.*	*sehr*	C'est **très** bien.

grand/grande [gʀɑ̃/gʀɑ̃d] *adj.*	*groß*	Ton chien est **grand**!
retrouver (qn) [ʀətʀuve]	wiederfinden, *hier:* jdn treffen ▶Verbe en -er, p.167	Nous **retrouvons** nos copains devant le cinéma.
l'endroit [lɑ̃dʀwa] *m.*	der Ort	– **L'endroit**, qu'est-ce que c'est en allemand? – Der Ort.
préféré/préférée [pʀefeʀe] *adj.*	Lieblings- + *Nomen*	Ma tante **préférée**, c'est tante Lucie.
en ville [ɑ̃vil]	in der Stadt	Tu vas **en ville**?
content/contente [kɔ̃tɑ̃/kɔ̃tɑ̃t] *adj.*	zufrieden/glücklich	Selma est **contente**. C'est son anniversaire.
Palavas-les-Flots [palavasleflo]	*Strandort bei Montpellier* ▶Civilisation, p.160	
le volley [ləvɔlɛ] *fam.* *ou* le volleyball [ləvɔlɛbol]	Volleyball	
faire du / de la / de l' / des [fɛʀdy/fɛʀdəla/fɛʀdəl/fɛʀde] + *nom*	*(eine Sportart)* spielen	Le week-end, on **fait du** volley ensemble.
la mer [lamɛʀ]	das Meer	J'adore la plage et **la mer**.
la (mer) Méditerranée [lamɛʀmediteʀane]	das Mittelmeer ▶Civilisation, p.160	Mes parents veulent acheter une maison près de **la mer Méditerranée**.
le Pic Saint-Loup [ləpiksɛ̃lu]	*Berg(spitze) in der Nähe von Montpellier* ▶Civilisation, p.160	Dans la région de Montpellier, il y a **le Pic Saint-Loup**.
la montagne [lamɔ̃taɲ]	der Berg, das Gebirge	mountain
la planche à voile [laplɑ̃ʃavwal]	das Windsurfen, *auch:* das Surfbrett	J'adore **la planche à voile**. C'est super!
l'escalade [lɛskalad] *f.*	das Klettern	Mon hobby, c'est **l'escalade**.
p.13 le Polygone [ləpɔligon]	*Einkaufszentrum in Montpellier* ▶Civilisation, p.160	
la Fnac [lafnak]	*Kaufhaus (Bücher, DVDs, Zeitschriften)* ▶Civilisation, p.160	
aimer bien qn/qc [emebjɛ̃]	jdn/etw. gern mögen	Tu **aimes bien** la montagne?
le centre commercial [ləsɑ̃tʀkɔmɛʀsjal]	das Einkaufszentrum	Je voudrais acheter des bédés au **centre commercial**.
la piscine [lapisin]	das Schwimmbad	En août, nous allons souvent à **la piscine**.
Antigone [ɑ̃tigon]	*Stadtviertel in Montpellier* ▶Civilisation, p.160	**Antigone**, c'est un quartier à Montpellier.
la natation [lanatasjɔ̃]	das Schwimmen	Dans mon collège, on peut faire de **la natation**.

le village [ləvilaʒ]	das Dorf	Ils habitent dans **un village** près de Montpellier.
Saint-Guilhem-le-Désert [sɛ̃gilɛmlədezɛʀ]	*Ort in der Nähe von Montpellier* ▶Civilisation, p. 160	Je voudrais visiter **Saint-Guilhem-le-Désert**. Et toi?
joli/jolie [ʒoli] *adj.*	hübsch	Ta copine est **jolie**.
le festival [ləfɛstival]	das Festival	En juillet, nous allons à **un festival**.
la campagne [lakɑ̃paɲ]	das Land *im Gegensatz zur Stadt*	≠ la ville
le vélo [ləvelo]	das Fahrrad	Ton **vélo** est nouveau?

Ils **font du volley.**
Sie spielen Volleyball.

Elle **fait de la planche à voile.**
Sie surft.

Il **fait de l'escalade.**
Er klettert.

Ils **font de la natation.**
Sie schwimmen.

Elles **font du vélo.**
Sie fahren Rad.

Ils **font du shopping.**
Sie kaufen ein.

la région [laʀeʒjɔ̃]	die Region	Dans notre **région**, il y a beaucoup de montagnes.
intéressant/intéressante [ɛ̃teʀɛsɑ̃/ɛ̃teʀɛsɑ̃t] *adj.*	interessant	Le livre est très **intéressant**.
formidable [fɔʀmidabl] *m./f. adj.*	toll, großartig	= super

Trainiere die *Version* (Übersetzung F → D) mit ▶*Module 1*, S. 50 und dem Übungstext, S. 158.

Unité 2 | Approches

p. 18–19 **le truc de fous** [lətʀykdəfu]	das Wahnsinnsding	Ta planche à voile, c'est **un truc de fous**.

Regarde! Là, elle fait un truc de ouf!

Wenn dich etwas beeindruckt, kannst du von *truc de fous* oder *truc de ouf* sprechen.

le jeune / la jeune [ləʒœn/ laʒœn]	der Jugendliche / die Jugendliche	Ici, beaucoup de **jeunes** font de la planche à voile.
la difficulté [ladifikylte]	die Schwierigkeit	difficulty
la mouette [lamwɛt]	die Möwe	Il y a beaucoup de **mouettes** sur la plage.
le drapeau / ! les drapeaux [lədʀapo/ledʀapo]	die Fahne, die Flagge	Il y a **un drapeau** devant la maison.
rouge [ʀuʒ] *m./f. adj.*	rot	Les tomates sont **rouges**.
la bouée [labwe]	die Boje	Le sauveteur est près de **la bouée**.
la côte [lakot]	die Küste	coast
la vague [lavag]	die Welle	
le sauveteur / la sauveteuse [ləsovtœʀ/lasovtøz]	der Rettungsschwimmer / die Rettungsschwimmerin	
le rocher [ləʀɔʃe]	der Fels	rock
la France [lafʀɑ̃s]	Frankreich	Montpellier, c'est une ville en **France**.
hier [jɛʀ]	gestern	≠ demain
ignorer qc [iɲɔʀe]	etw. ignorieren, etw. nicht beachten ▶Verbe en -er, p. 167	Tu **ignores** souvent mes problèmes.
quitter qn/qc [kite]	jdn/etw. verlassen ▶Verbe en -er, p. 167	La prof a **quitté** la salle de classe.
le mètre [ləmɛtʀ]	der Meter	Tu marches cent **mètres** et tu es sur la plage.
à (cent) mètre(s) de qc [asɑ̃mɛtʀdə]	(hundert) Meter von etw. entfernt	La maison de mes grands-parents est **à** cent **mètres de** la plage.
chavirer [ʃaviʀe]	kentern ▶Verbe en -er, p. 167	! il **a** chaviré
appeler qn [apəle]	jdn rufen, jdn anrufen ▶Verbe en -er, p. 167	! j'appelle

Unité 2 | Texte A

p. 21 ! le héros / l'héroïne *f.* [lə'eʀo/leʀɔin]	der Held / die Heldin	hero

Vergleiche:
l'heure, l'histoire-géo, l'hôtel

Bei einigen Wörtern, die mit *h* beginnen, wird der bestimmte Artikel nicht verkürzt.

aber:

le héros

le hip-hop

le hobby

le super-héros / la super-héroïne [ləsypɛʀˈeʀo/lasypeʀeʀɔin]	der Superheld / die Superheldin	Ton **super-héros** préféré, c'est qui?
Délire! [deliʀ] *fam.*	Wahnsinn!	Tu as passé le week-end à Paris? **Délire!**
arriver [aʀive]	ankommen, *hier:* passieren ▶Verbe en -er, p. 167	(to) arrive
il m'est arrivé qc [ilmɛtaʀive]	mir ist etw. passiert	Écoute! **Il m'est arrivé** un truc de fous!
après nous [apʀɛnu]	nach uns	Maxime est arrivé **après nous**.
trop [tʀo]	zu, zu viel, *auch:* total *zur Verstärkung vor Adjektiven oder Adverbien*	Vos playlists sont **trop** cool!
la peur [lapœʀ]	die Angst	Dans la nuit, j'ai souvent **peur**.
rester [ʀeste]	bleiben ▶Verbe en -er, p. 167	≠ quitter
monter dans qc [mɔ̃tedɑ̃]	in etw. einsteigen ▶Verbe en -er, p. 167	Tu **montes dans** le bus?

monter dans le bateau

monter dans le bus

monter sur un rocher

jusqu'à [ʒyska]	bis	Ma tante reste **jusqu'à** vendredi.
tout à coup [tutaku]	plötzlich	**Tout à coup**, ça a sonné.
tomber [tɔ̃be]	fallen, stürzen ▶Verbe en -er, p. 167	En novembre, les feuilles **tombent**.
paniquer [panike]	es mit der Angst bekommen ▶Verbe en -er, p. 167	Le sauveteur ne **panique** pas.
retourner (qc) [ʀətuʀne]	zurückkehren, *hier:* etw. umdrehen ▶Verbe en -er, p. 167	(to) return
ensuite [ɑ̃sɥit] *adv.*	dann	= après ≠ d'abord
remonter dans qc [ʀəmɔ̃tedɑ̃]	wieder in etw. einsteigen ▶Verbe en -er, p. 167	Félix, **remonte dans** le bateau!
aider qn [ede]	jdm helfen ▶Verbe en -er, p. 167	Léa **aide** son frère.
pousser qn/qc [puse]	jdn/etw. schieben ▶Verbe en -er, p. 167	(to) push

aller à la plage

être sur la plage

pousser jusqu'à la plage

tout le monde [tuləmɔ̃d]	alle	**Tout le monde** est là?
de (deux) mètres [dədømɛtʀ]	(zwei) Meter (hoch, lang, breit, groß)	Tu as surfé sur des vagues **de** deux **mètres**?!

une vague de deux mètres
eine zwei Meter hohe Welle

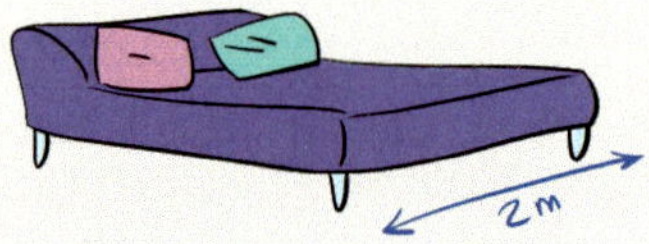

un lit de deux mètres
ein zwei Meter breites Bett

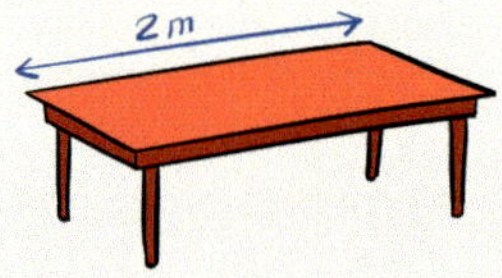

une table de deux mètres
ein zwei Meter langer Tisch

arrêter [aʀete]	aufhören ▶Verbe en -er, p. 167	**Arrête**! Je ne veux pas chavirer.
C'est trop fort! [sɛtʀofɔʀ]	Unglaublich!, Genial! *wörtl.*: Das ist zu stark!	= C'est génial!
être au courant [ɛtʀokuʀɑ̃]	auf dem Laufenden sein, Bescheid wissen	Qu'est-ce qu'il y a? Est-ce que tu **es au courant**?
l'avis [lavi] *m.*	die Meinung	C'est ton **avis** mais je ne suis pas d'accord.
à (ton) avis [atɔnavi]	(deiner) Meinung nach, *hier:* Was meinst du?	**À ton avis**, je vais aimer Montpellier?

Unité 2 | Texte B

p. 25 Quel idiot! / Quelle idiote! [kɛlidjo/kɛlidjɔt]	Was für ein Idiot! / Was für eine Idiotin!	**Quel idiot!** Il n'a pas fait ses devoirs.
peu après [pøapʀɛ]	wenig später, kurz (da)nach	Il est rentré **peu après** le concert.
hisser qc [ˈise]	etw. hissen ▶Verbe en -er, p. 167	Ils **hissent** le drapeau.
faire l'idiot / faire l'idiote [fɛʀlidjo/fɛʀlidjɔt]	sich wie ein Idiot / eine Idiotin aufführen	Ton cousin **fait l'idiot**.
frimer (avec qc) [fʀimeavɛk] *fam.*	(mit etw.) angeben ▶Verbe en -er, p. 167	Elle **frime** avec sa planche à voile.
comme ça [kɔmsa] *fam.*	so	Regarde, c'est **comme ça**.
lui *m.* / elle *f.* [lɥi/ɛl]	*unverbundenes Personalpronomen, 3. Pers. Sg. männl./weibl.*	Matis est mon cousin. Chez **lui**, on regarde souvent la télé.
Allez! [ale]	Los!	**Allez**, on danse!
On y va! [ɔ̃niva]	Auf geht's!	Léa est rentrée? Alors, **on y va**!
à cause de qc [akozdə]	wegen etw.	Elle panique **à cause des** vagues.
eux *m. pl.* / elles *f. pl.* [ø/ɛl]	*unverbundenes Personalpronomen, 3. Pers. Pl. männl./weibl.*	Ce sont mes copines. Je rentre avec **elles**.

loin [lwɛ̃] *adv.*	weit, weit entfernt	La côte n'est pas **loin**.
aller loin [alelwɛ̃]	*hier:* weit kommen	À pied, tu ne **vas** pas **loin**.
là [la]	da, *hier:* in diesem Moment	**Là**, tout le monde est rentré.
vraiment [vʀɛmɑ̃] *adv.*	wirklich	C'est **vraiment** une surprise!
appeler au secours [apəleosəkuʀ]	(um) Hilfe rufen	Ils sont tombés dans l'eau. Claire, **appelle au secours**!

sauver qn/qc [sove]	jdn/etw. retten ▶Verbe en -er, p. 167	(to) save → le sauveteur / la sauveteuse
le chef / la chef [ləʃɛf/laʃɛf]	der Chef / die Chefin	Chez nous, **la chef**, c'est ma mère.
l'aventure [lavɑ̃tyʀ] *f.*	das Abenteuer	adventure

j'ai été *(être)*	j'ai eu *(avoir)*	j'ai fait *(faire)*	j'ai voulu *(vouloir)*	j'ai pu *(pouvoir)*
ich bin gewesen	ich habe gehabt	ich habe gemacht	ich habe gewollt	ich habe gekonnt

Trainiere die *Version* (Übersetzung F → D) mit dem zu *Unité 2* passenden Übersetzungstext, S. 158.

Unité 3 | Approches

p. 34 le look [ləluk]	der Look, das Outfit	J'adore son **look**. Il est trop cool!
le style [ləstil]	der Stil	C'est mon **style**.
la mèche [lamɛʃ]	die Strähne	Amanda a **une mèche** rouge.
bleu/bleue [blø] *adj.*	blau	La mer est **bleue**.
! les lunettes (de soleil) [lelynɛtdəsɔlɛj] *f. pl.*	die (Sonnen-)Brille	Nadja porte des **lunettes (de soleil)**.
noir/noire [nwaʀ] *adj.*	schwarz	Elle veut un café **noir**.
la chemise [laʒəmiz]	das Hemd	J'adore ta **chemise** noire!
le tee-shirt [lətiʃœʀt]	das T-Shirt	Elle achète **un tee-shirt** rouge.
le bracelet [ləbʀaslɛ]	das Armband	bracelet
la ceinture [lasɛ̃tyʀ]	der Gürtel	Il porte souvent **une ceinture**.
ce look [səluk]	dieser Look	– Tu aimes **ce look**? – Il est super cool.

les vêtements [levɛtmɑ̃] *m. pl.*	die Kleidung	Demain, je vais acheter des **vêtements**.
avoir des idées noires [avwaʀdezidenwaʀ]	trübsinnige Gedanken haben	Je ne suis pas content. J'**ai** souvent **des idées noires**.
Eyeless [ailɛs]	*Band aus Montpellier* ▶Civilisation, p. 160	Tu aimes la musique d'**Eyeless**?
! le groupe [ləɡʀup]	die Gruppe, die Band	Eyeless, c'est son **groupe** préféré.
le métal [ləmetal]	*hier:* Metal *Musikrichtung, auch:* das Metall	Le **métal** est un style de musique.
le bruit [ləbʀɥi]	der Lärm, der Krach	Pour moi, le métal, c'est trop de **bruit**.
faire du bruit [fɛʀdybʀɥi]	Krach machen	Eyeless? Ils **font du bruit**.
blanc/blanche [blɑ̃/blɑ̃ʃ] *adj.*	weiß	Mon chat est noir et **blanc**.
la veste [lavɛst]	die Jacke	C'est ta **veste**?
le pantalon [ləpɑ̃talɔ̃]	die Hose	Tu vas porter un **pantalon**?
porter qn/qc [pɔʀte]	jdn/etw. tragen ▶Verbe en -er, p. 167	Je **porte** souvent les vêtements de ma sœur.
les fringues [lefʀɛ̃ɡ] *f. pl. fam.*	die Klamotten	= les vêtements
Stromae [stʀomaj]	*belgischer Musiker* ▶Civilisation, p. 160	J'adore la musique de **Stromae**.
l'électro [lelɛktʀo] *f.*	Elektro *Musikrichtung*	**L'électro** est un style de musique.
p. 35 la casquette [lakaskɛt]	die Mütze, die Kappe	Je cherche ma **casquette** noire.
le foulard [ləfulaʀ]	der Schal, das Kopftuch	J'adore ton **foulard** vert.

C'est son foulard.

C'est son foulard.

gris/grise [ɡʀi/ɡʀiz] *adj.*	grau	Ma tante a des mèches **grises**.
! le jean [lədʒin]	die Jeans	**Le jean** est un pantalon formidable.
le bonnet [ləbɔnɛ]	die Mütze	Ma copine adore porter des **bonnets**.
le pull [ləpyl] *fam.* *ou* le pullover [ləpylɔvɛʀ]	der Pulli, der Pullover	Range tes **pulls** dans l'armoire.
le manteau [ləmɑ̃to]	der Mantel	Demain, je vais acheter **un manteau**.
mélanger qc [melɑ̃ʒe]	etw. mischen ▶Verbe en -er, p. 167	! nous mélang**e**ons
la couleur [lakulœʀ]	die Farbe	colour

Zaz [zaz]	*französische Sängerin* ▶Civilisation, p. 160	**Zaz** chante super!
la mode [lamɔd]	die Mode	Je voudrais travailler dans **la mode**.
être à la mode [ɛtʀalamɔd]	*hier:* modische Kleidung tragen	Ma copine **est** toujours **à la mode**.
Jena Lee [ʒenali]	*französische R&B-Sängerin* ▶Civilisation, p. 160	La musique de **Jena Lee** est trop cool!
le R&B [ləɛʀɛnbi]	R&B *Musikrichtung*	J'adore **le R&B** de Jena Lee.
C'est top! [sɛtɔp] *fam.*	Das ist toll!	= C'est super!
marron [maʀɔ̃] *adj. inv.*	braun	Tu aimes la couleur **marron**?
vert/verte [vɛʀ/vɛʀt] *adj.*	grün	Tu veux une pomme **verte** ou rouge?
jaune [ʒon] *m./f. adj.*	gelb	Tu as acheté une casquette **jaune**?!
rose [ʀoz] *m./f. adj.*	rosa	Audrey aime les vêtements **roses**.
orange [ɔʀɑ̃ʒ] *m./f. adj.*	orange	Tu cherches ton pull **orange**? Regarde là.

Banque de mots (facultatif) Le look | Das Outfit

les chaussures [leʃosyʀ] *f. pl.*
die Schuhe

(la chemise) à carreaux
[laʃəmizakaʀo]
(das) gestreifte (Hemd)

le collant [ləkɔlɑ̃]
die Strumpfhose

la robe (à pois) [laʀɔbapwa]
(das) gepunktete (Kleid)

l'écharpe *f.* [leʃaʀp]
der Schal

le chapeau [ləʃapo]
der Hut

la jupe [laʒyp]
der Rock

le piercing [ləpiʀsiŋ]
das Piercing

(le tee-shirt) à rayures
[lətiʃœʀtaʀejyʀ]
(das) gestreifte (T-Shirt)

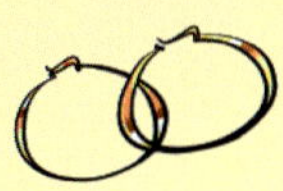

les boucles d'oreilles
[lebukldɔʀɛj] *f. pl.*
die Ohrringe

Unité 3 | Texte A

p. 37 1 en ligne [ɑ̃liɲ]	Online, im Internet	J'adore faire des jeux **en ligne**.
ce/cet *m.* / cette *f.* / ces *m./f. pl.* [sə/sɛt/sɛt/se]	dieser/diese *Demonstrativbegleiter*	**Ces** bracelets sont jolis.

	les baskets [lebaskɛt] *f. pl.*	die Turnschuhe	Je porte toujours des **baskets** noires.
	Ce n'est pas mon truc. [sənɛpɑmɔ̃tʀyk]	Das ist nicht mein Ding.	Le sport, **ce n'est pas mon truc.**
	il te plaît / elle te plaît [iltəplɛ/ɛltəplɛ]	er gefällt dir / sie gefällt dir	Cette ceinture, **elle te plaît**?
	en S / en M / en L / en XL [ɑ̃ɛs/ɑ̃ɛm/ɑ̃ɛl/ɑ̃iksɛl]	in S/M/L/XL *Kleidergröße*	Vous avez ce pull **en S**?
	cher/chère [ʃɛʀ] *adj.*	teuer	Ce livre est **cher**. Il coûte 33 euros.
	coûter cher [kuteʃɛʀ]	teuer sein	Regarde. Les pommes **coûtent cher** ici.
p. 37 2	essayer qc [eseje]	etw. (an)probieren, etw. versuchen ▶Verbe en -er, p. 167	Noah, tu veux **essayer** cette casquette? Elle est cool.
	il te va bien / elle te va bien [iltəvabjɛ̃/ɛltəvabjɛ̃]	er/sie/es steht dir gut	Ce look **te va bien**.
	le prix / les prix [ləpʀi/lepʀi]	der Preis	C'est trois casquettes pour **le prix** de deux.
	J'en prends (deux). [ʒɑ̃pʀɑ̃dø]	Ich nehme (zwei) davon.	C'est bon, les bonbons? **J'en prends deux!**
	encore [ɑ̃kɔʀ]	(auch) noch, (immer) noch	Tu veux **encore** des bananes?
	moche [mɔʃ] *m./f. adj. fam.*	hässlich	≠ joli/jolie
	Excusez-moi. [ɛkskyzemwa]	Entschuldigen Sie! / Entschuldigt!	**Excusez-moi**, je suis en retard.
	Excuse-moi. [ɛkskyzmwa]	Entschuldige!	**Excuse-moi**, j'ai rêvé.

	oublier qn/qc [ublie]	jdn/etw. vergessen ▶Verbe en -er, p. 167	J'ai **oublié** mon sac.
	Je vous en prie. [ʒəvuzɑ̃pʀi]	Bitte sehr. *Antwort auf Merci.*	
p. 38 3	tard [taʀ] *adv.*	spät	Mon frère rentre **tard**.
	plus tard [plytaʀ]	später	**Plus tard**, je voudrais être sauveteur.
	Qu'est-ce que tu vas mettre? [kɛskətyvamɛtʀ]	Was wirst du anziehen?	**Qu'est-ce que tu vas mettre** pour ton anniversaire?

Bonne idée! [bɔnide]	Gute Idee!	Vous organisez une fête? **Bonne idée!**
la robe [laʀɔb]	das Kleid	Ma mère a 22 **robes**!

Unité 3 | Texte B

p. 42	**te** [tə]	dir/dich *Objektpronomen, 2. Pers. Sg.*	Pourquoi est-ce que tu as fait ça? Je ne **te** comprends pas.

me	mir/mich	**te**	dir/dich	**nous**	uns	**vous**	euch

le tatouage [lətatwaʒ]	die Tätowierung	tattoo
contre [kɔ̃tʀ]	gegen, dagegen	≠ pour
donner qc à qn [dɔne]	jdm etw. geben ▶Verbe en -er, p. 167	Je te **donne** mon adresse.
le conseil [ləkɔ̃sɛj]	der Ratschlag	Mes parents me donnent souvent des **conseils**.
Toulouse [tuluz]	*Stadt in Südfrankreich*	**Toulouse**, c'est une ville en France.
la vie [lavi]	das Leben	À Paris, la **vie** coûte cher.
Plougastel [plugastɛl]	*Stadt im Nordwesten Frankreichs*	Il habite à **Plougastel**.
il faut [ilfo] + *inf.*	man muss + *Infinitiv*	**Il faut** préparer le dessert maintenant.
il ne faut pas [ilnəfopɑ] + *inf.*	man darf nicht + *Infinitiv*	On a une interro. **Il ne faut pas** être en retard.
baisser qc [bese]	etw. senken ▶Verbe en -er, p. 167	Les sauveteurs ont **baissé** le drapeau rouge.
le bras / **!** **les bras** [ləbʀɑ/lebʀɑ]	der Arm	Je voudrais un tatouage sur **le bras**.
baisser les bras [beselebʀɑ]	*hier:* aufgeben	Ne **baisse** pas **les bras**.
trouver qn/qc [tʀuve]	jdn/etw. finden ▶Verbe en -er, p. 167	Il a **trouvé** ses clés sous son lit.
l'argument [laʀgymɑ̃] *m.*	das Argument	Je ne trouve pas d'**arguments**.
tu pourrais [typuʀɛ]	du könntest	**Tu pourrais** aider ta sœur.
Bonne chance! [bɔnʃɑ̃s]	Viel Glück!	**Bonne chance** pour l'interro!
Chantilly [ʃɑ̃tiji]	*Stadt im Norden Frankreichs*	– Tu habites où? – À **Chantilly**.

la crème Chantilly die Schlagsahne

sexy [sɛksi] *adj. inv.*	sexy	Cette robe est très **sexy**.
parler à qn [paʀlea]	mit jdm sprechen ▶Verbe en -er, p. 167	Tu as **parlé à** la prof?
le spécialiste / la spécialiste [ləspesjalist/laspesjalist]	der Spezialist / die Spezialistin	Dans ma classe, je suis la **spécialiste** des mangas.
expliquer qc à qn [ɛksplike]	jdm etw. erklären ▶Verbe en -er, p. 167	(to) explain
le risque [ləʀisk]	das Risiko	risk
le studio (de tatouage) [ləstydjodətatwaʒ]	das (Tätowier-)Studio	On va visiter **un studio** de télévision!
montrer qc à qn [mɔ̃tʀe]	jdm etw. zeigen ▶Verbe en -er, p. 167	Tu me **montres** ton portable?
l'instrument [lɛ̃stʀymɑ̃] *m.*	das Instrument	Dans un studio de tatouage, on utilise des **instruments**.
le cou [ləku]	der Hals, der Nacken	Tu veux avoir un tatouage dans le **cou**?
le métier [ləmetje]	der Beruf	Ma mère est prof. C'est son **métier**.
il met / elle met [ilmɛ/ɛlmɛ]	er zieht an / sie zieht an	Nadine **met** son jean préféré.

mettre qc [mɛtʀ]	je mets	ich ziehe an	nous mettons	wir ziehen an
setzen, stellen,	tu mets	du ziehst an	vous mettez	ihr zieht an / Sie ziehen an
legen,	il/elle met	er/sie zieht an	ils/elles mettent	sie ziehen an
hier: anziehen	on met	man zieht an / wir ziehen an	j'ai mis	ich habe angezogen

Où est-ce que j'ai mis les clés?
Wohin habe ich die Schlüssel **gelegt**?

Il met la table.
Er **deckt** den Tisch.

Elle met les photos sur Internet.
Sie **stellt** die Fotos ins Internet **ein**.

Elle a mis son pull préféré.
Sie hat ihren Lieblingspulli **angezogen**.

être à l'aise [ɛtʀalɛz]	sich wohl fühlen	Patrick n'**est** pas **à l'aise** dans son pantalon.
permettre qc à qn [pɛʀmɛtʀ]	jdm etw. erlauben *wird wie* mettre *konjugiert, p. 169*	Mes parents ne me **permettent** pas de tatouage au bras.
l'avenir [lavniʀ] *m.*	die Zukunft	Pourquoi est-ce que tu as peur de **l'avenir**?
Montélimar [mɔ̃telimaʀ]	*Stadt im Süden Frankreichs*	**Montélimar** est une ville en France.

temporaire [tɑ̃pɔʀɛʀ] *m./f. adj.*	vorübergehend, zeitlich begrenzt	Ma sœur a trouvé un travail **temporaire**.
mal [mal] *adv.*	schlecht	≠ bien
faire mal [fɛʀmal]	wehtun	Je suis tombée du skate. Ça a **fait mal**!

Trainiere die *Version* (Übersetzung F → D) mit dem zu *Unité 3* passenden Übersetzungstext, S. 158.

Module 2

Das Modul 2 ist bereits nach *Unité 2* einsetzbar. Der Wortschatz wird ab *Unité 4* als bekannt vorausgesetzt.

p. 52–53	la gare [lagaʀ]	der Bahnhof	Je suis à **la gare**.
	l'aller simple [lalesɛ̃pl] *m.*	die Fahrkarte für eine einfache Fahrt	On achète **un aller simple**.
	l'aller-retour [laleʀətuʀ] *m.*	die Hin- und Rückfahrkarte	Est-ce que vous voulez **un aller-retour**?
	le train [lətʀɛ̃]	der Zug	train
	le TGV [ləteʒeve] *(le train à grande vitesse)*	der TGV *Hochgeschwindigkeitszug, fährt bis zu 320 km/h*	Le **TGV** est un train.
	la voie [lavwa]	das Gleis	Le train arrive sur **la voie** 15.
	C'est quelle voie? [sɛkɛlvwa] *fam.*	Auf welchem Gleis?	Pardon, le train pour Lyon, **c'est quelle voie**?
	la SNCF [laɛsɛnseɛf]	*die französische Eisenbahngesellschaft (vgl. DB in Deutschland)*	Regarde, un train de **la SNCF** arrive.

Départs
TGV 6117 – 17 h 45 – Marseille St Charles
TGV 6179 – 21 h 17 – Nice Ville
TGV 5301 – 00 h 21 – Toulouse Malabiau

17 h 45: Il est dix-sept heures quarante-cinq.
21 h 17: Il est vingt-et-une heures dix-sept.
00 h 21: Il est zéro heure vingt-et-une (minutes).

! vingt-et-une minutes, trente-et-une minutes, quarante-et-une minutes, cinquante-et-une minutes
La minute und *l'heure* sind weiblich. Deshalb verwendest du bei 21, 31, 41 und 51 die weiblichen Zahlen.

l'auberge de jeunesse [lobɛʀʒdəʒœnɛs] *f.*	die Jugendherberge	On va passer le week-end à **l'auberge de jeunesse** de Nice.
ils viennent / elles viennent [ilvjɛn/ɛlvjɛn]	sie kommen	**Ils** ne **viennent** pas à ta fête?

venir [vəniʀ]	je viens	ich komme	nous venons	wir kommen
kommen	tu viens	du kommst	vous venez	ihr kommt / Sie kommen
	il/elle vient	er/sie kommt	ils/elles viennent	sie kommen
	on vient	man kommt / wir kommen	je suis venu/e	ich bin gekommen

le sexe [ləsɛks]	das Geschlecht
le lieu de naissance [ləljœdənɛsɑ̃s]	der Geburtsort
la date de départ [ladatdədepaʀ]	das Ankunftsdatum
la nationalité [lanasjonalite]	die Nationalität, Staatsangehörigkeit
le code postal [ləkɔdpɔstal]	die Postleitzahl
le pays [ləpei]	das Land

Module 3

Das Modul 3 ist bereits nach *Unité 3* einsetzbar. Der Wortschatz wird ab *Unité 4* als bekannt vorausgesetzt.

p. 54	**la récré** [laʀekʀe] ou **la récréation** [laʀekʀeasjɔ̃]	die Pause	Je mange toujours une tartine à **la récré**.
	enfin [ɑ̃fɛ]	endlich	Nous sommes **enfin** arrivés chez nos corres.
	la personnalité [lapɛʀsonalite]	die Persönlichkeit	personality
	l'humour [lymuʀ] *m.*	der Humor	humour
	la star [lastaʀ]	der Star ! *im Französischen immer weiblich*	star
	le fan / la fan [ləfan/lafan]	der Fan	Je suis **fan** de Zaz.
	surveiller qc/qn [syʀveje]	jdn/etw. beaufsichtigen, jdn/etw. überwachen	Le prof **surveille** la classe pendant l'interro.
p. 55	**Ça ne va pas?** [sanəvapɑ]	Geht es dir nicht gut?	Qu'est-ce que tu as? **Ça ne va pas?**
	l'infirmier *m.* / **l'infirmière** *f.* [lɛfiʀmje/lɛfiʀmjɛʀ]	der Krankenpfleger / die Krankenpflegerin ▶Civilisation, p. 160	Sébastien est **infirmier**.
	le/la documentaliste [lə/ladokymɑ̃talist]	der Bibliothekar / die Bibliothekarin *Person, die in der Schulbibliothek arbeitet*	**Le documentaliste** du CDI est très sympa.
	la brute [labʀyt]	der Grobian	J'ai peur de ces **brutes**.
	la bagarre [labagaʀ]	die Prügelei	Monsieur, il y a une **bagarre** dans la cour!
	la victime [laviktim]	das Opfer	victim
	les petits [lepəti]	die Kleinen	
	le billet de retard [ləbijedəʀətaʀ]	*Zettel, den sich Schüler/Schülerinnen beim CPE des Collège abholen müssen, wenn sie zu spät zum Unterricht erscheinen.*	

le médiateur / la médiatrice [ləmedjatœʀ/lamedjatʀis]	der/die Mediator/in	Tu as un problème? **La médiatrice** peut aider.
le conflit [ləkɔ̃fli]	der Konflikt	Je déteste les **conflits** à la maison.
la solution [lasɔlysjɔ̃]	die Lösung	🇬🇧 solution

Module 4 facultatif

Das Modul 4 ist bereits nach *Unité 2* einsetzbar. Der Wortschatz wird im Folgenden **nicht** als bekannt vorausgesetzt.

p. 57 **avoir mal au / à la / à l' / aux** [avwaʀmalo/ala/al/o] + *nom*	*(an einer Stelle)* Schmerzen haben, wehtun	J'**ai mal aux** pieds et toi?
J'ai mal au ventre. [ʒemalovɑ̃tʀ]	Ich habe Bauchschmerzen.	– Qu'est-ce que tu as? – **J'ai mal au ventre.**

Aïe! [aij]	Aua!	**Aïe!** J'ai mal aux dents.
le verre d'eau [ləvɛʀdo]	das Glas Wasser	Pour moi, **un verre d'eau**, s'il vous plaît.
la tisane [latizan]	der Kräutertee	Tu veux **une tisane**?
Tu veux t'allonger un peu? [tyvøtalɔ̃ʒeɛ̃pø]	Willst du dich ein bisschen hinlegen?	– J'ai mal à la tête. – **Tu veux t'allonger un peu?**
ouvrir la fenêtre [uvʀiʀlafənɛtʀ]	das Fenster öffnen	Tu peux **ouvrir la fenêtre**, s'il te plaît?
j'appelle [ʒapɛl]	ich rufe an	J'**appelle** mes grands-parents.
le médecin [ləmedsɛ̃]	der Arzt / die Ärztin	**Le médecin** ne travaille pas le mercredi.
le mouchoir [ləmuʃwaʀ]	das Taschentuch	Elle a toujours des **mouchoirs** dans son sac.

le pansement [ləpɑ̃smɑ̃]	der Verband, das Pflaster	Tu as **un pansement** pour moi? Merci!
Ça va mieux. [savamjø]	Es geht (mir) besser.	– Ça va? – Merci, **ça va mieux**.

Unité 4 | Approches

p. 58 l'ado [lado] *m./f. fam. ou* l'adolescent *m.* / l'adolescente *f.* [ladɔlɛsɑ̃/ladɔlɛsɑ̃t]	der/die Jugendliche	= le/la jeune
le réseau / ! les réseaux [ləʀezo/leʀezo]	das Netz, das Netzwerk	
le réseau social / ! les réseaux sociaux [ləʀesosɔsjal/ leʀesosɔsjo]	das soziale Netzwerk	

Mit dem Begriff *réseau social* (soziales Netzwerk) bezeichnet man ein Portal im Internet, in dem man sich ein Profil anlegen und Kontakte knüpfen kann.

le web [ləwɛb]	das Internet	= Internet
le profil [ləpʀɔfil]	das Profil	Tu as **un profil** sur Internet?
le prénom [ləpʀenɔ̃]	der Vorname	Je vais noter ton **prénom**.
l'œil / ! les yeux [lœj/lezjø] *m.*	das Auge	Elle m'a regardé dans **les yeux**.
le cheveu / ! les cheveux [ləʃəvø/leʃəvø]	das Haar	Les mèches dans **les cheveux** sont à la mode.
timide [timid] *m./f. adj.*	schüchtern	Ton frère est **timide**, non?
l'anglais [lɑ̃glɛ] *m.*	Englisch, die englische Sprache	J'apprends le français et **l'anglais**.

Au collège, on apprend **le** français, l'allemand et l'anglais.
In der Schule lernen wir Französisch, Deutsch und Englisch.
Merke: Du verwendest vor *français, allemand* und *anglais* den bestimmten Artikel, wenn du von den Schulfächern sprichst.
Aber: *parler français/anglais/allemand*

la série [laseʀi]	die Serie	Qui est le héros de cette **série**?
américain/américaine [ameʀikɛ̃/ameʀikɛn] *adj.*	amerikanisch	Je parle anglais et j'aime le R&B **américain**.
blond/blonde [blɔ̃/blɔ̃d] *adj.*	blond	J'ai les cheveux **blonds**, comme ma mère.
la matière [lamatjɛʀ]	das Schulfach	Tu as une **matière** préférée?
l'EPS [løpeɛs] *f. (l'Éducation physique et sportive)*	der Sportunterricht *Schulfach*	Maintenant, en **EPS**, on fait de la natation.

bon/bonne [bɔ̃/bɔn] *adj.*	gut	Ce gâteau est **bon**.
Ça me plaît. [samәplɛ]	Das gefällt mir.	Faire du cheval, **ça me plaît**.
les vacances [levakɑ̃s] *f. pl.*	die Ferien	Trop cool! Demain, ce sont **les vacances**.
Je n'en veux pas. [ʒәnɑ̃vøpa]	Das will ich nicht.	Non merci, **je n'en veux pas**.
p. 59 **brun/brune** [bʀɛ̃/bʀyn] *adj.*	braun, braunhaarig	Dans ma famille, nous sommes **bruns**.
petit/petite [pәti/pәtit] *adj.*	klein	≠ grand/grande
pas [pɑ]	nicht *In Sätzen oder Satzteilen ohne Verb steht* pas *ohne* ne.	– On regarde la télé? – Non, **pas** maintenant.
les arts plastiques [lezaʀplastik] *m. pl.*	Kunst *Schulfach*	En **arts plastiques**, on dessine des mangas.
nul/nulle [nyl] *adj.*	schlecht, doof	≠ bon/bonne
le jeu / ! les jeux [lәʒø/leʒø]	das Spiel	
le jeu vidéo / les jeux vidéo [lәʒøvideo/leʒøvideo]	das Computerspiel	
préférer qc [pʀefeʀe]	etw. bevorzugen, etw. lieber mögen	Tu **préfères** le jean bleu ou le jean noir?
le monstre [lәmɔ̃stʀ]	das Monster	On aime les histoires de **monstres**.
gentil/gentille [ʒɑ̃ti/ʒɑ̃tij] *adj.*	nett	Il ne faut pas avoir peur, ce chien est **gentil**.
C'est nul! [sɛnyl]	Das ist doof!	On n'a pas sport demain. **C'est nul!**

Banque de mots (facultatif) **La coiffure | Die Frisur**

les cheveux courts [leʃәvøkuʀ] *m. pl.*
kurze Haare

les cheveux longs [leʃәvølɔ̃] *m. pl.*
lange Haare

les cheveux lisses [leʃәvølis] *m. pl.*
glatte Haare

les cheveux frisés [leʃәvøfʀize] *m. pl.*
lockige Haare

les cheveux teints [leʃәvøtɛ̃] *m. pl.*
gefärbte Haare

la queue de cheval [lakødәʃәval]
der Pferdeschwanz

avoir une raie de côté [avwaʀynʀɛdәkote]
einen Seitenscheitel haben

avoir une frange [avwaʀynfʀɑ̃ʒ]
einen Pony haben

Elle est rousse. (Il est roux.) [ɛlɛʀus/ilɛʀu]
Sie ist (Er ist) rothaarig.

Il est châtain. (Elle est châtain.) [ilɛ̃ʃatɛ̃/ɛlɛʃatɛ̃]
Er ist (Sie ist) brünett.

Unité 4 | Texte A

p. 61	criminel/criminelle [kʀiminɛl] *adj.*	kriminell, verbrecherisch	On a utilisé ton profil? C'est **criminel**.
	Qu'est-ce qui s'est passé? [kɛskisɛpase]	Was ist passiert?	
	quelqu'un [kɛlkɛ̃]	(irgend)jemand	
	pirater qc [piʀate]	etw. hacken *illegal in Computer eindringen* ▶Verbe en -er, p. 167	
	manipuler qc [manipyle]	etw. manipulieren, etw. verändern ▶Verbe en -er, p. 167	

Das französische Wort *cyberharcèlement* umfasst Vergehen im Internet, die wir im Deutschen als „Cybermobbing" bezeichnen. *Harcèlement* bedeutet „Mobbing".

super [sypɛʀ]	Super- *zur Verstärkung vor Nomen, Adjektiven oder Adverbien*	J'ai trouvé un **super** cadeau pour mon copain.
le commentaire [ləkɔmɑ̃tɛʀ]	der Kommentar	Le prof fait toujours des **commentaires**.
le/la/l'/les [lə/la/l/le]	*direktes Objektpronomen, steht für ein direktes Objekt*	J'ai appelé ma sœur. Je **la** retrouve dans le parc.
effacer qc [efase]	etw. löschen ▶Verbe en -er, p. 167	! nous effaçons
l'ennemi *m.* / l'ennemie *f.* [lɛnmi]	der Feind / die Feindin	enemy ≠ l'ami / l'amie
le mot de passe [ləmodəpɑs]	das Passwort	Mon **mot de passe**, c'est le nom de mon chien.
horrible [ɔʀibl] *m./f. adj.*	schrecklich	horrible
la chose [laʃoz]	die Sache, das Ding	= le truc *fam.*
quelque chose [kɛlkəʃoz]	(irgend)etwas	Tu as compris **quelque chose**?
le principal / la principale [ləpʀɛ̃sipal/lapʀɛ̃sipal]	der Schulleiter / die Schulleiterin	principal
mettre qn au courant [mɛtʀkɛlkɛ̃okuʀɑ̃]	jdn informieren	Salut, Enzo! On t'a **mis au courant** pour la fête de Luc?

Unité 4 | Texte B

p. 66	! le site [ləsit]	die Internetseite	Elle va sur **le site** du collège.
	l'information [lɛ̃fɔʀmasjɔ̃] *f.* *ou* l'info [lɛ̃fo] *f. fam.*	die Info(rmation)	Où est-ce que tu as trouvé cette **information**?

important/importante [ɛ̃pɔʀtɑ̃/ɛ̃pɔʀtɑ̃t] *adj.*	wichtig	important
communiquer avec qn [kɔmynike]	mit jdm kommunizieren ▶Verbe en -er, p. 167	(to) communicate
être en contact avec qn [ɛtʀəɑ̃kɔ̃taktavɛk]	in Kontakt mit jdm sein	J'aime **être en contact avec** mes copains en France.
Attention! [atɑ̃sjɔ̃]	Achtung!	attention
faire attention à qc [fɛʀatɑ̃sjɔ̃a]	auf etw. aufpassen	Sarah, **fais attention aux** vagues!
la règle [laʀɛgl]	die Regel	Dans le sport, il y a des **règles**.
la sécurité [lasekyʀite]	die Sicherheit	security
Écris. [ekʀi]	Schreibe!	**Écris** ton prénom sur la feuille.

écrire qc à qn [ekʀiʀ] jdm etw. schreiben	j'écris	ich schreibe	nous écrivons	wir schreiben
	tu écris	du schreibst	vous écrivez	ihr schreibt / Sie schreiben
	il/elle écrit	er/sie schreibt	ils/elles écrivent	sie schreiben
	on écrit	man schreibt / wir schreiben	j'ai écrit	ich habe geschrieben

par exemple [paʀɛgzɑ̃pl]	zum Beispiel	On va acheter des boissons, **par exemple** du coca.
ne ... rien [nə...ʀjɛ̃]	nichts	Le dimanche, je **ne** fais **rien**.
ne ... personne [nə...pɛʀsɔn]	niemand	≠ tout le monde
imprimer qc [ɛ̃pʀime]	etw. (aus)drucken ▶Verbe en -er, p. 167	Tu peux **imprimer** cette feuille pour tout le monde?
prendre des notes [pʀɑ̃dʀədenɔt]	sich Notizen machen, mitschreiben	Il faut **prendre des notes** en cours d'histoire-géo.
comparer qn/qc (à qn/qc) [kɔ̃paʀe]	jdn/etw. (mit jdm/etw.) vergleichen ▶Verbe en -er, p. 167	(to) compare
copier qc [kopje]	etw. abschreiben, kopieren	Il **a copié** tes phrases? C'est horrible!
télécharger qc [teleʃaʀʒe]	etw. downloaden, etw. herunterladen ▶Verbe en -er, p. 167	! nous téléchargeons
partager qc [paʀtaʒe]	etw. teilen	Azélie **partage** sa chambre avec son frère.
légal/légale / ! légaux [legal/lego] *adj.*	legal	On utilise seulement des sites **légaux**.
taper qc [tape]	etw. tippen ▶Verbe en -er, p. 167	Je préfère **taper** mon exposé.
cliquer [klike]	klicken ▶Verbe en -er, p. 167	Il faut **cliquer** ici.
l'e-mail [limɛl] *m.*	die E-Mail	Tu m'écris **un e-mail**?
le blog [ləblɔg]	der Blog	Elle a mis des photos sur son **blog**.

ne ... jamais [nə…ʒamɛ]	nie	≠ toujours

Je **ne** veux **pas** faire du volley.
Ich will nicht Volleyball spielen.

Non, je **n'**appelle **personne**.
Nein, ich rufe niemanden an.

Moi, je **ne** visite **rien**.
Ich besichtige nichts.

Moi, je **ne** danse **jamais**.
Ich tanze nie.

le code [ləkɔd]	der Code	🇬🇧 code
différent/différente [difeʀɑ̃/difeʀɑ̃t] *adj.*	verschieden/anders	🇬🇧 different
@ = l'arobase [laʀɔbaz] *f.*	@, at	– «@», qu'est-ce que c'est en français? – C'est **l'arobase**.

Banque de mots (facultatif) **Sur Internet | Im Internet**

le navigateur [lənavigatœʀ]
der Browser

l'adresse e-mail [ladʀɛsimɛl] *f.*
die E-Mail-Adresse

le lien [ləljɛ̃]
der Link

le logiciel [ləlɔʒisjɛl]
die Software

le virus [ləviʀys]
das Virus

le filtre anti-spam [ləfiltʀɑ̃tispam]
der Spamfilter

la souris [lasuʀi]
die Maus

allumer l'ordinateur [alymelɔʀdinatœʀ]
den Computer einschalten

installer qc [ɛ̃stale]
etw. installieren

sauvegarder qc [sovgaʀde]
etw. speichern

Trainiere die *Version* (Übersetzung F → D) mit dem zu *Unité 4* passenden Übersetzungstext, S. 159.

Unité 5 | Approches

p. 76	**bientôt** [bjɛ̃to]	bald	C'est **bientôt** mon anniversaire.
	quinze jours [kɛ̃zʒuʀ]	vierzehn Tage, zwei Wochen	Dans **quinze jours**, c'est mon anniversaire.

🇫🇷 *quinze jours* 🇩🇪 14 Tage, zwei Wochen 🇫🇷 *huit jours* 🇩🇪 acht Tage, eine Woche

avant [avɑ̃]	vor *zeitlich*	≠ après
tu attends [tyatɑ̃]	du wartest ▶Verbe en -dre, p. 168	Tu rentres ou **tu attends** encore ton ami?

attendre qn/qc [atɑ̃dʀ] auf jdn/etw. warten	j'attends	ich warte	nous attendons	wir warten
	tu attends	du wartest	vous attendez	ihr wartet / Sie warten
	il/elle attend	er/sie wartet	ils/elles attendent	sie warten
	on attend	man wartet / wir warten	j'ai attendu	ich habe gewartet

Tu attends le bus? — Wartest du **auf** den Bus?
J'attends Sophie. Elle va bientôt arriver. — Ich warte **auf** Sophie. Sie wird bald kommen.

le jour J [ləʒuʀʒi]	der Tag X	Demain, c'est **le jour J**.
répondre à qn [ʀepɔ̃dʀ]	jdm antworten ▶Verbe en -dre, p. 168	→ la réponse
la chanson [laʃɑ̃sɔ̃]	das Lied	→ chanter
perdre qn/qc [pɛʀdʀ]	jdn/etw. verlieren ▶Verbe en -dre, p. 168	≠ trouver qn/qc
p. 77 vendre qc [vɑ̃dʀ]	etw. verkaufen ▶Verbe en -dre, p. 168	≠ acheter qc
les chips [leʃips] *f. pl.*	die Chips	Qui apporte des **chips** à la fête?
la liste [lalist]	die Liste	J'ai écrit mon nom dans **la liste**.
la liste des courses [lalistdekuʀs]	die Einkaufsliste	On fait **une liste des courses**.
faire les courses [fɛʀlekuʀs]	einkaufen *Lebensmittel*	Tu as **fait les courses**? Super!
entendre qn/qc [ɑ̃tɑ̃dʀ]	jdn/etw. hören ▶Verbe en -dre, p. 168	Tu **entends** quelque chose?

Il écoute mais il n'entend pas.

le voisin / la voisine [ləvwazɛ̃/lavwazin]	der Nachbar / die Nachbarin	Mes parents ont invité les **voisins**.
la police [lapɔlis]	die Polizei	Youpi! **La police** a trouvé mon vélo.
bravo [bʀavo]	bravo	**Bravo**, tu as 17 sur 20!

Unité 5 | Texte A

p. 79 fêter qc [fete]	etw. feiern ▶Verbe en -er, p. 167	→ la fête

l'année [lane] *f.*	das Jahr *in seinem Verlauf*	Cette **année**, je vais faire beaucoup de sport.

Maintenant, il a quinze **ans**.

Cette **année**, elle va passer les vacances en France.

sortir [sɔʀtiʀ]	ausgehen ▶Verbe en -ir, p. 167	Cet après-midi, je **sors** avec mes amis.

sortir [sɔʀtiʀ] ausgehen	je sors	ich gehe aus	nous sortons	wir gehen aus
	tu sors	du gehst aus	vous sortez	ihr geht aus / Sie gehen aus
	il/elle sort	er/sie geht aus	ils/elles sortent	sie gehen aus
	on sort	man geht aus / wir gehen aus	je suis sorti/e	ich bin ausgegangen

Elle sort avec Jean-Luc. Sie geht mit Jean-Luc.

l'Aïd-el-Fitr [laidɛlfitʀ] *f.*	das Ramadanfest, das Zuckerfest ▶Civilisation, p. 160	Tu aimes bien **l'Aïd-el-Fitr**?
le plat [ləpla]	das Gericht, das Hauptgericht *Essen*	Mon **plat** préféré, ce sont les spaghettis.
traditionnel/traditionnelle [tʀadisjɔnɛl] *adj.*	traditionell	Est-ce qu'il y a un plat **traditionnel** dans ta région?
le couscous [ləkuskus]	Couscous *nordafrikanisches Gericht* ▶Civilisation, p. 160	**Le couscous**, c'est bon!
le tajine [lətaʒin]	Tajine *nordafrikanisches Gericht* ▶Civilisation, p. 160	J'adore manger **le tajine** de mon oncle.
la fête des voisins [lafɛtdevwazɛ̃]	*Nachbarschaftsfest* ▶Civilisation, p. 160	À **la fête des voisins**, tout le monde est dans la rue.
Noël [nɔɛl]	Weihnachten ▶Civilisation, p. 160	Vous allez passer **Noël** chez tes grands-parents?
partir [paʀtiʀ]	fahren, wegfahren ▶Verbe en -ir (comme sortir), p. 167	≠ arriver
Gap [gap]	*Stadt im Südosten Frankreichs*	On va à **Gap**.
les treize desserts [letʀɛzdesɛʀ] *m. pl.*	*südfranzösische Weihnachtstradition* ▶Civilisation, p. 160	À Noël, on mange les **treize desserts**.
minuit [minɥi] *m.*	Mitternacht	≠ midi

puis [pɥi] *adv.*	dann	= après = ensuite ≠ d'abord
le sapin [ləsapɛ̃]	die Tanne, der Tannenbaum	Nous avons acheté **un sapin** de Noël.
la cabane [lakaban]	die Hütte	Il y a **une cabane** derrière la maison.
la fête des cabanes [lafɛtdekaban]	das Laubhüttenfest, Sukkot ▶Civilisation, p. 160	Demain, c'est **la fête des cabanes**.
le jardin [ləʒaʀdɛ̃]	der Garten	Nous avons une cabane dans **le jardin**.
dormir [dɔʀmiʀ]	schlafen ▶Verbe en -ir (comme sortir), p. 167	Ce week-end, je vais **dormir** chez ma copine.
pendant [pɑ̃dɑ̃]	während	Qu'est-ce que tu vas faire **pendant** les vacances?
le nouvel an [lənuvɛlɑ̃]	Neujahr	**Le nouvel an**, c'est le premier jour de l'année.
chinois/chinoise [ʃinwa/ʃinwaz] *adj.*	chinesisch	Ma tante nous prépare un plat **chinois**.
le Nouvel An Chinois [lənuvɛlɑ̃ʃinwa]	das chinesische Neujahrsfest ▶Civilisation, p. 160	Pour **le Nouvel An Chinois**, on va à Paris.
quel/quelle [kɛl]	welcher/welche *Fragebegleiter*	**Quelle** couleur est-ce que tu préfères?
Avec qui? [aveki]	Mit wem?	Tu sors **avec qui**?

Banque de mots (facultatif) **Les fêtes | Die Feste**

le carnaval [ləkaʀnaval]
der Karneval, der Fasching

la fête des enfants [lafɛtdezɑ̃fɑ̃]
çocuk bayrami, das Kinderfest

le feu de la Saint-Jean [ləfødəlasɛ̃ʒɑ̃]
das Johannisfeuer

la course des bergers [lakuʀsdebɛʀge]
der Schäferlauf

la fête foraine [lafɛtfɔʀɛn]
die Kirmes, das Volksfest

Pâques [pɑk]
Ostern

la nuit de Walpurgis [lanɥidəvalpyʀʒis]
die Walpurgisnacht

la fête de la bière [lafɛtdəlabjɛʀ]
das Oktoberfest

Halloween [alɔwin] *f.*
Halloween

ma fête [mafɛt]
mein Namenstag

Unité 5 | Texte B

p. 83–84	la recette [laʀəsɛt]	das Rezept	Miam, c'est bon. Tu me donnes **la recette**?
	les oreillettes [lezɔʀɛjɛt] *f. pl.*	*Gebäck, wörtl.: Öhrchen* ▶Civilisation, p. 160	J'adore les **oreillettes** de Montpellier.
	le projet [ləpʀɔʒɛ]	das Projekt, der Plan	Vous avez des **projets** pour les vacances?
	présenter qn/qc à qn [pʀezɑ̃te]	jdm jdn/etw. präsentieren, vorstellen ▶Verbe en -er, p. 167	(to) present
	la spécialité [laspesjalite]	die Spezialität	→ le/la spécialiste
	le film [ləfilm]	der Film	Tu veux regarder ce **film** avec moi?
	il faut du / de la / de l' / des [ilfody/dəla/dəl/de] + *nom*	man braucht	**Il faut de la** musique pour une fête!
	la farine [lafaʀin]	das Mehl	On achète de **la farine** et des œufs.
	le sucre [ləsykʀ]	der Zucker	sugar
	la levure [laləvyʀ]	das Backpulver	Il y a assez de **levure** pour ce gâteau.
	! le citron [ləsitʀɔ̃]	die Zitrone	
	le zeste de citron [ləzɛstdəsitʀɔ̃]	die (abgeriebene) Zitronenschale	
	le sucre vanillé [ləsykʀvanije]	der Vanillezucker	Tu achètes du **sucre vanillé**, s'il te plaît?
	le reste [ləʀɛst]	der Rest	→ rester
	coller [kɔle]	kleben ▶Verbe en -er, p. 167	On **colle** les photos au mur.
	nous devons (faire qc) [nudəvɔ̃]	wir müssen (etw. tun)	**Nous devons** rentrer avant 22 heures.

devoir [dəvwaʀ]	je dois	ich muss	nous devons	wir müssen
müssen	tu dois	du musst	vous devez	ihr müsst / Sie müssen
ne pas devoir (faire qc)	il/elle doit	er/sie muss	ils/elles doivent	sie müssen
(etw.) nicht (tun) sollen	on doit	man muss / wir müssen	j'ai dû	ich habe gemusst

rajouter qc (à qc) [ʀaʒute]	etw. (einer Sache) hinzufügen ▶Verbe en -er, p. 167	
la pâte [lapat]	der Teig	

fin/fine [fɛ̃/fin] *adj.*	fein	
couper qc [kupe]	etw. schneiden	
découper qc [dekupe]	etw. (aus)schneiden ▶Verbe en -er, p. 167	
le carré [ləkaʀe]	das Viereck	
l'huile [lɥil] *f.*	das Öl	On rajoute du beurre ou de **l'huile**?
chaud/chaude [ʃo/ʃod] *adj.*	warm, heiß	Attention! Les oreillettes sont **chaudes**!
le sucre glace [ləsykʀglas]	der Puderzucker	Nous mettons du **sucre glace** sur le gâteau.
combien de [kɔ̃bjɛ̃də] + *nom*	wie viel / wie viele	**Combien de** sucre est-ce qu'il faut mettre?
la personne [lapɛʀsɔn]	die Person	C'est **une personne** importante pour moi.
le gramme [ləgʀam]	das Gramm	Rajoute cent **grammes** de sucre.
le millilitre [ləmililitʀ]	der Milliliter	Il faut cinquante **millilitres** de lait.

1000 (mille) grammes de farine
= 1 kilo(gramme) de farine

1000 (mille) millilitres de lait
= 1 litre de lait
Die Zahlen bis 1000 findest du auf S. 166.

J'en veux. [ʒɑ̃vø]	Davon möchte ich.	Tu prépares une salade? Miam, **j'en veux**!

Banque de mots (facultatif) **Le sandwich | Das Sandwich**

le pain [ləpɛ̃]
das Brot

les crudités [lekʀydite] *f. pl.*
rohes Gemüse

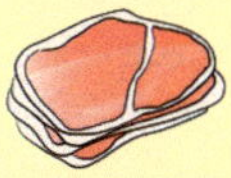

le jambon [ləʒɑ̃bɔ̃]
der Schinken

la moutarde [lamutaʀd]
der Senf

le steak haché [ləstɛkaʃe]
das Hacksteak

la tapenade [latapənade]
die Olivenpaste

le concombre [ləkɔ̃kɔ̃bʀ]
die Gurke

le sel [ləsɛl]
das Salz

les oignons [lezɔɲɔ̃] *m. pl.*
die Zwiebeln

le poivre [ləpwavʀe]
der Pfeffer

Trainiere die *Version* (Übersetzung F → D) mit dem zu *Unité 5* passenden Übersetzungstext, S. 159.

Unité 6 | Approches

p. 92	la passion [lapasjɔ̃]	die Leidenschaft	passion
	Titeuf [titœf]	*französische Comicfigur* ▶Civilisation, p. 160	Tu as une bédé de **Titeuf**?
	drôle [dʀol] *m./f. adj.*	lustig	Titeuf est trop **drôle**!
	David Guetta [davidgɛta]	*französischer Musiker* ▶Civilisation, p. 160	Moi, j'adore la musique de **David Guetta**.
	admirer qn/qc [admiʀe]	jdn/etw. bewundern ▶Verbe en -er, p. 167	(to) admire
	tout/toute/tous/toutes [tu/tut/tus/tut]	ganz, alle *Indefinitbegleiter*	Je t'ai cherché dans **toute la** maison!
	toute sa vie [tutsavi]	sein/ihr ganzes Leben lang	**Toute sa vie**, il a habité dans cette maison.
	le continent [ləkɔ̃tinɑ̃]	der Kontinent	Ils sont allés sur trois **continents**!
	gagner qc [gaɲe]	etw. gewinnen, (Geld) verdienen ▶Verbe en -er, p. 167	≠ perdre qc
	l'étape [letap] *f.*	die Etappe, die Strecke	Qui a gagné cette **étape**?
	! le Tour de France [ləturdəfʀɑ̃s]	die Tour de France *Radrennen* ▶Civilisation, p. 160	
	C'est génial! [sɛʒenjal]	Das ist genial!	= C'est top! = C'est super!
p. 93	Kylian Mbappé [kilianɛmbape]	*französischer Fußballspieler* ▶Civilisation, p. 160	
	! le footballeur / la footballeuse [ləfutbalœʀ/lafutbaløz]	der Fußballspieler / die Fußballspielerin	
	la coupe [lakup]	der Pokal	Qui a gagné **la coupe** cette année?
	la médaille [lamedaj]	die Medaille	C'est ma première **médaille**.
	le championnat [ləʃɑ̃pjɔna]	die Meisterschaft	Ce soir, il y a **le championnat** de foot à la télé.
	le monde [ləmɔ̃d]	die Welt	Ils ont gagné la coupe du **monde**.
	l'Europe [løʀɔp] *f.*	Europa	La France et l'Allemagne sont en **Europe**.
	la ligue [lalig]	die Liga	Ils sont montés en **ligue** B.
	le champion / la championne [ləʃɑ̃pjɔ̃/laʃɑ̃pjɔn]	der Meister / die Meisterin, der Sieger / die Siegerin	champion

le Championnat du Monde	le Championnat d'Europe	la Ligue des Champions
die Weltmeisterschaft	die Europameisterschaft	die Champions League

Marie Dal Zotto [maʀidalzɔto]	*französische Schauspielerin* ▶Civilisation, p. 160	Selma admire **Marie Dal Zotto**.
l'acteur *m.* / l'actrice *f.* [laktœʀ/laktʀis]	der Schauspieler / die Schauspielerin	actor/actress
le talent [lətalɑ̃]	das Talent	La natation, c'est mon hobby. J'ai du **talent**.
jouer [ʒwe]	spielen ▶Verbe en -er, p. 167	→ le jeu
Mention particulière [mɑ̃sjɔ̃paʀtikyljɛʀ]	*französischer Fernsehfilm* ▶Civilisation, p. 160	J'aimerais regarder le film «**Mention particulière**».

Unité 6 | Texte A

p. 96	en direct [ɑ̃diʀɛkt]	live *im Radio, im Internet*	J'adore les concerts **en direct**.
	le podcast [ləpɔtkast]	der Podcast	J'écoute souvent des **podcasts**.
	rencontrer qn [ʀɑ̃kɔ̃tʀe]	jdn treffen ▶Verbe en -er, p. 167	Hier, j'ai **rencontré** ma voisine en ville.
	le commentateur / la commentatrice [ləkɔmɑ̃tatœʀ/lakɔmɑ̃tatʀis]	der Reporter / die Reporterin	→ le commentaire
	l'interview [lintɛʀvju] *f.*	das Interview	Hier, j'ai regardé **une interview** à la télé.
	lui [lɥi] *m./f. sg.*	*indirektes Objektpronomen*	Manu? Je vais **lui** expliquer ton idée.
	poser qc [poze]	etw. hinstellen, etw. hinlegen ▶Verbe en -er, p. 167	
	poser des questions à qn [pozedekɛstjɔ̃]	jdm Fragen stellen	
	penser [pɑ̃se]	denken ▶Verbe en -er, p. 167	
	le meilleur / la meilleure [ləmɛjœʀ/lamɛjœʀ] + *nom*	der/die/das beste	C'est **le meilleur** élève du collège. Il travaille beaucoup.
	le joueur / la joueuse [ləʒwœʀ/laʒwøz]	der Spieler / die Spielerin	→ jouer → le jeu
	l'équipe [lekip] *f.*	die Mannschaft	On joue ensemble dans **l'équipe** de foot.
	jeune [ʒœn] *m./f. adj.*	jung	Tu es encore **jeune**!
	motivé/motivée [mɔtive] *adj.*	motiviert	Elle est **motivée** pour l'interro.
	leur [lœʀ] *m./f. pl.*	ihnen *indirektes Objektpronomen, 3. Pers. Pl.*	Anna et Max arrivent à minuit. Je **leur** donne les clés, d'accord?
	la compétition [lakɔ̃petisjɔ̃]	der Wettbewerb, der Wettkampf	competition

le succès [ləsyksɛ]	der Erfolg	🇬🇧 success
surtout [syʀtu] *adv.*	vor allem	Djénaé aime **surtout** aller à la mer.
Ça dépend. [sadepɑ̃]	Das kommt darauf an.	– Tu aimes les tatouages? – **Ça dépend.**
à (douze) ans [aduzɑ̃]	mit (zwölf) Jahren	**À douze ans**, on est en sixième.
le plaisir [ləpleziʀ]	das Vergnügen, der Spaß	🇬🇧 pleasure
C'est ça qui compte. [sɛsakikɔ̃t]	Das ist es, was zählt.	Tu es contente? **C'est ça qui compte.**
cela [səla]	das	= ça *fam.*
ex- [ɛks] + *nom*	Ex-, ehemalige/r + *Nomen*	Sara, c'est ton **ex**-femme?
! le handballeur / la handballeuse [ləˈɑ̃dbalœʀ/ laˈɑ̃dbaløz]	der Handballspieler / die Handballspielerin	Ce **handballeur** est super! 
l'entraîneur / l'entraîneuse [lɑ̃tʀɛnœʀ/lɑ̃tʀɛnøz]	der Trainer / die Trainerin	
être copains / être copines [ɛtʀkɔpɛ̃/ɛtʀkɔpin]	Freunde/Freundinnen sein	

Unité 6 | Texte B

p. 99 Nîmes [nim]	*Stadt im Süden Frankreichs* ▶Civilisation, p. 160	Je voudrais visiter **Nîmes**.
j'ai vu [ʒɛvy]	ich habe gesehen	Mardi, **j'ai vu** un film français.

voir qn/qc [vwaʀ] jdn/etw. sehen	je vois	ich sehe	nous voyons	wir sehen
	tu vois	du siehst	vous voyez	ihr seht / Sie sehen
	il/elle voit	er/sie sieht	ils/elles voient	sie sehen
	on voit	man sieht / wir sehen	j'ai vu	ich habe gesehen

la corrida [lakɔʀida]	der Stierkampf	Je voudrais voir **une corrida**.
depuis [dəpɥi]	seit	Je connais ma copine **depuis** beaucoup d'années.
le toréro [lətɔʀeʀo]	der Torero, der Stierkämpfer / die Stierkämpferin	Le héros de mon ami est **toréro** à Montpellier.
l'entraînement [lɑ̃tʀɛnmɑ̃] *m.*	das Training	l'entraîneur *m.* / l'entraîneuse *f.*
l'arène [laʀɛn] *f.*	die (Stierkampf-) Arena	Le toréro est déjà dans **l'arène**.
le taureau / ! les taureaux [lətɔʀo/letɔʀo]	der Stier	Regarde, **le taureau** arrive!

je lis [ʒəli]	ich lese	Je **lis** des bédés.

lire qc [liʀ] etw. lesen

je lis	ich lese	nous lisons	wir lesen
tu lis	du liest	vous lisez	ihr lest / Sie lesen
il/elle lit	er/sie liest	ils/elles lisent	sie lesen
on lit	man liest / wir lesen	j'ai lu	ich habe gelesen

le respect [ləʀɛspɛ]	der Respekt	respect
Nimeño II [nimeɲodø]	*französischer Stierkämpfer* ▶Civilisation, p. 160	**Nimeño II** est un toréro français.
jouer de [ʒwedə] + *instrument*	*(ein Musikinstrument)* spielen	→ le joueur / la joueuse → le jeu
le piano [ləpjano]	das Klavier	
l'accordéon [lakɔʀdeɔ̃] *m.*	das Akkordeon	
la guitare [lagitaʀ]	die Gitarre	
le rugby [ləʀygbi]	Rugby	
le sport d'équipe [ləspɔʀdekip]	der Mannschaftssport	
jouer à [ʒwea] + *sport*	*einen Mannschaftssport treiben, (ein Spiel)* spielen	→ le joueur / la joueuse → le jeu
deux heures de (maths) [døzœʀdə]	zwei Stunden (Mathe)	On a toujours **deux heures de** maths.
tous les soirs [tuleswaʀ]	jeden Abend	**Tous les soirs**, on a regardé la télé.

tous les après-midi,
tous les jours,
toutes les semaines,
tous les week-ends

Zusammen mit Zeitangaben bedeutet *tous/toutes* (im Plural) „jeder/jede/jedes".

le match [ləmatʃ]	das Match, das Spiel	Tu regardes **le match** de foot avec moi?
par (jour/semaine/année) [paʀʒuʀ/paʀsəmɛn/paʀane]	pro (Tag/Woche/Jahr)	L'entraînement coûte 15 euros **par** semaine.
l'internat [lɛ̃tɛʀna] *m.*	das Internat	J'ai trouvé des amis à **l'internat**.
l'emploi du temps [lɑ̃plwadytɑ̃] *m.*	der Stundenplan	La prof a donné **l'emploi du temps** aux élèves.
lourd/lourde [luʀ/luʀd] *adj.*	schwer, *hier:* voll	Mon sac est trop **lourd**.
de … à [də…a]	von … bis *bei Uhrzeiten*	J'ai cours **de** 8 heures **à** 13 heures.
la douche [laduʃ]	die Dusche	Louis est sous **la douche**.
téléphoner à qn [telefɔnea]	mit jdm telefonieren ▶Verbe en -er, p. 167	= appeler qn

dur/dure [dyʀ] *adj.*	hart	Le rugby est un sport **dur**.
Ça m'est égal. [samɛtegal]	Das ist mir egal.	– Tu veux une pomme verte ou une pomme rouge? – **Ça m'est égal.**

Banque de mots (facultatif) **Les instruments et les jeux | Musikinstrumente und Spiele**

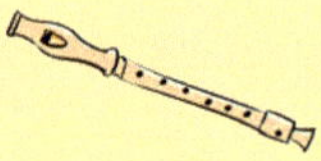

la flûte [laflyt]
die Flöte

le violon [ləvjɔlɔ̃]
die Geige

la batterie [labatʀi]
das Schlagzeug

la (guitare) basse
[lagitaʀbɑs]
die (Bass)Gitarre

le synthé
[ləsɛ̃te] *fam.*
das Keyboard

→ jouer de

les cartes
[lekaʀt] *f. pl.*
die (Spiel)Karten

le baby-foot
[ləbabifut]
der Kicker

les échecs
[lezeʃɛk] *m. pl.*
Schach

le ping-pong
[ləpiŋpɔ̃g]
Tischtennis

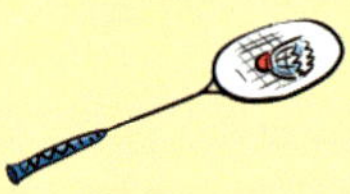

le badminton
[ləbadmintɔn]
Badminton

→ jouer à

Trainiere die *Version* (Übersetzung F → D) mit dem zu *Unité 6* passenden Übersetzungstext, S. 159.

Unité 7 | Approches

p. 110 **Bonnes vacances!** [bɔnvakɑ̃s]	Schöne Ferien!	**Bonnes vacances!** Tu pars chez tes grands-parents?
Découvrez. [dekuvʀe] *imp.*	Entdeckt! / Entdecken Sie! ▶Verbe en -ir, p. 168	(to) discover

découvrir qc [dekuvʀiʀ] etw. entdecken	je découvre	ich entdecke	nous découvrons	wir entdecken
	tu découvres	du entdeckst	vous découvrez	ihr entdeckt / Sie entdecken
	il/elle découvre	er/sie entdeckt	ils/elles découvrent	sie entdecken
	on découvre	man entdeckt / wir entdecken	j'ai découvert	ich habe entdeckt

la Camargue [lakamaʀg]	die Camargue *Landschaft im Süden Frankreichs* ▶Civilisation, p. 160	En **Camargue**, il y a beaucoup de chevaux.

du ... au [dy…o] + *date*	vom ... bis zum *bei Datumsangaben*	Le festival est **du** 3 **au** 5 juillet.
le canoë [ləkanoe]	das Kanu	En Camargue, on peut faire du **canoë**.
le camping [ləkɑ̃piŋ]	der Campingplatz, *auch:* das Zelten	Cette année, on va passer les vacances au **camping**.
la spéléo [laspeleo] *fam.* *ou* la spéléologie [laspeleolɔʒi]	die Höhlenforschung	speleology
la terre [latɛʀ]	die Erde, *auch:* die Welt	
sur terre [syʀtɛʀ]	auf der Erde, über der Erde, oberirdisch	≠ sous terre
traverser qc [tʀavɛʀse]	etw. durchqueren, etw. überqueren ▶Verbe en -er, p. 167	Maintenant, on **traverse** la rue.
la gorge [lagɔʀʒ]	die Schlucht	Dans les **gorges**, j'ai eu peur.
les Gorges de l'Hérault [legɔʀʒdəleʀo] *f. pl.*	die Hérault-Schluchten ▶Civilisation, p. 160	Les **Gorges de l'Hérault** sont près de Montpellier.
descendre [desɑ̃dʀ]	hinabsteigen ▶Verbe en -dre, p. 168	≠ monter
la colonie de vacances [lakɔlɔnidəvakɑ̃s]	das Ferienlager	On part en **colonie de vacances** à la mer.
Ganges [gɑ̃ʒ]	*kleine Stadt nördlich von Montpellier* ▶Civilisation, p. 160	
la Grotte des Demoiselles [lagʀɔtdedəmwazɛl]	*Karsthöhle* ▶Civilisation, p. 160	
le pont [ləpɔ̃]	die Brücke	On traverse **le pont**, puis on est là.
le Pont du Diable [ləpɔ̃dydiabl]	die Teufelsbrücke *Steinbrücke aus dem 11. Jahrhundert, bei Saint-Guilhem-le-Désert*	**Le Pont du Diable** est près de Saint-Guilhem-le-Désert.
p. 111 le Pont du Gard [ləpɔ̃dygaʀ]	*römische Aquäduktbrücke* ▶Civilisation, p. 160	Demain, on va visiter **le Pont du Gard**.
ouvrir qc [uvʀiʀ]	etw. öffnen ▶Verbe en -ir (comme découvrir), p. 168	Tu n'**ouvres** pas tes cadeaux?
les Cévennes [lesevɛn] *f. pl.*	die Cevennen *Gebirgsregion* ▶Civilisation, p. 160	J'ai passé mes vacances dans **les Cévennes**.
la piscine à vagues [lapisinavag]	das Wellenbad	
le toboggan [lətɔbɔgɑ̃]	die Rutsche	

faire du toboggan
rutschen

faire du vélo
Rad fahren

faire du camping
zelten, campen

faire de la photo
fotografieren

faire du cheval
reiten

faire du tennis / du foot / du skate
Tennis/Fußball spielen / Skateboard fahren

faire du piano / de la guitare / de l'accordéon
Klavier/Gitarre/Akkordeon spielen

la disco [ladisko] *fam.* *ou* **la discothèque** [ladiskɔtɛk]	die Disko(thek)	Vendredi, il y a **disco** au club.
offrir qc à qn [ɔfʀiʀ]	jdm etw. anbieten, jdm etw. schenken ▶Verbe en -ir (comme découvrir), p. 168	(to) offer

Unité 7 | Texte

p. 115 1 2	**la route** [laʀut]	die Landstraße, die Schnellstraße	Cette **route** va à Montpellier.
	le GPS [ləʒepeɛs]	das GPS, das Navigationsgerät	On ne part jamais sans **GPS**.
	tourner [tuʀne]	abbiegen ▶Verbe en -er, p. 167	Il faut **tourner** maintenant.

tourner à gauche
nach links abbiegen

tourner à droite
nach rechts abbiegen

pratique [pʀatik] *m./f. adj.*	praktisch	Ce sac est très **pratique**.
ne ... plus [nə…ply]	nicht ... mehr	J'ai beaucoup mangé. Je **n'**ai **plus** faim.
la carte [lakaʀt]	die (Land-)Karte	On cherche la route sur **la carte**.

Ce n'est pas vrai! [sənɛpɑvʀɛ]	Das kann doch nicht wahr sein!	Il ne t'a pas appelé? **Ce n'est pas vrai!**
là-bas [laba] *adv.*	dort, da hinten	Ici, il y a un cinéma, là, il y a une boulangerie et **là-bas**, il y a la Fnac.
demander qc à qn [dəmɑ̃de]	jdn etw. fragen ▶Verbe en -er, p. 167	≠ répondre qc à qn
p. 115 3 4 **pour aller à** (+ *Ort*) [puʀalea]	wie kommt man nach (+ *Ort*)	**Pour aller à** la tour Eiffel?
la dame [ladam]	die Dame	**La dame** nous a expliqué les règles.
facile [fasil] *m./f. adj.*	einfach	Ces devoirs sont très **faciles**.
le deuxième / la deuxième [lədøzjɛm/ladøzjɛm]	der/die/das zweite ▶Nombres, p. 166	À la compétition de natation, j'ai été la **deuxième**.
le carrefour [ləkaʀfuʀ]	die Kreuzung	Au **carrefour**, vous tournez à droite.
continuer [kɔ̃tinɥe]	weitermachen, weitergehen, weiterfahren ▶Verbe en -er, p. 167	🇬🇧 (to) continue
tout droit [tudʀwa]	geradeaus	Pour aller au cinéma, c'est **tout droit**.
Agonès [agɔnɛs]	*kleiner Ort in der Nähe von Ganges* ▶Civilisation, p. 160	
Laroque [laʀɔk]	*kleiner Ort in der Nähe von Ganges* ▶Civilisation, p. 160	
le feu rouge [ləføʀuʒ]	die Ampel	**Un feu rouge** a trois couleurs.
en face de qc [ɑ̃fasdə]	gegenüber von etw.	Le café est **en face du** supermarché.
l'église [legliz] *f.*	die Kirche	Ma tante va souvent à **l'église**.
au bout de qc [obudə]	am Ende von etw.	Il y a un parc **au bout de** la rue.
le kilomètre [ləkilɔmɛtʀ]	der Kilometer	J'habite à cinq **kilomètres** de l'école.
répéter qc [ʀepete]	etw. wiederholen ▶Verbe en -er, p. 167	🇬🇧 (to) repeat **!** je répète
encore une fois [ɑ̃kɔʀynfwa]	noch einmal	On chante la chanson **encore une fois**, d'accord?

Trainiere die *Version* (Übersetzung F → D) mit dem zu *Unité 7* passenden Übersetzungstext, S. 159.

Hier findest du alle Wörter, die du in *À toi!* **2** lernst sowie alle Wörter, die du aus *À toi!* **1** bereits kennst.
Die Angabe hinter dem Pfeil (→) verweist auf die *Unité*, in der die Vokabel zum ersten Mal vorkommt:
→ 3/A = *Unité 3 / Approches*, → 3/TA = *Unité 3 / Texte A*, → 2/F = *Unité 2 / La France en direct*, → M1 = *Module 1*.
Verben mit unregelmäßiger oder besonderer Konjugation sind rot hervorgehoben. Die Konjugation der Verben findest du auf den Seiten 167–169 und beim jeweiligen Verb in der *Liste des mots*, p. 171–203.

A

@ = l'arobase [laʀɔbaz] *f.* @, at → 4/TB

à [a] in; **à (cent) mètre(s) de qc** [asɑ̃mɛtʀdə] (hundert) Meter von etw. entfernt → 2/A; **à (douze) ans** [aduzɑ̃] mit (zwölf) Jahren → 6/TA

À bientôt! [abjɛ̃to] Bis bald!

à cause de qc [akozdə] wegen etw. → 2/TB

à côté [akote] nebenan; **à côté de qc** [akotedə] neben etw.

à droite (de qc) [adʀwatdə] rechts (von etw.)

à gauche (de qc) [agoʃdə] links (von etw.)

à la maison [alamɛzɔ̃] zu Hause, daheim, nach Hause, heim

à pied [apje] zu Fuß

À plus! [aplys] Bis bald!

À table! [atabl] Zu Tisch!

l' **accordéon** [lakɔʀdeɔ̃] *m.* das Akkordeon → 6/TB

acheter qc [aʃte] etw. kaufen *Konjugation S. 167*

l' **acteur** *m.* / **l'actrice** *f.* [laktœʀ/laktʀis] der / die Schauspieler/in → 6/A

admirer qn/qc [admiʀe] jdn/etw. bewundern → 6/A

l' **adolescent** *m.* / **l'adolescente** *f.* [ladɔlɛsɑ̃/ladɔlɛsɑ̃t] der/die Jugendliche → 4/A; **l'ado** [lado] *m./f. fam.* → 4/A

adorer qc [adɔʀe] jdn/etw. sehr mögen

l' **adresse** [ladʀɛs] *f.* die Adresse

l' **âge** [lɑʒ] *m.* das Alter; **Tu as quel âge?** [tyakɛlɑʒ] Wie alt bist du?

aider qn [ede] jdm helfen → 2/TA

aimer qn/qc [eme] jdn/etw. mögen; **aimer bien qn/qc** [emebjɛ̃] jdn/etw. gern mögen → 1/T; **j'aimerais** [ʒɛməʀɛ] + *inf.* ich hätte gern, ich würde gern → 6/A

(en) Allemagne [ɑ̃nalmaɲ] (in) Deutschland

allemand [almɑ̃] deutsch

l' **allemand** [lalmɑ̃] *m.* Deutsch; **en français / en allemand** [ɑ̃fʀɑ̃sɛ/ɑ̃nalmɑ̃] auf Französisch / auf Deutsch

aller [ale] gehen, fahren *Konjugation S. 168*; **aller chez qn** [aleʃe] zu jdm gehen

l' **aller simple** [lalesɛ̃pl] *m.* die Fahrkarte für eine einfache Fahrt → M2

l' **aller-retour** [laleʀətuʀ] *m.* die Hin- und Rückfahrkarte → M2

Allez! [ale] Los! → 2/TB

Allô? [alo] Hallo? *am Telefon*

alors [alɔʀ] also

américain/américaine [ameʀikɛ̃/ameʀikɛn] *adj.* amerikanisch → 4/A

l' **ami** *m.* / **l'amie** *f.* [lami] der/die Freund/in

l' **an** [lɑ̃] *m.* das Jahr; **avoir quatorze ans** [avwaʀkatɔʀzɑ̃] vierzehn Jahre alt sein; **le nouvel an** [lənuvɛlɑ̃] Neujahr → 5/TA

l' **anglais** [lɑ̃glɛ] *m.* Englisch, die englische Sprache → 4/A

l' **animal** *m.* / **les animaux** *m. pl.* [lanimal/lezanimo] das Tier

l' **année** [lane] *f.* das Jahr *in seinem Verlauf* → 5/TA

l' **anniversaire** [lanivɛʀsɛʀ] *m.* der Geburtstag; **Joyeux anniversaire!** [ʒwajøzanivɛʀsɛʀ] Alles Gute zum Geburtstag!

août [ut] *m.* August

l' **appartement** [lapaʀtəmɑ̃] *m.* die Wohnung

appeler qn [apəle] jdn (an)rufen *Konjugation S. 167* → 2/A; **appeler au secours** [apəleosəkuʀ] (um) Hilfe rufen → 2/TB; **je m'appelle** [ʒəmapɛl] ich heiße; **Tu t'appelles comment?** [tytapɛlkɔmɑ̃] Wie heißt du?

apporter qc [apɔʀte] etw. mitbringen

apprendre qc [apʀɑ̃dʀ] etw. lernen *wie* prendre, *S. 169*

après [apʀɛ] danach, nach *zeitlich*

l' **après-midi** [lapʀɛmidi] *m.* der Nachmittag

l' **arène** [laʀɛn] *f.* die (Stierkampf-)Arena → 6/TB

l' **argent** [laʀʒɑ̃] *m.* das Geld

l' **argument** [laʀgymɑ̃] *m.* das Argument → 3/TB

l' **armoire** [laRmwaR] *f.* der Schrank
arrêter [aRete] aufhören → 2/TA
arriver [aRive] (an)kommen, passieren → 2/TA; **il m'est arrivé qc** [ilmɛtaRive] mir ist etw. passiert → 2/TA
les **arts plastiques** [lezaRplastik] *m. pl.* Kunst *Schulfach*
assez de qc [asedə] genug (von etw.)
l' **atlas** [latlɑs] *m.* der Atlas
attendre qn/qc [atɑ̃dR] auf jdn/etw. warten *Konjugation S. 168* → 5/A
Attention! [atɑ̃sjɔ̃] Achtung! → 4/TB; **faire attention à qc** [fɛRatɑ̃sjɔ̃a] auf etw. aufpassen → 4/TB
au bout de qc [obudə] am Ende von etw. → 7/T
Au revoir. [ORəvwaR] Auf Wiedersehen.
l' **auberge de jeunesse** [lobɛRʒdəʒœnɛs] *f.* die Jugendherberge → M2
aujourd'hui [oʒuRdɥi] heute
aussi [osi] auch
avant [avɑ̃] vor *zeitlich* → 5/A
avec [avɛk] mit
avec qui [avɛki] mit wem
l' **avenir** [lavniR] *m.* die Zukunft → 3/TB
l' **aventure** [lavɑ̃tyR] *f.* das Abenteuer → 2/TB
l' **avenue** [lavny] *f.* die Allee
l' **avis** [lavi] *m.* die Meinung → 2/TA
avoir qc [avwaR] etw. haben *Konjugation S. 167*; **avoir des idées noires** [avwaRdezide nwaR] trübsinnige Gedanken haben → 3/TA
avril [avRil] *m.* April

B

la **bagarre** [labagaR] die Prügelei → M3
baisser qc [bese] etw. senken → 3/TB; **baisser les bras** [beselebRɑ] aufgeben → 3/TB
la **banane** [labanan] die Banane
le **basket** [ləbaskɛt] Basketball
les **baskets** [lebaskɛt] *f. pl.* die Turnschuhe → 3/TA
le **bateau** / les **bateaux** *pl.* [ləbato/lebato] das Boot, das Schiff
beaucoup [boku] *adv.* viel, sehr; **beaucoup de qc** [bokudə] viel/viele
la **bédé** [labede] der Comic
le **beurre** [ləbœR] die Butter
bien [bjɛ̃] *adv.* gut; **bien sûr** [bjɛ̃syR] klar, natürlich
bientôt [bjɛ̃to] bald → 5/A; **À bientôt!** [abjɛ̃to] Bis bald!
Bienvenue! [bjɛ̃vəny] Willkommen! → 1/T
le **billet de retard** [ləbijedəRətaR] Zettel für Zuspätkommen im Collège → M3
blanc/blanche [blɑ̃/blɑ̃ʃ] *adj.* weiß → 3/TA
bleu/bleue [blø] *adj.* blau → 3/TA
le **blog** [ləblɔg] der Blog → 4/TB
blond/blonde [blɔ̃/blɔ̃d] *adj.* blond → 4/A
Bof. [bɔf] *fam.* Na ja.
la **boisson** [labwasɔ̃] das Getränk
la **boîte** [labwat] die Schachtel
bon/bonne [bɔ̃/bɔn] *adj.* gut → 4/A
Bon week-end! [bɔ̃wikɛnd] Schönes Wochenende!
le **bonbon** [ləbɔ̃bɔ̃] das Bonbon
Bonjour! [bɔ̃ʒuR] Guten Tag!, Guten Morgen!, Grüß Gott!
Bonne chance! [bɔnʃɑ̃s] Viel Glück! → 3/TB
Bonne idée! [bɔnide] Gute Idee! → 3/TA
Bonnes vacances! [bɔnvakɑ̃s] Schöne Ferien! → 7/T
le **bonnet** [ləbɔnɛ] die Mütze → 3/TA
la **bouée** [labwe] die Boje → 2/A
la **bougie** [labuʒi] die Kerze
la **boulangerie** [labulɑ̃ʒRi] die Bäckerei
la **bouteille** [labutɛj] die Flasche
le **bracelet** [ləbRaslɛ] das Armband → 3/TA
le **bras** / les **bras** [ləbRɑ/lebRɑ] der Arm → 3/TB
Bravo! [bRavo] Bravo! → 5/A
le **bruit** [ləbRɥi] der Lärm, der Krach → 3/TA
brun/brune [bRɛ̃/bRyn] *adj.* braun, braunhaarig → 4/A
la **brute** [labRyt] der Grobian → M3
le **bureau** / les **bureaux** *pl.* [ləbyRo/lebyRo] der Schreibtisch
le **bus** [ləbys] der Bus

C

ça [sa] das; **Ça dépend.** [sadepɑ̃] Das kommt darauf an. → 6/TA; **Ça fait combien?** [safɛkɔ̃bjɛ̃] Wie viel kostet das?; **Ça m'énerve.** [samenɛRv] Das nervt (mich)!; **Ça m'est égal.** [samɛtegal] Das ist mir egal. → 6/TB; **Ça va.** [sava] Gut.; **Ça va?** [sava] Wie geht's?; **Ça me plaît.** [saməplɛ] Das gefällt mir. → 4/A

la **cabane** [lakaban] die Hütte → 5/TA
le **cadeau** / les **cadeaux** *pl.* [ləkado/lekado] das Geschenk
le **café** [ləkafe] das Café, *auch:* Kaffee
le **cahier** [ləkaje] das Heft
la **campagne** [lakɑ̃paɲ] das Land *ländliche Gegend* → 1/T
le **camping** [ləkɑ̃piŋ] der Campingplatz, das Zelten → 7/A
le **canoë** [ləkanoe] das Kanu → 7/A
la **cantine** [lakɑ̃tin] die Kantine
le **carré** [ləkaʀe] das Viereck → 5/TB
le **carrefour** [ləkaʀfuʀ] die Kreuzung → 7/T
la **carte** [lakaʀt] die (Land-)Karte → 7/T
la **casquette** [lakaskɛt] die Mütze, die Kappe → 3/TA
Ce n'est pas mon truc. [sənɛpɑmɔ̃tʀyk] Das ist nicht mein Ding. → 3/TA
Ce n'est pas possible. [sənɛpɑpɔsibl] Das ist nicht möglich.
la **ceinture** [lasɛ̃tyʀ] der Gürtel → 3/TA
cela [səla] das → 6/TA
le **centre commercial** [ləsɑ̃tʀkɔmɛʀsjal] das Einkaufszentrum → 1/T
c'est [sɛ] es ist, das ist; **ce sont** [səsɔ̃] das sind; **C'est bon!** [sɛbɔ̃] Das ist lecker!, Die sind lecker!; **C'est ça qui compte.** [sɛsakikɔ̃t] Das ist es, was zählt. → 6/TA; **C'est l'horreur!** [sɛlɔʀœʀ] Das ist furchtbar!; **C'est où?** [sɛu] Wo ist das?; **C'est quelle voie?** [sɛkɛlvwa] *fam.* Auf welchem Gleis? → M2; **C'est top.** [sɛtɔp] *fam.* Das ist toll. → 3/TA; **C'est tout.** [sɛtu] Das ist alles.; **C'est trop fort!** [sɛtʀofɔʀ] Unglaublich!, Genial!, *wörtl.*: Das ist zu stark! → 2/TA
la **chaise** [laʃɛz] der Stuhl
la **chambre** [laʃɑ̃bʀ] das Schlafzimmer, das Zimmer
le **champion** / la **championne** [ləʃɑ̃pjɔ̃/laʃɑ̃pjɔn] der/die Meister/in, der/die Sieger/in → 6/A
le **championnat** [ləʃɑ̃pjɔna] die Meisterschaft → 6/A; le **Championnat d'Europe** [ləʃɑ̃pjɔnadøʀɔp] die Europameisterschaft → 6/A; le **Championnat du Monde** [ləʃɑ̃pjɔnadymɔ̃d] die Weltmeisterschaft → 6/A
la **chanson** [laʃɑ̃sɔ̃] das Lied → 5/A
chanter [ʃɑ̃te] singen
le **chat** [ləʃa] die Katze
chatter [tʃate] chatten
chaud/chaude [ʃo/ʃod] *adj.* warm, heiß → 5/TB
chavirer [ʃaviʀe] kentern → 2/A
le/la **chef** [ləʃɛf/laʃɛf] der/die Chef/in → 2/TB
la **chemise** [laʃəmiz] das Hemd → 3/TA
cher/chère [ʃɛʀ] *adj.* teuer → 3/TA, liebe/r; **coûter cher** [kuteʃɛʀ] teuer sein → 3/TA
chercher qc [ʃɛʀʃe] etw. suchen
le **cheval** / les **chevaux** *pl.* [ləʃəval/leʃəvo] das Pferd, das Reiten
le **cheveu** / les **cheveux** [ləʃəvø/leʃəvø] das Haar → 4/A
chez [ʃe] bei
le **chien** [ləʃjɛ̃] der Hund
la **chimie** [laʃimi] Chemie
chinois/chinoise [ʃinwa/ʃinwaz] *adj.* chinesisch → 5/TA
les **chips** [leʃips] *f. pl.* die Chips → 5/A
la **chose** [laʃoz] die Sache, das Ding → 4/TA
le **cinéma** [ləsinema] das Kino
la **cinquième** [lasɛ̃kjɛm] die siebte Klasse
le **citron** [ləsitʀɔ̃] die Zitrone → 5/TB
la **classe** [laklɑs] die Klasse, das Klassenzimmer; la **salle de classe** [lasaldəklɑs] das Klassenzimmer
la **clé** [lakle] der Schlüssel
cliquer [klike] klicken → 4/TB
le **club** [ləklœb] der Verein, der Klub; le **club de foot** [ləklœbdəfut] der Fußballverein
le **coca** / les **coca** [ləkɔka/lekɔka] die Cola
le **cochon d'Inde** [ləkɔʃɔ̃dɛ̃d] das Meerschweinchen
le **code** [ləkɔd] der Code → 4/TB
le **code postal** [lekɔdpɔstal] die Postleitzahl → M2
le **collège** [ləkɔlɛʒ] das Collège
coller [kɔle] kleben → 5/TB
la **colonie de vacances** [lakɔlɔnidəvakɑ̃s] das Ferienlager → 7/A
combien [kɔ̃bjɛ̃] wie viel / wie viele; **combien de + *nom*** [kɔ̃bjɛ̃də] wie viel / wie viele + *Nomen* → 5/TB
comme [kɔm] wie; **comme + *nom*** [kɔm] als + *Nomen*; **comme ça** [kɔmsa] *fam.* so → 2/TB

commencer qc [kɔmɑ̃se] etw. beginnen, etw. anfangen *Konjugation S. 167*
comment *Fragewort* [kɔmɑ̃] wie; **Comment est-ce qu'on dit ...?** [kɔmɑ̃ɛskɔ̃di] Wie sagt man ...?; **Comment est-ce qu'on écrit ...?** [kɔmɑ̃ɛskɔ̃nekʀi] Wie schreibt man ...?; **Tu t'appelles comment?** [tytapɛlkɔmɑ̃] Wie heißt du?
le **commentaire** [ləkɔmɑ̃tɛʀ] der Kommentar → 4/TA
le **commentateur** *m.* / la **commentatrice** *f.* [ləkɔmɑ̃tatœʀ/lakɔmɑ̃tatʀis] der/die Reporter/in → 6/TA
communiquer [kɔmynike] kommunizieren → 4/TB
comparer qn/qc (à qn/qc) [kɔ̃paʀe] jdn/etw. (mit jdm/etw.) vergleichen → 4/TB
la **compétition** [lakɔ̃petisjɔ̃] der Wettbewerb, der Wettkampf → 6/TA
comprendre qn/qc [kɔ̃pʀɑ̃dʀ] jdn/etw. verstehen *wie* prendre, *S. 169*
le **concert** [ləkɔ̃sɛʀ] das Konzert
la **confiture** [lakɔ̃fityʀ] die Marmelade
le **conflit** [ləkɔ̃fli] der Konflikt → M3
le **conseil** [ləkɔ̃sɛj] der Ratschlag → 3/TB
la **console** [lakɔ̃sɔl] die Konsole, die Spielkonsole
être en contact avec qn [ɛtʀɑ̃kɔ̃taktavɛk] in Kontakt mit jdm sein → 4/TB
content/contente [kɔ̃tɑ̃/kɔ̃tɑ̃t] *adj.* zufrieden, glücklich → 1/T
le **continent** [ləkɔ̃tinɑ̃] der Kontinent → 6/A
continuer qc [kɔ̃tinye] weitermachen, weitergehen, weiterfahren → 7/T
contre [kɔ̃tʀ] gegen, dagegen → 3/TB
cool [kul] *adj. inv.* cool
le **copain** / la **copine** [ləkɔpɛ̃/lakɔpin] *fam.* der/die Freund/in
copier qc [kopje] etw. abschreiben, etw. kopieren → 4/TB
la **corrida** [lakɔʀida] der Stierkampf → 6/TB
corriger qc [kɔʀiʒe] etw. korrigieren *Konjugation S. 167*
la **côte** [lakot] die Küste → 2/A
le **cou** [ləku] der Hals, der Nacken → 3/TB
Coucou! [kuku] Kuckuck!
la **couleur** [lakulœʀ] die Farbe → 3/TA
le **couloir** [ləkulwaʀ] der Flur
la **coupe** [lakup] der Pokal → 6/A
couper qc [kupe] etw. schneiden → 5/TB
la **cour** [lakuʀ] der Hof, der Schulhof
le **cours** [ləkuʀ] der Unterricht, der Kurs; **avoir cours** [avwaʀkuʀ] Unterricht haben
faire les courses [fɛʀlekuʀs] einkaufen → 5/A
le **cousin** / la **cousine** [ləkuzɛ̃/lakuzin] der/die Cousin/e
coûter qc [kute] etw. kosten; **Combien est-ce qu'ils coûtent?** [kɔ̃bjɛ̃ɛskilkut] Wie viel kosten sie?; **coûter cher** [kuteʃɛʀ] teuer sein → 3/TA
le/la **CPE** [ləsepeə/lasepeə] der/die pädagogische Schulbetreuer/in
la **craie** [lakʀɛ] die Kreide
criminel/criminelle [kʀiminɛl] *adj.* kriminell, verbrecherisch → 4/TA
le **croissant** [ləkʀwasɑ̃] das Croissant
la **cuisine** [lakɥizin] die Küche; **faire la cuisine** [fɛʀlakɥizin] kochen

D

d'abord [dabɔʀ] vorher, zuerst
(être) d'accord [ɛtʀdakɔʀ] einverstanden (sein)
la **dame** [ladam] die Dame → 7/T
dans [dɑ̃] in, auf
danser [dɑ̃se] tanzen
la **date de départ** [ladatdədepaʀ] das Abfahrtsdatum → M2
de [də] von; **de (deux) mètres** [dədømɛtʀ] (zwei) Meter (hoch, lang, breit, groß) → 2/TA; **de ... à** [də…a] von ... bis *bei Uhrzeiten* → 6/TB; **du ... au** [dy…o] vom ... bis zum *bei Datumsangaben* → 7/A
décembre [desɑ̃bʀ] *m.* Dezember
découper qc [dekupe] etw. (aus-)schneiden → 5/TB
découvrir qc [dekuvʀiʀ] etw. entdecken *wie* ouvrir, *S. 168* → 7/A
déjà [deʒa] schon, bereits
Délire! [deliʀ] *fam.* Wahnsinn! → 2/TA
demain [dəmɛ̃] morgen
demander qc à qn [dəmɑ̃de] jdn etw. fragen → 7/T
demi/demie [dəmi] *adj.* halb
Dépêche-toi! [depɛʃtwa] Beeil dich!
depuis [dəpɥi] seit → 6/TB
derrière [dɛʀjɛʀ] hinter

descendre [desɑ̃dʀ] hinabsteigen *wie* attendre, *S. 168* → 7/A
le **dessert** [lədesɛʀ] der Nachtisch
dessiner qc [desine] etw. zeichnen
détester qn/qc [detɛste] jdn/etw. hassen
deuxième *m./f. adj.* [lədøzjɛm/ladøzjɛm] zweite/r/s → 7/T
devant [dəvɑ̃] vor räumlich
devoir [devwaʀ] müssen *Konjugation S. 168* → 5/TB
les **devoirs** [ledəvwaʀ] *m. pl.* die Hausaufgaben
différent/différente [difeʀɑ̃/difeʀɑ̃t] *adj.* verschieden, anders → 4/TB
la **difficulté** [ladifikylte] die Schwierigkeit → 2/A
dimanche [dimɑ̃ʃ] Sonntag
le **dîner** [lədine] das Abendessen
la **discothèque** [ladiskɔtɛk] die Diskothek → 7/A
le/la **documentaliste** [lə/ladɔkymɑ̃talist] der/die Bibliothekar/in → M3
donner qc à qn [dɔne] jdm etw. geben → 3/TB
dormir [dɔʀmiʀ] schlafen *wie* sortir, *S. 167* → 5/TA
la **douche** [laduʃ] die Dusche → 6/TB
le **drapeau** / les **drapeaux** *pl.* [lədʀapo/ledʀapo] die Fahne, die Flagge → 2/A
drôle [dʀol] *m./f. adj.* lustig → 6/A
dur/dure [dyʀ] *adj.* hart → 6/TB

E

l' **eau** [lo] *f.* das Wasser; **l'eau minérale** [lomineʀal] *f.* das Mineralwasser
l' **école** [lekɔl] *f.* die Schule
écouter qn/qc [ekute] jdm/etw. zuhören, etw. anhören
écrire qc à qn [ekʀiʀ] jdm etw. schreiben *Konjugation S. 169* → 4/TB
l' **éducation civique** [ledykasjɔ̃sivik] *f.* Sozialkunde
effacer qc [efase] etw. löschen *Konjugation S. 167* → 4/TA
l' **église** [legliz] *f.* die Kirche → 7/T
l' **électro** [lelɛktʀo] *m.* Elektro → 3/TA
l' **élève** [lelɛv] *m./f.* der/die Schüler/in
l' **e-mail** [limɛl] *m.* die E-Mail → 4/TB
l' **emploi du temps** [lɑ̃plwadytɑ̃] *m.* der Stundenplan → 6/TB
en [ɑ̃] in; **en direct** [ɑ̃diʀɛkt] live → 6/TA; **en face de qc** [ɑ̃fasdə] gegenüber von etw. → 7/T; **en sixième** [ɑ̃sizjɛm] in der sechsten Klasse; **en ligne** [ɑ̃liɲ] online, im Internet → 3/TA
encore [ɑ̃kɔʀ] (auch) noch, (immer) noch → 3/TA; **encore une fois** [ɑ̃kɔʀynfwa] noch einmal → 7/T; **ne ... pas encore** [nəpazɑ̃kɔʀ] noch nicht
l' **endroit** [lɑ̃dʀwa] *m.* der Ort → 1/T
l' **enfant** [lɑ̃fɑ̃] *m./f.* das Kind
enfin [ɑ̃fɛ̃] *adv.* endlich → M3
l' **ennemi** *m.* / l'**ennemie** *f.* [lenmi] der/die Feind/in → 4/TA
ensemble [ɑ̃sɑ̃bl] zusammen
ensuite [ɑ̃sɥit] *adv.* dann → 2/TA
entendre qn/qc [ɑ̃tɑ̃dʀ] jdn/etw. hören *wie* attendre, *S. 168* → 5/A
l' **entraînement** [lɑ̃tʀɛnmɑ̃] *m.* das Training → 6/TB
l' **entraîneur** *m.*/ **l'entraîneuse** *f.* [lɑ̃tʀɛnœʀ/lɑ̃tʀɛnøz] der/die Trainer/in → 6/TA
entre [ɑ̃tʀ] zwischen
entrer dans qc [ɑ̃tʀe] in etw. hineingehen
l' **EPS (Éducation physique et sportive)** [løpeɛs] *f.* der Sportunterricht → 4/A
l' **équipe** [lekip] *f.* die Mannschaft → 6/TA; le **sport d'équipe** [ləspɔʀdekip] der Mannschaftssport → 6/TB
l' **escalade** [lɛskalad] *f.* das Klettern → 1/T
essayer qc [eseje] etw. (an)probieren, etw. versuchen → 3/TA
est-ce que [ɛskə] *Fragepartikel*
et [e] und; **Et avec ça?** [eavɛksa] Darf es noch etwas sein?
l' **étagère** [letaʒɛʀ] *f.* das Regal
l' **étape** [letap] *f.* die Etappe, die Strecke → 6/A
être [ɛtʀ] sein *Konjugation S. 167*; **être à l'aise** [ɛtʀalɛz] sich wohl fühlen → 3/TB; **être au courant** [ɛtʀokuʀɑ̃] auf dem Laufenden sein, Bescheid wissen → 2/TA; **être de** [ɛtʀdə] + *Ortsname* aus *(Ortsname)* sein; **être en retard** [ɛtʀɑ̃ʀətaʀ] zu spät sein
l' **euro** [løʀo] *m.* der Euro
l' **Europe** [løʀɔp] *f.* Europa → 6/A

ex- [ɛks] + *nom* Ex- + Nomen → 6/TA
Excuse-moi. [ɛkskyzmwa] Entschuldige! → 3/TA
Excusez-moi. [ɛkskyzemwa] Entschuldigen Sie! / Entschuldigt! → 3/TA
expliquer qc à qn [ɛksplike] jdm etw. erklären → 3/TB
l' **exposé** [lɛkspoze] *m.* das Referat, der Vortrag

F

facile [fasil] *m./f. adj.* einfach → 7/T
la **faim** [lafɛ̃] der Hunger
faire qc [fɛʀ] etw. machen *Konjugation S. 169*; **faire attention à qc** [fɛʀatɑ̃sjɔ̃a] auf etw. aufpassen → 4/TB; **faire du shopping** [fɛʀdyʃɔpiŋ] shoppen; **faire la fête** [fɛʀlafɛt] feiern; **faire les courses** [fɛʀlekuʀs] einkaufen → 5/A; **faire l'idiot / faire l'idiote** [fɛʀlidjo/fɛʀlidjɔt] sich wie ein Idiot / eine Idiotin aufführen → 2/TB; **faire mal** [fɛʀmal] wehtun → 3/TB; **faire un gâteau** [fɛʀɛ̃gɑto] einen Kuchen backen
la **famille** [lafamij] die Familie
le/la **fan** [ləfan/lafan] der Fan → M3
la **farine** [lafaʀin] das Mehl → 5/TB
la **faute** [lafot] der Fehler
la **fenêtre** [lafənɛtʀ] das Fenster
Fermez ... [fɛʀme] Schließt ..., Schließen Sie ...; Macht ... zu!, Machen Sie ... zu!
le **festival** [ləfestival] das Festival → 1/T
la **fête** [lafɛt] die Feier, die Party; **faire la fête** [fɛʀlafɛt] feiern; la **fête-surprise** [lafɛtsyʀpʀiz] die Überraschungsparty
fêter qc [fete] etw. feiern → 5/TA
le **feu rouge** [ləføʀuʒ] die Ampel → 7/T
la **feuille** [lafœj] das Blatt
février [fevʀije] *m.* Februar
la **fille** [lafij] das Mädchen, die Tochter
le **film** [ləfilm] der Film → 5/TB
le **fils** [ləfis] der Sohn
fin/fine [fɛ̃/fin] *adj.* fein → 5/TB
la **fois** / les **fois** [lafwa/lefwa] das Mal
le **foot** [ləfut] Fußball
le **footballeur** / la **footballeuse** [ləfutbalœʀ/lafutbaløz] der/die Fußballspieler/in → 6/A
formidable [fɔʀmidabl] *m./f. adj.* toll, großartig → 1/T
le **foulard** [ləfulaʀ] der Schal, das Kopftuch → 3/TA
français [fʀɑ̃sɛ] französisch
le **français** [ləfʀɑ̃sɛ] Französisch; **en français / en allemand** [ɑ̃fʀɑ̃sɛ/ɑ̃nalmɑ̃] auf Französisch / auf Deutsch
(en) France [ɑ̃fʀɑ̃s] (in) Frankreich → 2/A
le **frère** [ləfʀɛʀ] der Bruder
des **frères et sœurs** [defʀɛʀesœʀ] Geschwister
le **frigo** [ləfʀigo] *fam.* der Kühlschrank
frimer (avec qc) [fʀimeavɛk] *fam.* (mit etw.) angeben → 2/TB
les **fringues** [lefʀɛ̃g] *f. pl. fam.* die Klamotten → 3/TA
les **frites** [lefʀit] *f. pl.* die Pommes frites
le **fromage** [ləfʀɔmaʒ] der Käse
le **fruit** [ləfʀɥi] die Frucht

G

gagner qc [gaɲe] etw. gewinnen, etw. verdienen *Geld* → 6/A
le **garçon** [ləgaʀsɔ̃] der Junge, der Bub
la **gare** [lagaʀ] der Bahnhof → M2
le **gâteau** / les **gâteaux** *pl.* [ləgɑto/legɑto] der Kuchen; **faire un gâteau** [fɛʀɛ̃gɑto] einen Kuchen backen
génial/géniale [ʒenjal] *adj.* genial → 6/A
gentil/gentille [ʒɑ̃ti/ʒɑ̃tij] *adj.* nett → 4/A
la **géographie** [laʒeogʀafi] die Geografie, die Erdkunde
la **glace** [laglas] das (Speise-)Eis
la **gomme** [lagɔm] der Radiergummi
la **gorge** [lagɔʀʒ] die Schlucht → 7/A
le **GPS** [ləʒepeɛs] das GPS, das Navigationsgerät → 7/T
le **gramme** [ləgʀam] das Gramm → 5/TB
grand/grande [gʀɑ̃/gʀɑ̃d] *adj.* groß → 1/T
la **grand-mère** / les **grands-mères** *pl.* [lagʀɑ̃mɛʀ/legʀɑ̃mɛʀ] die Großmutter
le **grand-père** / les **grands-pères** *pl.* [ləgʀɑ̃pɛʀ/legʀɑ̃pɛʀ] der Großvater
les **grands-parents** [legʀɑ̃paʀɑ̃] *m. pl.* die Großeltern
gris/grise [gʀi/gʀiz] *adj.* grau → 3/TA
le **groupe** [ləgʀup] die Gruppe, die Band → 3/TA

la **guitare** [lagitaʀ] die Gitarre → 6/TB
le **gymnase** [ləʒimnɑz] die Turnhalle

H

habiter [abite] wohnen
le **handballeur** *m.* / la **handballeuse** *f.* [lə'ɑ̃dbalœʀ/ la'ɑ̃dbaløz] der/die Handballspieler/Handballspielerin → 6/TA
le **héros** / l'**héroïne** *f.* [lə'eʀo/ leʀɔin] der/die Held/in → 2/TA
l' **heure** [lœʀ] *f.* die Stunde; **à dix heures** [adizœʀ] um zehn Uhr; **À quelle heure?** [akɛlœʀ] Um wie viel Uhr?; **deux heures de** + *nom* [døzœʀdə] zwei Stunden → 6/TB; **Il est quelle heure?** [ilɛkɛlœʀ] Wie spät ist es?
hier [jɛʀ] gestern → 2/A
le **hip-hop** [ləipɔp] Hip Hop
hisser qc [ise] etw. hissen → 2/TB
l' **histoire** [listwaʀ] *f.* (die) Geschichte
l' **histoire-géo** [listwaʀʒeo] *f.* *fam. Schulfach, etwa Geschichte-Erdkunde*
le **hobby** / les **hobbys** [ləɔbi/ leɔbi] das Hobby
horrible [ɔʀibl] *m./f. adj.* schrecklich → 4/TA
le **hot-dog breton** [ləɔtdɔgbʀətɔ̃] der/das bretonische Hotdog
l' **hôtel** [lotɛl] *m.* das Hotel
l' **huile** [lɥil] *f.* das Öl → 5/TB
l' **humour** [lymuʀ] *m.* der Humor → M3

I

ici [isi] hier
l' **idée** [lide] *f.* die Idee; **avoir des idées noires** [avwaʀdezide nwaʀ] trübsinnige Gedanken haben → 3/TA
ignorer qc [iɲɔʀe] etw. ignorieren, etw. nicht beachten → 2/A
Il fait beau. [ilfɛbo] Das Wetter ist gut.
il faut [ilfo] man muss → 3/TB; **il faut du / de la / de l' / des** [ilfody/dəla/dəl/de] + *nom* man braucht → 5/TB
il/elle te plaît [il/ɛltəplɛ] er/sie/es gefällt dir → 3/TA
il/elle te va bien [iltəvabjɛ̃/ ɛltəvabjɛ̃] er/sie/es steht dir gut → 3/TA
il y a [ilja] es gibt
important/importante [ɛ̃pɔʀtɑ̃/ɛ̃pɔʀtɑ̃t] *adj.* wichtig → 4/TB
imprimer qc [ɛ̃pʀime] etw. (aus-)drucken → 4/TB
l' **infirmier** *m.* / l'**infirmière** *f.* [lɛ̃fiʀmje/lɛ̃fiʀmjɛʀ] der/die Krankenpfleger/in → M3
l' **information** [lɛ̃fɔʀmasjɔ̃] *f.*, **l'info** [lɛ̃fo] *f. fam.* die Info → 4/TB
l' **instrument** [lɛ̃stʀymɑ̃] *m.* das Instrument → 3/TB
intéressant/intéressante [ɛ̃teʀɛsɑ̃/ɛ̃teʀɛsɑ̃t] *adj.* interessant → 1/T
l' **internat** [lɛ̃tɛʀna] *m.* das Internat → 6/TB
Internet [ɛ̃tɛʀnɛt] das Internet
l' **interrogation** [lɛ̃tɛʀɔgasjɔ̃] *f.*, **l'interro** [lɛ̃teʀo] *f. fam.* der Test, die Klassenarbeit; **l'interro-surprise** [lɛ̃teʀosyʀpʀiz] *f. fam.* der unangekündigte Test
l' **interview** [lintɛʀvju] *f.* das Interview → 6/TA
inviter qn [ɛ̃vite] jdn einladen

J

janvier [ʒɑ̃vje] *m.* Januar
le **jardin** [ləʒaʀdɛ̃] der Garten → 5/TA
jaune [ʒon] *m./f. adj.* gelb → 3/TA
Je n'en veux pas. [ʒənɑ̃vøpa] Das möchte ich nicht. → 4/A
Je t'embrasse. [ʒətɑ̃bʀas] Liebe Grüße, Sei umarmt
je voudrais [ʒəvudʀɛ] ich möchte, ich würde gern
Je vous en prie. [ʒəvuzɑ̃pʀi] Bitte sehr. → 3/TA
le **jean** [lədʒin] die Jeans → 3/TA
J'en prends (deux). [ʒɑ̃pʀɑ̃dø] Ich nehme (zwei) davon. → 3/TA
J'en veux. [ʒɑ̃vø] Davon möchte ich. → 5/TB
le **jeu** / les **jeux** *pl.* [ləʒø/leʒø] das Spiel → 4/A; le **jeu vidéo** / les **jeux vidéo** [ləʒøvideo/ leʒøvideo] das Computerspiel → 4/A
jeudi [ʒødi] Donnerstag
jeune [ʒœn] *m./f. adj.* jung → 6/TA
le/la **jeune** [ləʒœn/laʒœn] der/die Jugendliche → 2/A
joli/jolie [ʒɔli] *adj.* hübsch → 1/T
jouer [ʒwe] spielen → 6/A; **jouer à** [ʒwea] *einen Mannschaftssport treiben, (ein Spiel)* spielen → 6/TB; **jouer de** [ʒwedə] *(ein Musikinstrument)* spielen → 6/TB

le **joueur** / la **joueuse** [ləʒwœʀ/ laʒwøz] der/die Spieler/in → 6/TA

le **jour** [ləʒuʀ] der Tag; **quinze jours** [kɛ̃zʒuʀ] vierzehn Tage, zwei Wochen → 5/A; le **jour J** [ləʒuʀʒi] der Tag X → 5/A

Joyeux anniversaire! [ʒwajøzanivɛʀsɛʀ] Alles Gute zum Geburtstag!

juillet [ʒɥijɛ] *m.* Juli

juin [ʒɥɛ̃] *m.* Juni

le **jus de pomme** [ləʒydəpɔm] der Apfelsaft

le **jus d'orange** [ləʒydɔʀɑ̃ʒ] der Orangensaft

jusqu'à [ʒyska] bis → 2/TA

K

le **kilo** [ləkilo] das Kilo

le **kilomètre** [ləkilɔmɛtʀ] der Kilometer → 7/T

L

là [la] da, in diesem Moment → 2/TB

là-bas [laba] dort, da hinten → 7/T

le **lait** [ləlɛ] die Milch

légal/légale/légaux [legal/ lego] legal → 4/TB

les **légumes** [lelegym] *m. pl.* das Gemüse

la **levure** [laləvyʀ] das Backpulver → 5/TB

la **librairie** [lalibʀɛʀi] die Buchhandlung

le **lieu de naissance** [leljœdə nɛsɑ̃s] der Geburtsort → M2

la **ligue** [lalig] die Liga → 6/A; la **Ligue des Champions** [laligdeʃɑ̃pjɔ̃] die Champions League → 6/A

lire qc [liʀ] etw. lesen *Konjugation S. 169* → 6/TB

Lisez ... [lize] Lest ...!, Lesen Sie ...!

la **liste** [lalist] die Liste → 5/A; la **liste des courses** [lalistdekuʀs] die Einkaufsliste → 5/A

le **lit** [ləli] das Bett

le **litre** [ləlitʀ] der Liter

le **livre** [ləlivʀ] das Buch

loin [lwɛ̃] *adv.* weit, weit entfernt → 2/TB; **aller loin** [alelwɛ̃] weit kommen → 2/TB

le **look** [ləluk] der Look, das Outfit → 3/TA

lourd/lourde [luʀ/luʀd] *adj.* schwer, voll → 6/TB

lundi [lɛ̃di] Montag

les **lunettes (de soleil)** [lelynɛtdəsɔlɛj] *f. pl.* die Sonnen-)Brille → 3/TA

M

madame [madam] *Anrede für eine Frau*

mai [mɛ] *m.* Mai

maintenant [mɛ̃tənɑ̃] jetzt

mais [mɛ] aber

la **maison** [lamɛzɔ̃] das Haus; **à la maison** [alamɛzɔ̃] zu Hause, daheim nach Hause, heim

mal [mal] *adv.* schlecht → 3/TB; **faire mal** [fɛʀmal] wehtun → 3/TB; **pas mal** [pɑmal] nicht schlecht

maman [mamɑ̃] Mama

la **mamie** [lamami] *fam.* die Oma

le **manga** [ləmɑ̃ga] das Manga

manger qc [mɑ̃ʒe] etw. essen *Konjugation S. 167*

manipuler qc [manipyle] etw. manipulieren, etw. verändern → 4/TA

le **manteau** [ləmɑ̃to] der Mantel → 3/TA

le **marché** [ləmaʀʃe] der Markt

marcher [maʀʃe] gehen, funktionieren

mardi [maʀdi] Dienstag

marron [maʀɔ̃] *adj. inv.* braun → 3/TA

mars [maʀs] *m.* März

le **match** [ləmatʃ] das Match, das Spiel → 6/TB

les **mathématiques** [lematematik] *f.* pl., les **maths** [lemat] *f. pl. fam.* Mathe

la **matière** [lamatjɛʀ] das Schulfach → 4/A

la **mèche** [lamɛʃ] die Strähne → 3/TA

la **médaille** [lamedaj] die Medaille → 6/A

le **médiateur** / la **médiatrice** [ləmedjatœʀ/lamedjatʀis] der/ die Mediator/in → M3

la **médiathèque** [lamedjatɛk] die Mediathek, die Bibliothek

le **meilleur** / la **meilleure** [ləmɛjœʀ/lamɛjœʀ] der/die/ das beste → 6/TA

mélanger qc [melɑ̃ʒe] etw. mischen *Konjugation S. 167* → 3/TA

même [mɛm] sogar

le **menu** [ləməny] das Menü; le **menu à quinze euros** [ləmənyakɛ̃zøʀo] das Menü für fünfzehn Euro

la **mer** [lamɛʀ] das Meer → 1/T

merci [mɛʀsi] danke

mercredi [mɛʀkʀədi] Mittwoch

la **mère** [lamɛʀ] die Mutter

le **message** [ləmesaʒ] die Nachricht

le **métal** [ləmetal] Metal *Musikrichtung*, das Metall → 3/TA

le **métier** [ləmetje] der Beruf

le **mètre** [ləmɛtʀ] der Meter → 2/A; **à (cent) mètre(s) de qc** [asɑ̃mɛtʀdə] (hundert) Meter von etw. entfernt → 2/A; **de (deux) mètres** [dədømɛtʀ] (zwei) Meter (hoch, lang, breit, groß) → 2/TA

le **métro** [ləmetʀo] die U-Bahn

mettre qc [mɛtʀ] etw. setzen, stellen, legen, etw. anziehen *Konjugation S. 169* → 3/TB; **mettre qn au courant** [mɛtʀkɛlkɛ̃okuʀɑ̃] jdn informieren → 4/TA

midi [midi] 12 Uhr mittags

le **millilitre** [ləmililitʀ] der Milliliter → 5/TB

minuit [minɥi] *m.* Mitternacht → 5/TA

la **minute** [laminyt] die Minute

le **miroir** [ləmiʀwaʀ] der Spiegel

moche [mɔʃ] *m./f. adj. fam.* hässlich → 3/TA

la **mode** [lamɔd] die Mode → 3/TA

moi [mwa] ich betont; **moi aussi** [mwaosi] ich auch; **moi non plus** [mwanɔ̃ply] ich auch nicht

moins [mwɛ̃] vor *zeitlich*, minus

le **monde** [ləmɔ̃d] die Welt → 6/A; **tout le monde** [tuləmɔ̃d] alle → 2/TA

monsieur [məsjø] *Anrede für einen Mann*

le **monstre** [ləmɔ̃stʀ] das Monster → 4/A

la **montagne** [lamɔ̃taɲ] der Berg, das Gebirge → 1/T

monter dans qc [mɔ̃tedɑ̃] in etw. einsteigen → 2/TA

la **montre** [lamɔ̃tʀ] die (Armband-)Uhr

montrer qc à qn [mɔ̃tʀe] jdm etw. zeigen → 3/TB

le **mot** [ləmo] das Wort; le **mot de passe** [ləmodəpɑs] das Passwort → 4/TA; le **mot d'excuse** [ləmodɛkskyz] der Entschuldigungszettel

motivé/motivée [mɔtive] *adj.* motiviert → 6/TA

la **mouette** [lamwɛt] die Möwe → 2/A

le **mur** [ləmyʀ] die Wand, die Mauer; le **mur peint** [ləmyʀpɛ̃] die bemalte Wand

le **musée** [ləmyze] das Museum

la **musique** [lamyzik] die Musik

N

la **natation** [lanatasjɔ̃] das Schwimmen → 1/T

la **nationalité** [lanasjɔnalite] die Staatsangehörigkeit → M2

la **nature** [lanatyʀ] die Natur

le **navigo** [lənavigo] *Monatskarte für die öffentlichen Verkehrsmittel in Paris*

ne … jamais [nə…ʒamɛ] nie → 4/TB

ne … pas [nəpɑ] nicht; **ne … pas de** [nəpɑdə] kein/keine; **ne … pas encore** [nəpɑzɑ̃kɔʀ] noch nicht

ne … personne [nə…pɛʀsɔn] niemand → 4/TB

ne … plus [nə…ply] nicht … mehr → 7/T

ne … rien [nə…ʀjɛ̃] nichts → 4/TB

noir/noire [nwaʀ] *adj.* schwarz → 3/TA

le **nom** [lənɔ̃] der Name

non [nɔ̃] nein

noter qc [nɔte] etw. aufschreiben

il est nouveau / elle est nouvelle [ilɛnuvo/ɛlɛnuvɛl] er/sie ist neu

le **nouvel an** [lənuvɛlɑ̃] Neujahr → 5/TA

novembre [nɔvɑ̃bʀ] *m.* November

la **nuit** [lanɥi] die Nacht

nul/nulle [nyl] *adj.* schlecht, doof → 4/A

le **numéro** [lənymeʀo] die Nummer; **faire le numéro de qn** [fɛʀlənymeʀodə] jds Nummer wählen

O

octobre [ɔktɔbʀ] *m.* Oktober

l' **œil** *m.* / les **yeux** *m. pl.* [lœj/lezjø] das Auge → 4/A

l' **œuf** *m.* / les **œufs** [lœf/lezø] das Ei

offrir qc à qn [ɔfʀiʀ] jdm etw. anbieten, jdm etw. schenken *wie* ouvrir, *S. 168* → 7/A

On dit … [ɔ̃di] Man sagt …; **On écrit …** [ɔ̃nekʀi] Man schreibt …; **On y va!** [ɔ̃niva] Auf geht's! → 2/TB

l' **oncle** [lɔ̃kl] *m.* der Onkel

orange [ɔʀɑ̃ʒ] *m./f. adj.* orange → 3/TA

l' **orange** [lɔʀɑ̃ʒ] *f.* die Apfelsine, die Orange; le **jus d'orange** [ləʒydɔʀɑ̃ʒ] der Orangensaft

l' **orangina** [lɔʀɑ̃ʒina] *m. französische Orangenlimonade*

l' **ordinateur** [lɔʀdinatœʀ] *m.* der Computer

organiser qc [ɔʀganize] etw. organisieren

ou [u] oder

où [u] wo; **C'est où?** [sɛu] Wo ist das?; **d'où?** [du] woher

oublier qn/qc [ublie] jdn/etw. vergessen → 3/TA
oui [ˈwi] ja
Ouvrez ... [uvʀe] Öffnet ...!, *hier:* Macht ... auf!, Öffnen Sie ...!
ouvrir qc [uvʀiʀ] etw. öffnen *Konjugation S. 168* → 7/A

P

la **page** [lapaʒə] die (Buch-)Seite
paniquer [panike] es mit der Angst bekommen → 2/TA
le **pantalon** [ləpɑ̃talɔ̃] die Hose → 3/TA
papa [papa] Papa
par (jour/semaine/année) [parʒuʀ/parsəmɛn/paʀane] pro (Tag/Woche/Jahr) → 6/TB
par exemple [paʀɛgzɑ̃pl] zum Beispiel → 4/TB
le **parc** [ləpaʀk] der Park
parce que [paʀskə] weil
Pardon. [paʀdɔ̃] Verzeihung!, Entschuldigung!
les **parents** [lepaʀɑ̃] *m. pl.* die Eltern
parler [paʀle] reden, sprechen; **Parle plus fort!** [paʀlplyfɔʀ] Sprich lauter!; **parler à qn** [paʀlea] mit jdm sprechen → 3/TB
partager qc [paʀtaʒe] etw. teilen *Konjugation S. 167* → 4/TB
partir [paʀtiʀ] fahren, wegfahren *wie* sortir, *S. 167* → 5/TA
passer qc [pɑse] etw. verbringen; **passer chez qn** [pɑseʃe] bei jdm vorbeikommen; **passer par qc** [pɑsepaʀ] bei etw. vorbeigehen
la **passion** [lapasjɔ̃] die Leidenschaft → 6/A
la **pâte** [lapat] der Teig → 5/TB
le **pays** [ləpei] das Land → M2
pendant [pɑ̃dɑ̃] während → 5/TA
penser [pɑ̃se] denken → 6/TA
perdre qn/qc [pɛʀdʀ] jdn/etw. verlieren *wie* attendre, *S. 168* → 5/A
le **père** [ləpɛʀ] der Vater
permettre qc à qn [pɛʀmɛtʀ] jdm etw. erlauben *wie* mettre, *S. 169* → 3/TB
la **perruche** [lapɛʀyʃ] der Wellensittich
la **personnalité** [lapɛʀsonalite] die Persönlichkeit → M3
la **personne** [lapɛʀsɔn] die Person → 5/TB
petit/petite [pəti/pətit] *adj.* klein → 4/A
les **petits** [lepəti] *m. pl.* die Kleinen → M3
un peu [ɛ̃pø] ein wenig; **peu après** [pøapʀɛ] wenig später, kurz (da)nach → 2/TB; **un peu de qc** [ɛ̃pødə] ein wenig + *Nomen*
la **peur** [lapœʀ] die Angst → 2/TA
peut-être [pøtɛtʀ] vielleicht
la **photo** [lafɔto] das Foto
la **phrase** [lafʀaz] der Satz
le **piano** [ləpjano] das Klavier → 6/TB
le **pied** [ləpje] der Fuß; **à pied** [apje] zu Fuß
pirater qc [piʀate] etw. hacken *Computer* → 4/TA
la **piscine** [lapisin] das Schwimmbad → 1/T; la **piscine à vagues** [lapisinavag] das Wellenbad → 7/A
la **place** [laplas] der Platz
la **plage** [laplaʒ] der Strand
le **plaisir** [ləpleziʀ] das Vergnügen, der Spaß → 6/TA
la **planche à voile** [laplɑ̃ʃavwal] das Windsurfen, das Surfbrett → 1/T
la **planète** [laplanɛt] der Planet, die Welt
le **plat** [ləpla] das Gericht, das Hauptgericht *Essen* → 5/TA
la **playlist** [laplelist] die Playlist
plein de [plɛ̃də] *adv. fam.* viel/viele
le **podcast** [ləpɔtkast] der Podcast → 6/TA
la **police** [lapɔlis] die Polizei → 5/A
la **pomme** [lapɔm] der Apfel; le **jus de pomme** [ləʒydəpɔm] der Apfelsaft
le **pont** [ləpɔ̃] die Brücke → 7/A
le **port** [ləpɔʀ] der Hafen
le **portable** [ləpɔʀtabl] das Handy
la **porte** [lapɔʀt] die Tür
porter qn/qc [pɔʀte] jdn/etw. tragen → 3/TA
poser qc [poze] etw. hinstellen, etw. hinlegen → 6/TA; **poser des questions à qn** [pozedekɛstjɔ̃a] jdm Fragen stellen → 6/TA
le **poster** [ləpɔstɛʀ] das Poster
le **pot** [ləpo] das Glas (Marmelade)
le **poulet** [ləpulɛ] das Hähnchen
pour [puʀ] für, dafür
pour aller à [puʀalea] + *Ortsname* Wie kommt man nach ...? → 7/T
pourquoi [puʀkwa] warum
pousser qn/qc [puse] jdn/etw. schieben → 2/TA
pouvoir [puvwaʀ] können *Konjugation S. 169*

pratique [pʀatik] *m./f. adj.* praktisch → 7/T
préférer qc [pʀefeʀe] etw. bevorzugen, lieber mögen *Konjugation S. 167* → 4/A; **préféré/préférée** [pʀefeʀe] *adj.* Lieblings- → 1/T
premier/première *adj.* [ləpʀəmje/lapʀəmjɛʀ] erste/r/s
prendre qc [pʀɑ̃dʀ] etw. nehmen *Konjugation S. 169*; **J'en prends (deux).** [ʒɑ̃pʀɑ̃dø] Ich nehme (zwei) davon. → 3/TA; **prendre des notes** [pʀɑ̃dʀde nɔt] sich Notizen machen, mitschreiben → 4/TB; **prendre son temps** [pʀɑ̃dʀsɔ̃tɑ̃] sich Zeit lassen
le **prénom** [ləpʀenɔ̃] der Vorname → 4/A
préparer qc [pʀepaʀe] etw. vorbereiten, zubereiten
près de [pʀɛdə] in der Nähe von
présenter qn/qc à qn [pʀezɑ̃te] jdm jdn/etw. präsentieren, vorstellen → 5/TB
le **principal** / la **principale** [ləpʀɛ̃sipal/lapʀɛ̃sipal] der/die Schulleiter/in → 4/TA
le **prix** / les **prix** *pl.* [ləpʀi/lepʀi] der Preis → 3/TA
le **problème** [ləpʀɔblɛm] das Problem
le/la **professeur** [ləpʀɔfesœʀ/lapʀɔfesœʀ], le/la **prof** *fam.* [ləpʀɔf/lapʀɔf] der/die Lehrer/in
le/la **prof de français** [lə/lapʀɔfdə fʀɑ̃sɛ] der/die Französischlehrer/in
le **profil** [ləpʀɔfil] das Profil → 4/A
le **projet** [ləpʀɔʒɛ] das Projekt, der Plan → 5/TB
P.-S. [peɛs] PS *Nachtrag in Brief oder E-Mail*
puis [pɥi] *adv.* dann → 5/TA
le **pullover** [ləpylɔvɛʀ], le **pull** [ləpyl] *fam.* der Pulli → 3/TA

Q

le **quad** [ləkwad] das Quad *Geländefahrzeug*
quand [kɑ̃] wann
quand même [kɑ̃mɛm] trotzdem
le **quart** [ləkaʀ] das Viertel, die Viertelstunde
le **quartier** [ləkaʀtje] das (Stadt-)Viertel
quel/quelle [kɛl] welcher/welche → 5/TA
quelque chose [kɛlkəʃoz] (irgend)etwas → 4/TA
quelqu'un [kɛlkɛ̃] (irgend)jemand → 4/TA
qu'est-ce que [kɛskə] was; **Qu'est-ce qu'il y a?** [kɛskilja] Was gibt es? **Qu'est-ce qui s'est passé?** [kɛskisɛpase] Was ist passiert? → 4/TA
la **question** [lakɛstjɔ̃] die Frage; **poser des questions à qn** [pozedekɛstjɔ̃a] jdm Fragen stellen → 6/TA
qui [ki] wer
la **quiche** [lakiʃ] die Quiche; la **quiche aux légumes** [lakiʃolegym] die Gemüse-Quiche
quitter qn/qc [kite] jdn/etw. verlassen → 2/A
quoi [kwa] *fam.* was *Fragewort*

R

le **R&B** [ləɛʀɛnbi] R&B → 3/TA
rajouter qc (à qc) [ʀaʒute] etw. (einer Sache) hinzufügen → 5/TB
ranger qc [ʀɑ̃ʒe] etw. aufräumen *Konjugation S. 167*
le **rap** [ləʀap] der Rap
la **recette** [laʀəsɛt] das Rezept → 5/TB
la **récréation** [laʀekʀeasjɔ̃] die Pause → M3; la **récré** [laʀekʀe] *fam.* → M3
regarder [ʀəgaʀde] etw. ansehen, etw. anschauen, nachsehen
la **région** [laʀeʒjɔ̃] die Region → 1/T
la **règle** [laʀɛgl] das Lineal, die Regel → 4/TB
remonter dans qc [ʀəmɔ̃tedɑ̃] wieder in etw. einsteigen → 2/TA
rencontrer qn [ʀɑ̃kɔ̃tʀe] jdn treffen → 6/TA
la **rentrée** [laʀɑ̃tʀe] der Schulanfang
rentrer [ʀɑ̃tʀe] nach Hause gehen
répéter qc [ʀepete] etw. wiederholen *Konjugation S. 167* → 7/T; **Répétez.** [ʀepete] Wiederholt!, Wiederholen Sie! **Répondez.** [ʀepɔ̃de] Antwortet!, Antworten Sie!
répondre qc à qn [ʀepɔ̃dʀ] jdm etw. antworten *wie attendre, S. 168* → 5/A
la **réponse** [laʀepɔ̃s] die Antwort
le **réseau** / les **réseaux** *pl.* [ləʀezo/leʀezo] das Netz, das Netzwerk → 4/A; le **réseau social** / les **réseaux sociaux** *pl.*

[ləʀesosɔsjal/leʀesosɔsjo] das soziale Netzwerk → 4/A
le **respect** [ləʀɛspɛ] der Respekt → 6/TB
le **reste** [ləʀɛst] der Rest → 5/TB
rester [ʀeste] bleiben → 2/TA
retourner (qc) [ʀətuʀne] zurückkehren, etw. umdrehen → 2/TA
retrouver (qn) [ʀətʀuve] wiederfinden, jdn treffen → 1/T
rêver [ʀeve] träumen
le **risque** [ləʀisk] das Risiko → 3/TB
la **robe** [laʀɔb] das Kleid → 3/TA
le **rocher** [ləʀɔʃe] der Fels → 2/A
le **roller parc** [ləʀɔlœʀpaʀk] der Skatepark
rose [ʀoz] *m./f. adj.* rosa → 3/TA
rouge [ʀuʒ] *m./f. adj.* rot → 2/A
la **route** [laʀut] die Landstraße, die Schnellstraße → 7/T
la **rue** [laʀy] die Straße
le **rugby** [ləʀygbi] Rugby → 6/TB

S

le **sac** [ləsak] die Tasche; **le sac à dos** [ləsakado] der Rucksack; **le sac de sport** [ləsakdəspɔʀ] die Sporttasche
le **sachet** [ləsaʃɛ] der Beutel, die Tüte
la **salade** [lasalad] der Salat
la **salle de bains** [lasaldəbɛ̃] das Badezimmer; **la salle de classe** [lasaldəklɑs] das Klassenzimmer; **la salle des professeurs** [lasaldepʀɔfesœʀ] das Lehrerzimmer
le **salon** [ləsalɔ̃] das Wohnzimmer
Salut! [saly] Hallo!, Servus!, Tschüss!
samedi [samdi] Samstag
sans [sɑ̃] ohne
le **sapin** [ləsapɛ̃] die Tanne, der Tannenbaum → 5/TA
sauver qn/qc [sove] jdn/etw. retten → 2/TB
le **sauveteur** / la **sauveteuse** [ləsovtœʀ/lasovtøz] der/die Rettungsschwimmer/in → 2/A
Je ne sais pas. [ʒənəsɛpɑ] Ich weiß nicht.
les **SVT (les sciences de la vie et de la terre)** [lesɛsvete] *f. pl.* Biologie *Schulfach*
les **sciences physiques** [lesjɑ̃sfizik] *f. pl.* Physik
le **secrétariat** [ləsəkʀetaʀja] das Sekretariat
la **sécurité** [lasekyʀite] die Sicherheit → 4/TB
la **semaine** [lasəmɛn] die Woche
septembre [sɛptɑ̃bʀ] *m.* September
la **série** [laseʀi] die Serie → 4/A
le **sexe** [ləsɛks] das Geschlecht → M2
sexy [sɛksi] *adj. inv.* sexy → 3/TB
faire du shopping [fɛʀdyʃɔpiŋ] shoppen
s'il te plaît [siltəplɛ] bitte *für Personen, die du duzt*
s'il vous plaît [silvuplɛ] bitte *für mehrere Personen oder eine Person, die du siezt*
le **site** [ləsit] die Internetseite → 4/TB
la **sixième** [lasizjɛm] die sechste (Klasse); **en sixième** [ɑ̃sizjɛm] in der sechsten Klasse
le **skate** [ləskɛt] das Skateboardfahren, das Skateboard
la **sœur** [lasœʀ] die Schwester
la **soif** [laswaf] der Durst
ce soir [səswaʀ] heute Abend
le **soir** [ləswaʀ] der Abend
la **solution** [lasɔlysjɔ̃] die Lösung → M3
sonner [sɔne] klingeln
sortir [sɔʀtiʀ] ausgehen *Konjugation S. 167* → 5/TA
sous [su] unter
souvent [suvɑ̃] oft
les **spaghettis** [lespagɛti] *m. pl.* die Spaghetti
le/la **spécialiste** [ləspesjalist/laspesjalist] der/die Spezialist/in → 3/TB
la **spécialité** [laspesjalite] die Spezialität → 5/TB
le **spectacle** [ləspɛktakl] die Vorführung, die Aufführung
la **spéléologie** [laspeleɔlɔʒi], la **spéléo** [laspeleo] *fam.* die Höhlenforschung → 7/A
le **sport** [ləspɔʀ] der Sport; **le sport d'équipe** [ləspɔʀdekip] der Mannschaftssport → 6/TB
le **stade** [ləstad] das Stadion
le **stage** [ləstaʒ] der Workshop
la **star** [lastaʀ] der Star → M3
le **studio (de tatouage)** [ləstydjodətatwaʒ] das (Tätowier-)Studio → 3/TB
le **style** [ləstil] der Stil → 3/TA
le **succès** [ləsyksɛ] der Erfolg → 6/TA
le **sucre** [ləsykʀ] der Zucker → 5/TB; le **sucre glace** [ləsykʀglas] der Puderzucker → 5/TB; le **sucre vanillé** [ləsykʀvanije] der Vanillezucker → 5/TB
Super! [sypɛʀ] *fam.* Super!
le **super-héros** / la **super-héroïne** [ləsypɛʀ'eʀo/lasypɛʀeʀɔin] der/die Superheld/in → 2/TA

le **supermarché** [ləsypɛʀmaʀʃe] der Supermarkt
sur [syʀ] auf
surfer [sœʀfe] surfen
la **surprise** [lasyʀpʀiz] die Überraschung
surtout [syʀtu] vor allem → 6/TA
le **surveillant** / la **surveillante** [ləsyʀvɛjɑ̃/lasyʀvɛjɑ̃t] die Aufsichtsperson
surveiller qn/qc [syʀveje] jdn/etw. beaufsichtigen, jdn/etw. überwachen → M3
sympathique [sɛ̃patik] *m./f. adj.*, **sympa** *adj. fam.* [sɛ̃pa] sympathisch, nett

T

la **table** [latabl] der Tisch
le **tableau** / les **tableaux** *pl.* [lətablo/letablo] die (Schul-)Tafel
le **talent** [lətalɑ̃] das Talent → 6/A
la **tante** [latɑ̃t] die Tante
taper qc [tape] etw. tippen → 4/TB
tard [taʀ] *adv.* spät → 3/TA; **plus tard** [plytaʀ] später → 3/TA
la **tartine** [lataʀtin] das Butterbrot, das belegte Brot
le **tatouage** [lətatwaʒ] die Tätowierung → 3/TB
le **taureau** / les **taureaux** *pl.* [lətɔʀo/letɔʀo] der Stier → 6/TB
la **technologie** [latɛknɔlɔʒi] Informationstechnologie
le **tee-shirt** [lətiʃœʀt] das T-Shirt → 3/TA
télécharger qc [teleʃaʀʒe] etw. downloaden, etw. herunterladen *Konjugation S. 167* → 4/TB
téléphoner à qn [telefɔnea] mit jdm telefonieren → 6/TB
la **télévision** [latelevizjɔ̃], la **télé** [latele] *fam.* der Fernseher
temporaire [tɑ̃pɔʀɛʀ] *m./f. adj.* vorübergehend, zeitlich begrenzt → 3/TB
le **temps** [lətɑ̃] die Zeit; **avoir le temps** [avwaʀlətɑ̃] Zeit haben; **prendre son temps** [pʀɑ̃dʀsɔ̃tɑ̃] sich Zeit lassen; l'**emploi du temps** [lɑ̃plwadytɑ̃] *m.* der Stundenplan → 6/TB
le **tennis** [lətenis] Tennis
la **terre** [latɛʀ] die Erde, die Welt → 7/A; **sur terre** [syʀtɛʀ] auf der Erde, über der Erde, oberirdisch → 7/A
la **tête** [latɛt] der Kopf → M4
timide [timid] *m./f. adj.* schüchtern → 4/A
le **toboggan** [lətɔbɔgɑ̃] die Rutsche → 7/A
toi [twa] du *betont*
les **toilettes** [letwalɛt] *f. pl.* die Toilette
la **tomate** [latɔmat] die Tomate
tomber [tɔ̃be] fallen, stürzen → 2/TA
le **toréro** [lətɔʀeʀo] der Torero, der/die Stierkämpfer/in → 6/TB
toujours [tuʒuʀ] immer
la **tour** [latuʀ] das Hochhaus, der Turm
le **tour en bateau** [lətuʀɑ̃bato]
tourner (à droite / à gauche) [tuʀne] (nach rechts / nach links) abbiegen → 7/T
tout/toute/tous/toutes [tu/tut/tus/tut] ganze/r/s + *Nomen* → 6/A
tout à coup [tutaku] plötzlich → 2/TA
tout de suite [tutsɥit] sofort
tout droit [tudʀwa] geradeaus → 7/T
tout le monde [tuləmɔ̃d] alle → 2/TA
traditionnel/traditionnelle [tʀadisjɔnɛl] *adj.* traditionell → 5/TA
le **train** [lətʀɛ̃] der Zug → M2
le **travail** [lətʀavaj] die Arbeit
travailler [tʀavaje] arbeiten
traverser qc [tʀavɛʀse] etw. durchqueren, etw. überqueren → 7/A
très [tʀɛ] *adv.* sehr → 1/T
trop [tʀo] zu, zu viel, total → 2/TA; **trop de qc** [tʀodə] zu viel / zu viele
la **trousse** [latʀus] das Schlampermäppchen
trouver qn/qc [tʀuve] jdn/etw. finden → 3/TB
le **truc** [lətʀyk] *fam.* die Sache, das Ding; **le truc de fous** [lətʀykdəfu] das Wahnsinnsding → 2/A
Tu connais? [tykɔnɛ] *fam.* Kennst du den/die/das?

U

utiliser qc [ytilize] etw. benutzen

V

les **vacances** [levakɑ̃s] *f. pl.* die Ferien → 4/A; **Bonnes vacances!** [bɔnvakɑ̃s] Schöne Ferien! → 7/A
la **vague** [lavag] die Welle → 2/A; la **piscine à vagues**

[lapisinavag] das Wellenbad → 7/A

le **vélo** [ləvelo] das Fahrrad → 1/T

le **vendeur** / la **vendeuse** [ləvɑ̃dœʀ/lavɑ̃døz] der/die Verkäufer/in

vendre qc [vɑ̃dʀ] etw. verkaufen *wie* attendre, *S. 168* → 5/A

vendredi [vɑ̃dʀədi] Freitag

venir [vəniʀ] kommen *Konjugation S. 169* → M2

vert/verte [vɛʀ/vɛʀt] *adj.* grün → 3/TA

la **veste** [lavɛst] die Jacke → 3/TA

les **vêtements** [levɛtmɑ̃] *m. pl.* die Kleidung → 3/TA

la **victime** [laviktim] das Opfer → M3

la **vie** [lavi] das Leben → 3/TB

le **village** [ləvilaʒ] das Dorf → 1/T

la **ville** [lavil] die Stadt

visiter qc [vizite] etw. besichtigen

la **voie** [lavwa] das Gleis → M2; **C'est quelle voie?** [sɛkɛlvwa] *fam.* Auf welchem Gleis? → M2

voilà [vwala] da ist / da sind, das ist / das sind

voir qn/qc [vwaʀ] jdn/etw. sehen *Konjugation S. 169* → 6/TB

le **voisin** / la **voisine** [ləvwazɛ̃/lavwazin] der/die Nachbar/in → 5/A

le **volleyball** [ləvɔlɛbol], le **volley** [ləvɔlɛ] *fam.* Volleyball → 1/T

vouloir [vulwaʀ] etw. wollen *Konjugation S. 169*

vraiment [vʀɛmɑ̃] *adv.* wirklich → 2/TB

le **VTT** / les **VTT** [ləvetete/levetete] das Mountainbike

W

le **web** [ləwɛb] das Internet → 4/A

le **week-end** [ləwikɛnd] das Wochenende, am Wochenende

Y

le **yaourt** [ləjauʀt] der Joghurt

Youpi! [ˈjupi] Juhu!

Z

le **zéro** [ləzeʀo] die Null

le **zeste de citron** [ləzɛstdəsitʀɔ̃] die (abgeriebene) Zitronenschale → 5/TB

Zut! [zyt] Verflixt!, Mist!

LISTE ALPHABÉTIQUE ALLEMAND-FRANÇAIS

Hier findest du alle Wörter, die du in *À toi!* **2** lernst sowie alle Wörter, die du aus *À toi!* **1** bereits kennst.
Die Angabe hinter dem Pfeil (→) verweist auf die *Unité*, in der die Vokabel zum ersten Mal vorkommt:
→ 3/A = *Unité 3 / Approches*, → 3/TA = *Unité 3 / Texte A*, → 2/F = *Unité 2 / La France en direct*, → M1 = *Module 1*.
Verben mit unregelmäßiger oder besonderer Konjugation sind rot hervorgehoben. Die Konjugation der Verben findest du auf den Seiten 167–169 und beim jeweiligen Verb in der *Liste des mots*, p. 171–203.

A

@, at @ = l'arobase *f.* → 4/TB
abbiegen (nach rechts / nach links) tourner (à droite / à gauche) → 7/T
Abend le soir; **heute Abend** ce soir
Abendessen le dîner
Abenteuer l'aventure *f.* → 2/TB
aber mais
Abfahrtsdatum la date de départ → M2
abschreiben copier qc → 4/TB
Achtung! Attention! → 4/TB
Adresse l'adresse *f.*
Akkordeon l'accordéon *m.* → 6/TB
alle tout le monde → 2/TA
Allee l'avenue *f.*
Alles Gute zum Geburtstag! Joyeux anniversaire!
als comme + *Nomen*
also alors
Alter l'âge *m.*
amerikanisch américain/américaine *adj.* → 4/A
Ampel le feu rouge → 7/T
anbieten (jdm etw.) offrir qc à qn → 7/A
anders différent/différente *adj.* → 4/TB
anfangen (etw.) commencer qc
angeben (mit etw.) frimer (avec qc) *fam.* → 2/TB
Angst la peur → 2/TA; **es mit der Angst bekommen** paniquer → 2/TA
anhören (jdn/etw.) écouter qn/qc
ankommen arriver → 2/TA
anprobieren (etw.) essayer qc → 3/TA
anrufen (jdn) appeler qn → 2/A
anschauen regarder
ansehen (etw.) regarder
Antwort la réponse
antworten (jdm etw.) répondre qc à qn → 5/A
Antworten Sie! Répondez.
Antwortet! Répondez.
anziehen (etw.) mettre qc → 3/TB
Apfel la pomme; **Apfelsaft** le jus de pomme
Apfelsine l'orange *f.*
April avril *m.*
Arbeit le travail
arbeiten travailler
Arena l'arène *f.* → 6/TB
Argument l'argument *m.* → 3/TB
Arm le bras / les bras *pl.* → 3/TB
Armband le bracelet → 3/TA
Armbanduhr la montre
Atlas l'atlas *m.*
auch aussi; **auch noch** encore → 3/TA; **ich auch** moi aussi; **ich auch nicht** moi non plus
auf sur
auf dem Laufenden sein être au courant → 2/TA
Auf geht's! On y va! → 2/TB
Auf welchem Gleis? C'est quelle voie? *fam.* → M2
Auf Wiedersehen. Au revoir.
Aufführung le spectacle
aufgeben baisser les bras → 3/TB
aufhören arrêter → 2/TA
aufpassen (auf etw.) faire attention à qc → 4/TB
aufräumen (etw.) ranger qc
aufschreiben (etw.) noter qc
Aufsichtsperson le surveillant / la surveillante
Auge l'œil *m.* / les yeux *m. pl.* → 4/A
August août *m.*
aus *(Ort)* **sein** être de + *Ortsname*
ausdrucken (etw.) imprimer qc → 4/TB
ausgehen sortir → 5/TA
ausschneiden (etw.) découper qc → 5/TB

B

Bäckerei la boulangerie
Backpulver la levure → 5/TB
Badezimmer la salle de bains
am Bahnhof la gare → M2
bald bientôt → 5/A; **Bis bald!** À plus!
Banane la banane
Band le groupe → 3/TA
Basketball le basket
beaufsichtigen (jdn/etw.) surveiller qn/qc → M3
Beeil dich! Dépêche-toi!
beginnen (etw.) commencer qc
bei chez
bemalte Wand le mur peint
benutzen (etw.) utiliser qc
bereits déjà
Berg la montagne → 1/T
Beruf le métier
Bescheid wissen être au courant → 2/TA
besichtigen (etw.) visiter qc
beste/r/s le meilleur / la meilleure → 6/TA
Bett le lit
Beutel le sachet

bevorzugen (etw.) préférer qc → 4/A
bewundern (jdn/etw.) admirer qn/qc → 6/A
Bibliothekar/in le/la documentaliste → M3
Biologie-Erdkunde les SVT (les sciences de la vie et de la terre) *f. pl.*
bis jusqu'à → 2/TA; **Bis bald!** À bientôt!, À plus!; **von ... bis** *Uhrzeit* de ... à → 6/TB
bitte *für mehrere Personen oder eine Person, die du siezt* s'il vous plaît; **bitte** *für Personen, die du duzt* s'il te plaît
Bitte sehr. Je vous en prie. → 3/TA
Blatt la feuille
blau bleu/bleue *adj.* → 3/TA
bleiben rester → 2/TA
Blog le blog → 4/TB
blond blond/blonde *adj.* → 4/A
Boje la bouée → 2/A
Bonbon le bonbon
Boot le bateau / les bateaux *pl.*
Bootstour le tour en bateau
braun marron *adj. inv.* → 3/TA
braunhaarig brun/brune *adj.* → 4/A
bravo Bravo! → 5/A
bretonischer Hot-dog le hot-dog breton
Brille les lunettes *f. pl.* → 3/TA; **Sonnenbrille** les lunettes de soleil *f. pl.* → 3/TA
Brücke le pont → 7/A
Bruder le frère
Bub le garçon
Buch le livre
Buchhandlung la librairie
Bus le bus
Butter le beurre; **Butterbrot** la tartine

C

Café le café
campen faire du camping → 7/A
Campingplatz le camping → 7/A
Champions League la Ligue des Champions → 6/A
chatten chatter
Chef/in le/la chef → 2/TB
Chemie la chimie
chinesisch chinois/chinoise *adj.* → 5/TA
Chips les chips *f. pl.* → 5/A
Code le code → 4/TB
Cola le coca / les coca *pl.*
Comic la bédé
Computer l'ordinateur *m.*
Computerspiel le jeu vidéo / les jeux vidéo *pl.* → 4/A
cool cool *adj. inv.*
Cousin/Cousine le cousin / la cousine
Croissant le croissant

D

da *räumlich, zeitlich* là
da hinten là-bas → 7/T
dagegen contre → 3/TB
Dame la dame → 7/T
danach après
danke merci
dann ensuite *adv.* → 2/TA, puis *adv.* → 5/TA
Darf es noch etwas sein? Et avec ça?
das ça, cela → 6/TA; **Das ist es, was zählt.** C'est ça qui compte. → 6/TA; **Das ist mir egal.** Ça m'est égal. → 6/TB; **Das kommt darauf an.** Ça dépend. → 6/TA
Das gefällt mir. Ça me plaît. → 4/A
das ist c'est; **Das ist alles.** C'est tout.; **Das ist nicht möglich.** Ce n'est pas possible.
das sind ce sont
Es ist schönes Wetter. Il fait beau.
Das möchte ich nicht. Je n'en veux pas. → 4/A
Davon möchte ich. J'en veux. → 5/TB
denken penser → 6/TA
deutsch allemand
Deutsch l'allemand *m.*
(in) Deutschland (en) Allemagne
Dezember décembre *m.*
Dienstag mardi
Ding le truc *fam.*, la chose → 4/TA
Diskothek la discothèque → 7/A
Donnerstag jeudi
doof nul/nulle *adj.* → 4/A
Dorf le village → 1/T
dort là-bas → 7/T
downloaden (etw.) télécharger qc → 4/TB
drucken (etw.) imprimer qc → 4/TB
durchqueren (etw.) traverser qc → 7/A
Durst la soif
Dusche la douche → 6/TB

E

Ei l'œuf *m.* / les œufs
ein wenig un peu, un peu de qc
einfach facile *m./f. adj.* → 7/T
Einkaufsliste la liste des courses → 5/A
einkaufen faire les courses → 5/A
Einkaufszentrum le centre commercial → 1/T
einladen (jdn) inviter qn
einsteigen (in etw.) monter dans qc → 2/TA; **einsteigen (wieder in etw.)** remonter dans qc → 2/TA
einverstanden (sein) (être) d'accord
Eis la glace
Elektro l'électro *m.* → 3/TA
Eltern les parents *m. pl.*
E-Mail l'e-mail *m.* → 4/TB
am Ende von etw. au bout de qc → 7/T
endlich enfin *adv.* → M3
Englisch l'anglais *m.* → 4/A

entdecken (etw.) découvrir qc → 7/A
Entschuldigung. Pardon.
Entschuldige! Excuse-moi. → 3/TA;
Entschuldigen Sie! Excusez-moi.
→ 3/TA
Entschuldigungszettel le mot d'excuse
Erde la terre → 7/A
Erdkunde la géographie
Erfolg le succès → 6/TA
erklären (jdm etw.) expliquer qc à qn → 3/TB
erlauben (jdm etw.) permettre qc à qn → 3/TB
erste/r/s premier/première *adj.*
es gibt il y a
es ist c'est
essen (etw.) manger qc
Etappe l'étape *f.* → 6/A
etwas quelque chose → 4/TA
Euro l'euro *m.*
Europa l'Europe *f.* → 6/A
Europameisterschaft le Championnat d'Europe → 6/A
Ex- ex- + *nom* → 6/TA

F

Fahne le drapeau / les drapeaux *pl.* → 2/A
fahren partir → 5/TA, aller
Fahrkarte für eine einfache Fahrt l'aller simple *m.* → M2
Fahrrad le vélo → 1/T; **Fahrrad fahren** faire du vélo → 7/A
fallen tomber → 2/TA
Familie la famille
Fan le/la fan → M3
Farbe la couleur → 3/TA
Februar février *m.*
Fehler la faute
Feier la fête
feiern faire la fête; **feiern (etw.)** fêter qc → 5/TA
fein fin/fine *adj.* → 5/TB
Feind/in l'ennemi *m.* / l'ennemie *f.* → 4/TA
Fels le rocher → 2/A
Fenster la fenêtre
Ferien les vacances *f. pl.* → 4/A;
Ferienlager la colonie de vacances → 7/A; **Schöne Ferien!** Bonnes vacances! → 7/A
fernsehen regarder la télé
Fernseher la télévision, la télé *fam.*
Festival le festival → 1/T
Film le film → 5/TB
finden (jdn/etw.) trouver qn/qc → 3/TB
Flagge le drapeau / les drapeaux *pl.* → 2/A
Flasche la bouteille
Flur le couloir
Foto la photo
Frage la question; **Fragen stellen (jdm)** poser des questions à qn → 6/TA
fragen (jdn etw.) demander qc à qn → 7/T
(in) Frankreich (en) France → 2/A
französisch français; **Französisch** le français; **auf Französisch** en français
Freitag vendredi
Freund/in le copain / la copine *fam.*, l'ami *m.* / l'amie *f.*
Frucht le fruit
funktionieren marcher
für pour
Das ist furchtbar! C'est l'horreur!
Fuß le pied; **zu Fuß** à pied
Fußball le foot; **Fußballverein** le club de foot
Fußballspieler/in le footballeur / la footballeuse → 6/A

G

ganze/r/s + *Nomen* tout/toute/tous/toutes → 6/A
Garten le jardin → 5/TA
geben (jdm etw.) donner qc à qn → 3/TB
Gebirge la montagne → 1/T
Geburtsort le lieu de naissance → M2
Geburtstag l'anniversaire *m.*; **Alles Gute zum Geburtstag!** Joyeux anniversaire!
gegen contre → 3/TB
gegenüber von etw. en face de qc → 7/T
gehen aller, marcher; **gehen (zu jdm)** aller chez qn; **vorbeigehen (bei etw.)** passer par qc
gelb jaune *m./f. adj.* → 3/TA
Geld l'argent *m.*
Gemüse les légumes *m. pl.*
genial génial/géniale *adj.* → 6/A;
Genial! C'est trop fort! → 2/TA
genug (von etw.) assez de qc
Geografie la géographie
geradeaus tout droit → 7/T
Gericht *Essen* le plat → 5/TA
gern mögen (jdn/etw.) aimer bien qn/qc → 1/T
Geschenk le cadeau / les cadeaux *pl.*
Geschichte l'histoire *f.*
Geschlecht le sexe → M2
Geschwister des frères et sœurs
gestern hier → 2/A
Getränk la boisson
gewinnen (etw.) gagner qc → 6/A
Gitarre la guitare → 6/TB
Glas (Marmelade) le pot
Gleis la voie → M2
glücklich content/contente *adj.* → 1/T
GPS le GPS → 7/T
Gramm le gramme → 5/TB
grau gris/grise *adj.* → 3/TA
Grobian la brute → M3
groß grand/grande *adj.* → 1/T

großartig formidable *m./f. adj.* → 1/T
Großeltern les grands-parents *m. pl.*
Großmutter la grand-mère / les grands-mères *pl.*
Großvater le grand-père / les grands-pères *pl.*
grün vert/verte *adj.* → 3/TA
Gruppe le groupe → 3/TA
Gürtel la ceinture → 3/TA
gut bien *adv.*, bon/bonne *adj.* → 4/A; **er/sie/es steht dir gut** il/elle te va bien → 3/TA
Gut. *bei der Begrüßung* Ça va.
Gute Idee! Bonne idée! → 3/TA
Guten Morgen! Bonjour!
Guten Tag! Bonjour!

H

Haar le cheveu / les cheveux *pl.* → 4/A
haben (etw.) avoir qc
hacken (etw.) *Computer* pirater qc → 4/TA
Hafen le port
Hähnchen le poulet
halb demi/demie *adj.*
Hallo? *am Telefon* Allô?
Hallo! Salut!
Hals le cou → 3/TB
Handballspieler/Handballspielerin le handballeur *m.* / la handballeuse *f.* → 6/TA
Handy le portable
hart dur/dure *adj.* → 6/TB
hassen (jdn/etw.) détester qn/qc
hässlich moche *m./f. adj. fam.* → 3/TA
Hauptgericht *Essen* le plat → 5/TA
Haus la maison; **zu Hause** à la maison
Hausaufgaben les devoirs *m. pl.*
Heft le cahier
heiß chaud/chaude *adj.* → 5/TB
Held/in le héros / l'héroïne *f.* → 2/TA
helfen (jdm) aider qn → 2/TA
Hemd la chemise → 3/TA
herunterladen (etw.) télécharger qc → 4/TB
heute aujourd'hui; **heute Abend** ce soir
hier ici
Hin- und Rückfahrkarte l'aller-retour *m.* → M2
hinabsteigen descendre → 7/A
hineingehen (in etw.) entrer dans qc
hinlegen (etw.) poser qc → 6/TA
hinstellen (etw.) poser qc → 6/TA
hinter derrière
hinzufügen (etw. einer Sache) rajouter qc (à qc) → 5/TB
Hip Hop le hip-hop
hissen (etw.) hisser qc → 2/TB
Hobby le hobby / les hobbys
Hochhaus la tour
Hof la cour
Höhlenforschung la spéléologie, la spéléo *fam.* → 7/A
hören (jdn/etw.) entendre qn/qc → 5/A
Hose le pantalon → 3/TA
Hotel l'hôtel *m.*
hübsch joli/jolie *adj.* → 1/T
Humor l'humour *m.* → M3
Hund le chien
Hunger la faim
Hütte la cabane → 5/TA

I

ich hätte gern j'aimerais + *inf.* → 6/A
ich heiße je m'appelle
ich möchte je voudrais
Ich nehme (zwei) davon. J'en prends (deux). → 3/TA
Ich weiß nicht. Je ne sais pas.
ich würde gern j'aimerais + *inf.* → 6/A, je voudrais
Idee l'idée *f.*
ignorieren (etw.) ignorer qc → 2/A
immer toujours; **immer noch** encore → 3/TA
in à, dans, en; **in der Nähe von** près de; **in S/M/L/XL** *Kleidergröße* en S/M/L/XL → 3/TA
Information l'information *f.* → 4/TB; **Info** l'info *f. fam.* → 4/TB
Informationstechnologie la technologie
informieren (jdn) mettre qn au courant → 4/TA
Instrument l'instrument *m.* → 3/TB
interessant intéressant/intéressante *adj.* → 1/T
Internat l'internat *m.* → 6/TB
Internet Internet, le web → 4/A;
Internetseite le site → 4/TB
Interview l'interview *f.* → 6/TA
irgendetwas quelque chose → 4/TA
irgendjemand quelqu'un → 4/TA

J

ja oui
Jacke la veste → 3/TA
Jahr l'an *m.*, l'année *f.* → 5/TA; **mit (zwölf) Jahren** à (douze) ans → 6/TA; **vierzehn Jahre alt sein** avoir quatorze ans
Januar janvier *m.*
Jeans le jean → 3/TA
jemand quelqu'un → 4/TA
jetzt maintenant
Joghurt le yaourt
Jugendherberge l'auberge de jeunesse *f.* → M2
Jugendliche/r l'adolescent *m.* / l'adolescente *f.*, l'ado *m./f. fam.* → 4/A, le/la jeune → 2/A
Juhu! Youpi!
Juli juillet *m.*; **im Juli** en juillet

jung jeune *adj.* → 6/TA
Junge le garçon
Juni juin *m.*

K

Kaffee le café
Kantine la cantine
Kanu le canoë → 7/A
Kappe la casquette → 3/TA
Karte la carte → 7/T
Käse le fromage
Katze le chat
kaufen (etw.) acheter qc
kein/keine ne ... pas de
Kennst du den/die/das? Tu connais? *fam.*
kentern chavirer → 2/A
Kerze la bougie
Kilo le kilo
Kilometer le kilomètre → 7/T
Kind l'enfant *m./f.*
Kino le cinéma
Kirche l'église *f.* → 7/T
Klamotten les fringues *f. pl. fam.* → 3/TA
klar bien sûr
Klasse la classe; **in der sechsten Klasse** en sixième; **Klassenzimmer** la classe, la salle de classe
Klassenarbeit l'interrogation *f.*, l'interro *f. fam.*
Klavier le piano → 6/TB
kleben coller → 5/TB
Kleid la robe → 3/TA
Kleidung les vêtements *m. pl.* → 3/TA
klein petit/petite *adj.* → 4/A; **Kleinen** les petits *m. pl.* → M3
Klettern l'escalade *f.* → 1/T
klicken cliquer → 4/TB
klingeln sonner
Klub le club
kochen faire la cuisine
kommen arriver, venir → M2
Kommentar le commentaire → 4/TA
kommunizieren communiquer → 4/TB
Konflikt le conflit → M3
können pouvoir
Konsole la console
in Kontakt mit jdm sein être en contact avec qn → 4/TB
Kontinent le continent → 6/A
Konzert le concert
Kopf la tête → M4
Kopftuch le foulard → 3/TA
korrigieren (etw.) corriger qc
kosten (etw.) coûter qc; **Wie viel kosten sie?** Combien est-ce qu'ils coûtent?
Krach le bruit → 3/TA
Krankenpfleger/in l'infirmier *m.* / l'infirmière *f.* → M3
Kreide la craie
Kreuzung le carrefour → 7/T
kriminell criminel/criminelle *adj.* → 4/TA
Küche la cuisine
Kuchen le gâteau / les gâteaux *pl.*; **Kuchen backen** faire un gâteau
Kuckuck! Coucou!
Kühlschrank le frigo *fam.*
Kunst *Schulfach* les arts plastiques *m. pl.*
Kurs le cours, le stage
kurz (da-)nach peu après → 2/TB
Küste la côte → 2/A

L

Land la campagne → 1/T, le pays → M2
Landkarte la carte → 7/T
Landstraße la route → 7/T
Lärm le bruit → 3/TA
Leben la vie → 3/TB
Das ist lecker! C'est bon!
legal légal/légale → 4/TB
Lehrer/in le/la professeur, le/la prof *fam.*; **Lehrerzimmer** la salle des professeurs
Leidenschaft la passion → 6/A
lernen (etw.) apprendre qc
lesen (etw.) lire qc → 6/TB
Lesen Sie! Lisez ...
Lest! Lisez ...
Liebe Grüße Je t'embrasse.
liebe/r cher/chère *adj.*
lieber mögen (etw.) préférer qc → 4/A
Lieblings- préféré/préférée *adj.* → 1/T
Lied la chanson → 5/A
Liga la ligue → 6/A
Lineal la règle
links (von etw.) à gauche (de qc)
Liste la liste → 5/A; **Einkaufsliste** la liste des courses → 5/A
Liter le litre
live en direct → 6/TA
Look le look → 3/TA
Los! Allez! → 2/TB
löschen (etw.) effacer qc → 4/TA
Lösung la solution → M3
lustig drôle → 6/A

M

machen (etw.) faire qc
Macht ... auf! Ouvrez ...
Mädchen la fille
Mai mai *m.*
Mal la fois / les fois
Mama maman
man On dit ...
man braucht il faut du / de la / de l' / des + *nom* → 5/TB
Man schreibt ... On écrit ...
Manga le manga
manipulieren (etw.) manipuler qc → 4/TA

Mannschaft l'équipe *f.* → 6/TA; **Mannschaftssport** le sport d'équipe → 6/TB
Mantel le manteau → 3/TA
Markt le marché
Marmelade la confiture
März mars *m.*
Match le match → 6/TB
Mathematik les mathématiques *f. pl.*; **Mathe** les maths *f. pl. fam.*
Mauer le mur
Medaille la médaille → 6/A
Mediathek la médiathèque
Mediator/in le médiateur / la médiatrice → M3
Meer la mer → 1/T
Meerschweinchen le cochon d'Inde
Mehl la farine → 5/TB
Meinung l'avis *m.* → 2/TA
Meister/in le champion / la championne → 6/A; **Meisterschaft** le championnat → 6/A
Menü le menu; **Menü für fünfzehn Euro** le menu à quinze euros
Metal *Musikrichtung* le métal → 3/TA
Metall le métal → 3/TA
Meter le mètre → 2/A; **(hundert Meter) von etw. entfernt** à (cent) mètre(s) de qc → 2/A; **(zwei) Meter (hoch/lang/breit/groß)** de (deux) mètres → 2/TA
Milch le lait
Milliliter le millilitre → 5/TB
Mineralwasser l'eau minérale *f.*
minus moins
Minute la minute
mischen (etw.) mélanger qc → 3/TA
Mist! Zut!
mit avec; **mit (zwölf) Jahren** à (douze) ans → 6/TA
mit wem avec qui
mitbringen (etw.) apporter qc
mittags (12 Uhr) midi
Mitternacht minuit *m.* → 5/TA
Mittwoch mercredi
Mode la mode → 3/TA
modische Kleidung tragen être à la mode → 3/TA
mögen (jdn/etw.) aimer qn/qc
Das ist nicht möglich. Ce n'est pas possible.
Monster le monstre → 4/A
Montag lundi
morgen demain
motiviert motivé/motivée *adj.* → 6/TA
Mountainbike le VTT / les VTT
Möwe la mouette → 2/A
Museum le musée
Musik la musique
müssen devoir → 5/TB; **man muss** il faut → 3/TB
Mutter la mère
Mütze le bonnet, la casquette → 3/TA

N

Na ja. Bof. *fam.*
nach *zeitlich* après; **nach Hause gehen** rentrer
Nachbar/in le voisin / la voisine → 5/A
Nachmittag l'après-midi *m.*
Nachricht le message
nachsehen regarder
Nacht la nuit
Nachtisch le dessert
nachts la nuit
Nacken le cou → 3/TB
Name le nom
Natur la nature
natürlich bien sûr
Navigationsgerät le GPS → 7/T
neben etw. à côté de qc
nebenan à côté
nehmen (etw.) prendre qc
nein non
Das nervt. Ça m'énerve.
nett sympathique *m./f. adj.*, gentil/gentille *adj.* → 4/A, sympa *adj. fam.*
Netz le réseau / les réseaux *pl.* → 4/A
Netzwerk le réseau / les réseaux *pl.* → 4/A; **soziales Netzwerk** le réseau social / les réseaux sociaux *pl.* → 4/A
er ist neu / sie ist neu il est nouveau / elle est nouvelle
Neujahr le nouvel an → 5/TA
nicht ne ... pas; **nicht ... mehr** ne ... plus → 7/T
nicht schlecht pas mal
nichts ne ... rien → 4/TB
nie ne ... jamais → 4/TB
niemand ne ... personne → 4/TB
noch einmal encore une fois → 7/T
noch nicht ne ... pas encore
sich Notizen machen prendre des notes → 4/TB
November novembre *m.*
Null le zéro
Nummer le numéro; **wählen (jds Nummer)** faire le numéro de qn

O

Obst les fruits *m. pl.*
oder ou
öffnen (etw.) ouvrir qc → 7/A
Öffnet Ouvrez ...
oft souvent
ohne sans
Oktober octobre *m.*
Öl l'huile *f.* → 5/TB
Oma la mamie *fam.*
Onkel l'oncle *m.*
online en ligne → 3/TA
Opfer la victime → M3
Orange l'orange *f.*
orange orange *m./f. adj.* → 3/TA
Orangensaft le jus d'orange
organisieren (etw.) organiser qc
Ort l'endroit *m.* → 1/T
Outfit le look → 3/TA

P

pädagogische/r Schulbetreuer/in le/la CPE
Papa papa
Park le parc
Party la fête
passieren arriver → 2/TA; **mir ist etw. passiert** il m'est arrivé qc → 2/TA
Passwort le mot de passe → 4/TA
Pause la récréation, la récré *fam.* → M3
Person la personne → 5/TB
Persönlichkeit la personnalité → M3
Pferd le cheval / les chevaux *pl.*
Physik les sciences physiques *f. pl.*
Planet la planète
Platz la place
Playlist la playlist
plötzlich tout à coup → 2/TA
Podcast le podcast → 6/TA
Pokal la coupe → 6/A
Polizei la police → 5/A
Pommes frites les frites *f. pl.*
Poster le poster
Postleitzahl le code postal → M2
praktisch pratique *m./f. adj.* → 7/T
präsentieren (jdm jdn/etw.) présenter qn/qc à qn → 5/TB
Preis le prix / les prix *pl.* → 3/TA
Problem le problème
Profil le profil → 4/A
Projekt le projet → 5/TB
Prügelei la bagarre → M3
PS P.-S.
Puderzucker le sucre glace → 5/TB
Pulli le pull *fam.* → 3/TA
Pullover le pullover → 3/TA

Q

Quad le quad
Quiche la quiche; **Gemüse-Quiche** la quiche aux légumes

R

R&B le R&B → 3/TA
Radiergummi la gomme
Rap le rap
Ratschlag le conseil → 3/TB
rechts (von etw.) à droite (de qc)
reden parler
Referat l'exposé *m.*
Regal l'étagère *f.*
Regel la règle → 4/TB
Region la région → 1/T
Reporter/in le commentateur *m.* / la commentatrice *f.* → 6/TA
Respekt le respect → 6/TB
Rest le reste → 5/TB
retten (jdn/etw.) sauver qn/qc → 2/TB
Rettungsschwimmer/in le sauveteur / la sauveteuse → 2/A
Rezept la recette → 5/TB
Risiko le risque → 3/TB
rosa rose *m./f. adj.* → 3/TA
rot rouge *m./f. adj.* → 2/A
Rucksack le sac à dos
rufen (jdn) appeler qn → 2/A; **um Hilfe rufen** appeler au secours → 2/TB
Rugby le rugby → 6/TB
Rutsche le toboggan → 7/A
rutschen faire du toboggan → 7/A

S

Sache le truc *fam.*, la chose → 4/TA
Salat la salade
Samstag samedi
Satz la phrase
Schachtel la boîte
Schal le foulard → 3/TA
Schauspieler/in l'acteur *m.* / l'actrice *f.* → 6/A
schenken (jdm etw.) offrir qc à qn → 7/A
schieben (jdn/etw.) pousser qn/qc → 2/TA
Schiff le bateau / les bateaux *pl.*
schlafen dormir → 5/TA
Schlafzimmer la chambre
Schlampermäppchen la trousse
schlecht mal *adv.* → 3/TB, nul/nulle *adj.* → 4/A
Schließen Sie ... Fermez ...
Schließt ... Fermez ...
Schlucht la gorge → 7/A
Schlüssel la clé
schneiden couper qc → 5/TB
Schnellstraße la route → 7/T
Schönes Wochenende! Bon week-end!
schon déjà
Schrank l'armoire *f.*
schrecklich horrible *m./f. adj.* → 4/TA
schreiben (jdm etw.) écrire qc à qn → 4/TB
Schreibtisch le bureau / les bureaux *pl.*
schüchtern timide *m./f. adj.* → 4/A
Schulanfang la rentrée
Schule l'école *f.*
Schüler/in l'élève *m./f.*
Schulfach la matière → 4/A
Schulhof la cour
Schulleiter/in le principal / la principale → 4/TA
schwarz noir/noire *adj.* → 3/TA
schwer lourd/lourde *adj.* → 6/TB
Schwester la sœur
Schwierigkeit la difficulté → 2/A
Schwimmbad la piscine → 1/T
Schwimmen la natation → 1/T
sechste Klasse la sixième
sehen (jdn/etw.) voir qn/qc → 6/TB
sehr très *adv.* → 1/T; beaucoup *adv.*
sehr mögen (etw.) adorer qc
sei umarmt Je t'embrasse.
sein être
seit depuis → 6/TB
Seite la page

Sekretariat le secrétariat
senken (etw.) baisser qc → 3/TB
September septembre *m.*
Serie la série → 4/A
setzen, stellen, legen (etw.) mettre qc → 3/TB
sexy sexy *adj. inv.* → 3/TB
shoppen faire du shopping
sich wie ein Idiot / eine Idiotin aufführen faire l'idiot / faire l'idiote → 2/TB
Zeit lassen (sich) prendre son temps
Sicherheit la sécurité → 4/TB
siebte Klasse la cinquième
Sieger/in le champion / la championne → 6/A
singen chanter
Skateboard (fahren) le skate
Skatepark le roller parc
so comme ça *fam.* → 2/TB
sofort tout de suite
sogar même
Sohn le fils
Sonnenbrille les lunettes de soleil *f. pl.* → 3/TA
Sonntag dimanche
Sozialkunde l'éducation civique *f.*
Spaghetti les spaghettis *m. pl.*
Spaß le plaisir → 6/TA
spät tard *adv.* → 3/TA; **zu spät sein** en retard
später plus tard → 3/TA
Speiseeis la glace
Spezialist/in le/la spécialiste → 3/TB
Spezialität la spécialité → 5/TB
Spiegel le miroir
Spiel le match → 6/TB, le jeu / les jeux *pl.* → 4/A
spielen jouer → 6/A; **spielen** *(ein Musikinstrument)* jouer de → 6/TB; **spielen** *(einen Mannschaftssport, ein Spiel)* jouer à → 6/TB
Spieler/in le joueur / la joueuse → 6/TA
Spielkonsole la console
Sport le sport; **Sportlehrer/in** le/la prof de sport; **Sporttasche** le sac de sport; **Sportunterricht** l'EPS (Éducation physique et sportive) *f.* → 4/A
sprechen parler; **sprechen (mit jdm)** parler à qn → 3/TB; **Sprich lauter!** Parle plus fort!
Staatsangehörigkeit la nationalité → M2
Stadion le stade
Stadt la ville; **in der Stadt** en ville → 1/T
Star la star → M3
steigen (in etw.) monter dans qc → 2/TA
Stier le taureau / les taureaux *pl.* → 6/TB
Stierkampf la corrida → 6/TB
Stierkämpfer/in le toréro → 6/TB
Stil le style → 3/TA
Strähne la mèche → 3/TA
Strand la plage
Straße la rue
Strecke l'étape *f.* → 6/A
(Tätowier-)Studio le studio (de tatouage) → 3/TB
Stuhl la chaise
Stunde l'heure *f.*; **zwei Stunden +** *Nomen* deux heures de + *nom* → 6/TB
Stundenplan l'emploi du temps *m.* → 6/TB
stürzen tomber → 2/TA
suchen (etw.) chercher qc
Super! Super! *fam.*
Superheld/in le super-héros / la super-héroïne → 2/TA
Supermarkt le supermarché
Surfbrett la planche à voile → 1/T
surfen surfer
sympathisch sympathique *m./f. adj.*, sympa *adj. fam.*

T

(Schul-)Tafel le tableau / les tableaux *pl.*
Tag le jour; **Tag X** le jour J → 5/A; **vierzehn Tage** *zwei Wochen* quinze jours → 5/A
Talent le talent → 6/A
Tanne le sapin → 5/TA
Tante la tante
tanzen danser
Tasche le sac; **seine Tasche packen** faire son sac
Tätowierung le tatouage → 3/TB
Teig la pâte → 5/TB
teilen (etw.) partager qc → 4/TB
telefonieren (mit jdm) téléphoner à qn → 6/TB
Tennis le tennis
Test l'interrogation *f.*, l'interro *f. fam.*
teuer cher/chère *adj.* → 3/TA; **teuer sein** coûter cher → 3/TA
Tier l'animal *m.* / les animaux *m. pl.*
tippen (etw.) taper qc → 4/TB
Tisch la table
Tochter la fille
Toilette les toilettes *f. pl.*
toll formidable *m./f. adj.* → 1/T
Tomate la tomate
Torero le toréro → 6/TB
traditionell traditionnel/traditionnelle *adj.* → 5/TA
tragen (jdn/etw.) porter qn/qc → 3/TA
Trainer/in l'entraîneur *m.* / l'entraîneuse *f.* → 6/TA
Training l'entraînement *m.* → 6/TB
träumen rêver
treffen (jdn) rencontrer qn → 6/TA, retrouver (qn) → 1/T
trotzdem quand même

trübsinnige Gedanken haben avoir des idées noires → 3/TA
Tschüss! Salut!
T-Shirt le tee-shirt → 3/TA
Tür la porte
Turm la tour
Turnhalle le gymnase
Turnschuhe les baskets *f. pl.* → 3/TA
Tüte le sachet

U

U-Bahn le métro
überqueren (etw.) traverser qc → 7/A
Überraschung la surprise; **Überraschungsparty** la fête-surprise
überwachen (jdn/etw.) surveiller qn/qc → M3
(Armband-)Uhr la montre; **Um wie viel Uhr?** À quelle heure?; **um zehn Uhr** à dix heures
umdrehen (etw.) retourner (qc) → 2/TA
und et
Unglaublich! C'est trop fort! → 2/TA
unter sous
Unterricht le cours; **Unterricht haben** avoir cours

V

Vanillezucker le sucre vanillé → 5/TB
Vater le père
verändern (etw.) manipuler qc → 4/TA
verbrecherisch criminel/criminelle *adj.* → 4/TA
verbringen (etw.) passer qc
verdienen (etw.) *Geld* gagner qc → 6/A
Verein le club
Verflixt! Zut!
vergessen (jdn/etw.) oublier qn/qc → 3/TA
vergleichen (jdn/etw. mit jdm/etw.) comparer qn/qc (à qn/qc) → 4/TB
Vergnügen le plaisir → 6/TA
verkaufen (etw.) vendre qc → 5/A
Verkäufer/in le vendeur / la vendeuse
verlassen (jdn/etw.) quitter qn/qc → 2/A
verlieren (jdn/etw.) perdre qn/qc → 5/A
verschieden différent/différente *adj.* → 4/TB
verstehen (jdn/etw.) comprendre qn/qc
versuchen (etw.) essayer qc → 3/TA
Verzeihung. Pardon.
viel beaucoup *adv.*; **viel/viele** beaucoup de qc, plein de *adv. fam.*; **zu viel / zu viele** trop de qc
Viel Glück! Bonne chance! → 3/TB
vielleicht peut-être
Viereck le carré → 5/TB
Viertel *Stadtviertel* le quartier
Viertelstunde le quart
Volleyball le volleyball, le volley *fam.* → 1/T
vom ... bis zum *bei Datumsangaben* du ... au → 7/A
von de; **von ... bis** *Uhrzeit* de ... à → 6/TB
vor *räumlich* devant; **vor** *zeitlich* avant → 5/A
vor allem surtout → 6/TA
vorbeigehen (bei etw.) passer par qc
vorbeikommen (bei jdm) passer chez qn
vorbereiten (etw.) préparer qc
Vorführung le spectacle
vorher d'abord
Vorname le prénom → 4/A
vorstellen (jdm jdn/etw.) présenter qn/qc à qn → 5/TB
Vortrag l'exposé *m.*
vorübergehend temporaire *m./f. adj.* → 3/TB

W

wählen (jds Nummer) faire le numéro de qn
Wahnsinn! Délire! *fam.* → 2/TA; **Wahnsinnsding** le truc de fous → 2/A
während pendant → 5/TA
Wand le mur; **bemalte Wand** le mur peint
wann quand
warm chaud/chaude *adj.* → 5/TB
warten (auf jdn/etw.) attendre qn/qc → 5/A
warum pourquoi
was qu'est-ce que, quoi *fam.*
Was für ein Idiot! / Was für eine Idiotin! Quel idiot! / Quelle idiote! → 2/TB
Was gibt es? Qu'est-ce qu'il y a?; **Was ist passiert?** Qu'est-ce qui s'est passé? → 4/TA
Wasser l'eau *f.*
wegen etw. à cause de qc → 2/TB
wegfahren partir → 5/TA
wehtun faire mal → 3/TB
weil parce que
weiß blanc/blanche *adj.* → 3/TA
weit loin *adv.* → 2/TB; **weit kommen** aller loin → 2/TB
weit entfernt loin *adv.* → 2/TB
weiterfahren continuer qc → 7/T
weitermachen continuer qc → 7/T
welche/r/s *Fragebegleiter* quel/quelle → 5/TA
Welle la vague → 2/A
Wellenbad la piscine à vagues → 7/A
Wellensittich la perruche

Welt la terre → 7/A, le monde → 6/A; **Weltmeisterschaft** le Championnat du Monde → 6/A
wenig später peu après → 2/TB
wer qui
Wettbewerb la compétition → 6/TA
Wettkampf la compétition → 6/TA
wichtig important/importante *adj.* → 4/TB
wie comme, comment *Fragewort*, Comment est-ce qu'on dit ...?, Comment est-ce qu'on écrit ...?; **Wie alt bist du?** Tu as quel âge?; **Wie geht's?** Ça va?; **Wie heißt du?** Tu t'appelles comment?; **Wie spät ist es?** Il est quelle heure?
Wie kommt man nach + ***Ort*** pour aller à + *Ortsname* → 7/T
wie viel / wie viele combien; **wie viel / wie viele** + *Nomen* combien de + *nom* → 5/TB; **Wie viel kosten sie?** Combien est-ce qu'ils coûtent?; **Wie viel kostet das?** Ça fait combien?
wiederfinden retrouver (qn) → 1/T
wiederholen (etw.) répéter qc → 7/T
Wiederholen Sie. Répétez.
Wiederholt. Répétez.
Willkommen! Bienvenue! → 1/T
Windsurfen la planche à voile → 1/T
wirklich vraiment *adv.* → 2/TB
wo où; **Wo ist das?** C'est où?
Woche la semaine; **zwei Wochen** quinze jours → 5/A
Wochenende le week-end
woher d'où?
wohin où
wohl fühlen (sich) être à l'aise → 3/TB
wohnen habiter
Wohnung l'appartement *m.*
Wohnzimmer le salon
wollen vouloir
Workshop le stage
Wort le mot

Z

zeichnen (etw.) dessiner qc
zeigen (jdm etw.) montrer qc à qn → 3/TB
Zeit le temps; **Zeit haben** avoir le temps; **Zeit lassen (sich)** prendre son temps
zeitlich begrenzt temporaire *m./f. adj.* → 3/TB
Zelten le camping → 7/A
zelten faire du camping → 7/A
Zitrone le citron → 5/TB; **Zitronenschale** le zeste de citron → 5/TB
zu (sehr/viel) trop → 2/TA
Zu Tisch! À table!
zubereiten (etw.) préparer qc
Zucker le sucre → 5/TB; **Puderzucker** le sucre glace → 5/TB; **Vanillezucker** le sucre vanillé → 5/TB
zuerst d'abord
zufrieden content/contente *adj.* → 1/T
Zug le train → M2
zuhören (jdm) écouter qn/qc
Zukunft l'avenir *m.* → 3/TB
zum Beispiel par exemple → 4/TB
zurückkehren retourner (qc) → 2/TA
zusammen ensemble
zweite/r/s deuxième *m./f. adj.* → 7/T
zwischen entre

Tu es en forme pour la rentrée?

1 Salut! Ça va? / Bonjour! Ça va?
2 une boulangerie, un supermarché, un stade
3 Le chat est à gauche / à côté du miroir.
4 z. B.: le Centre Georges-Pompidou, le Louvre, Notre-Dame, la tour Eiffel, les Halles, Montmartre, le musée du quai Branly, la place de la Bastille
5 Bonjour, monsieur. Je voudrais une bouteille d'eau minérale, s'il vous plaît.
6 être (sein): je suis (ich bin), tu es (du bist), il/elle/on est (er ist / sie ist / man ist / wir sind), nous sommes (wir sind), vous êtes (ihr seid / Sie sind), ils/elles sont (sie sind)
8a Il est six heures et quart. / Il est dix-huit heures quinze.
b Il est huit heures moins le quart. / Il est sept heures quarante-cinq.
c Il est huit heures et demie. / Il est huit heures trente.
9 cousine
10 ▶ Nombres, p. 166
11 J'ai soif.
12 z. B.: la cantine, la salle de permanence, le gymnase, le CDI, le CPE, les profs, les surveillants, les élèves, la salle de classe, la cour
13 z. B.: Moi, c'est (Lena). J'ai un frère et deux sœurs et nous avons un chat. J'ai quatorze ans.
14 lundi, mardi, mercredi, jeudi, vendredi, samedi, dimanche
16 Je n'ai pas d'argent.
17 z. B.: chanter, dessiner ...
18 vouloir (wollen): je veux (ich will), tu veux (du willst), il/elle/on veut (er will / sie will / man will / wir wollen), nous voulons (wir wollen), vous voulez (ihr wollt / Sie wollen), ils/elles veulent (sie wollen)
19 Je voudrais trois kilos d'oranges et deux litres de lait, s'il vous plaît.
20 Nenne deine Handynummer, z. B.: 0174/44 ... zéro un – soixante-quatorze – quarante-quatre ...
▶ Nombres, p. 166
21 aller (gehen): je vais (ich gehe), tu vas (du gehst), il/elle/on va (er geht / sie geht / man geht / wir gehen), nous allons (wir gehen), vous allez (ihr geht / Sie gehen), ils/elles vont (sie gehen)
23 C'est un ordinateur.
24 Il est cinq heures et quart: elle mange une pomme. Il est cinq heures et demie: elle fait ses devoirs.
25 quinze, treize, onze, neuf, sept, cinq, trois, un
▶ Nombres, p. 166

Unité 1

p. 16/1 exercice 1

1. Matéo fait de l'escalade.
2. Selma fait de la natation.
3. Lôc et ses copains font du volley.
4. – Tu fais du tennis?
   – Non. Moi, je fais du basket.
5. – Vous faites de la planche à voile?
   – Non, nous faisons de la natation.

p. 16/2 exercice 1

Für die weibliche Form wird ein -e an das Adjektiv gehangen. Für die Pluralformen ein -s.

Unité 2

p. 29/1 exercice 1

1. J'ai mangé une banane. 2. Tu as préparé une salade? 3. Il a cherché ses clés. 4. Vous avez appelé Marie?

p. 29/2 exercice 1

1. gehabt, 2. gewesen, 3. gekonnt, 4. gemacht, 5. gewollt

p. 30/3 exercice 1

1. Marie, 2. Jean, 3. Jean, 4. Marie, 5. Marie und Jean

p. 30/3 exercice 2

1. Selma est allée à la plage. 2. Ils sont arrivés en retard. 3. Je suis resté *(m.)* / restée *(f.)* dans l'eau.

Unité 3

p. 46/1 exercice 1
1. cette mèche, 2. ce tee-shirt, 3. ces foulards, 4. cette idée, 5. cet ami, 6. cette aventure, 7. ces vêtements, 8. ces lunettes

p. 47/3 exercice 1
Das Objektpronomen steht im Satz vor dem konjugierten Verb, z. B.: *Je te comprends.*
Im verneinten Satz steht es auch direkt vor dem konjugierten Verb. Das *ne* der Verneinung steht noch vor dem Objektpronomen, z. B.: *Ils ne nous parlent pas.*
In einem Satz mit *passé composé* steht das Objektpronomen vor der konjugierten Form von *être* oder *avoir*, z. B.: *On (ne) vous a (pas) écouté?*
In einem Satz mit *futur composé* steht das Objektpronomen vor dem Infinitiv, z. B.: *Ils vont nous comprendre.*

p. 47/3 exercice 2
1. Il me comprend. 2. Je vais t'expliquer le problème. 3. Je ne vous comprends pas. 4. Est-ce que tu nous montres les photos?

Unité 4

p. 70/1 exercice 1
2. Cette photo est nulle. 3. Ce prof est gentil. 4. Ces surveillantes sont gentilles. 5. Jeanne est bonne en maths. 6. Victor est bon en EPS. 7. Ces jeux vidéo sont nuls.

p. 71/4 exercice 1
1. Je n'appelle personne.
2. Je ne chatte jamais.
3. Je n'achète rien.

p. 71/4 exercice 2
1. Ne va pas au cinéma.
2. N'invite personne.
3. N'écris rien.
4. Ne rêve jamais.

Unité 5

p. 88/1 exercice 2
2. **B:** Quel film est-ce que tu aimes bien?
   A: J'aime bien («Titeuf – le film»).
3. **A:** Quelle musique est-ce que tu aimes bien?
   B: J'aime bien la musique de (Louane).
4. **B:** Quel livre est-ce que tu aimes bien?
   A: J'aime bien («Le Petit Prince»).
5. **A:** Quelle matière est-ce que tu aimes bien?
   B: J'aime bien (les maths).
6. **B:** Quel animal est-ce que tu aimes bien?
   A: J'aime bien (les chats).
7. **A:** Quel gâteau est-ce que tu aimes bien?
   B: J'aime bien (le gâteau aux pommes).
8. **B:** Quels vêtements est-ce que tu aimes bien?
   A: J'aime bien (les tee-shirts noirs).

p. 89/2 exercice 1
1. Il faut de la farine, du lait, du sucre.
2. Il faut un kilo de farine, deux litres de lait, un kilo de sucre.
3. Il faut du beurre, de l'huile, des œufs.
4. Il faut beaucoup d'huile, un sachet de sucre vanillé, un peu de beurre.
5. Il faut du fromage, des tomates, de la salade.
6. Il faut beaucoup de fromage, six tomates, un peu de salade.

p. 89/2 exercice 2
Du verwendest den Teilungsartikel, wenn keine Mengenangabe steht. Nach einer Mengenangabe (z. B. *un kilo de*) verwendest du ihn nicht.

Unité 6

p. 104/1 exercice 1
tout le temps: die ganze Zeit, tout l'argent: das ganze Geld, toute la vie: das ganze Leben, toute l'équipe: die ganze Mannschaft, tous les jours: jeden Tag, toutes les filles: alle Mädchen

p. 104/1 exercice 2
1. tout le club, 2. tous les footballeurs, 3. toute l'étape, 4. toutes les actrices, 5. toutes les spécialités, 6. toute la farine, 7. toutes les boissons, 8. toute l'année

p. 105/2
1. Il lui écrit des e-mails. 2. Il leur montre ses médailles. 3. Il leur explique les règles du jeu. 4. Il leur apporte des cadeaux.

p. 105/3
1. Yann joue de l'accordéon. 2. Mia joue au handball. 3. Est-ce que tu joues d'un instrument?

Unité 7

p. 118/1 exercice 1
1. Il ouvre la porte. 2. J'ouvre mon livre. 3. Tu ouvres la bouteille? 4. Ils ouvrent la bédé. 5. Elle ouvre le cadeau. 6. Vous ouvrez la boîte?

p. 118/1 exercice 2
découvrir (entdecken): je découvre, tu découvres, il/elle/on découvre, nous découvrons, vous découvrez, ils/elles découvrent
passé composé: j'ai découvert
impératif: découvre, découvrons, découvrez
se conjugue comme: ouvrir
offrir (schenken): j'offre, tu offres, il/elle/on offre, nous offrons, vous offrez, ils/elles offrent
passé composé: j'ai offert
impératif: offre, offrons, offrez
se conjugue comme: ouvrir

p. 119/2 exercice 1
Die Verneinung mit *ne ... plus* wird wird genauso verwendet wie die Verneinung mit *ne ... pas*.

p. 119/2 exercice 2
1. Je n'achète plus mes baskets chez Supercher. Maintenant je les achète chez (Sécool). 2. Je n'aide plus mon frère tous les jours. Maintenant je l'aide (tous les samedis). 3. Je n'appelle plus ma copine tous les soirs. Maintenant je l'appelle (tous les jours à 15 heures). 4. Je ne rentre plus avec Emma. Maintenant je rentre avec (Sophie). 5. Je n'habite plus rue Lassalle. Maintenant j'habite (rue Monet). 6. Je ne mange plus de frites. Maintenant je mange des légumes.

Unité 3

p. 43/3 Pour ou contre?

Pour ou contre? Pour ou contre?
Qui est pour et qui est contre?
– Moi, je suis pour, mais ils sont contre!
Qu'est-ce que je peux faire?
– Il faut parler à tes parents.
Il faut trouver des arguments.
– Ils ne me comprennent pas.
– Il ne faut pas baisser les bras!

Pour ou contre? Pour ou contre?
Qui est pour et qui est contre?
– Moi, je suis pour, mais ils sont contre!
Qu'est-ce que je peux faire?
– Il faut écouter tes amis.
Ils te donnent leur avis.
– Je trouve que c'est une super idée!
– Alors, bonne chance, ça va marcher!

p. 45/10 Le piercing – pour ou contre?

Animateur: Bienvenue à «Pour ou contre!». Aujourd'hui, la question, c'est: Êtes-vous pour ou contre le piercing? Guillaume est avec nous et nous donne son avis. Guillaume, nous t'écoutons.
Guillaume: Oui, salut, tout le monde!
Animateur: Alors, Guillaume, es-tu pour ou contre le piercing?
Guillaume: Moi, je suis pour! Un piercing, ... c'est sympa. À la maison, on adore ça et tout le monde a son piercing, mes sœurs et mes parents aussi. Délire!
Animateur: Le piercing, qu'est-ce que c'est pour toi? Une mode?
Guillaume: Non! Le piercing, c'est comme un vêtement pour moi. C'est mon look!
Animateur: Alors, le piercing, c'est ton look! Merci, Guillaume! Bien, on va écouter Sonia maintenant. Oui, Sonia, bonjour, on t'écoute.
Sonia: Bonjour! Moi aussi, je suis pour le piercing, c'est sexy! Moi aussi, j'ai un piercing et j'adore.
Animateur: Alors, toi, tu trouves ça sexy. Merci, Sonia! Oui, j'écoute?
Alice: Bonjour! Je suis Alice. Moi, je suis contre le piercing. C'est moche.
Animateur: Alice est contre le piercing. Merci, Alice! C'est à qui maintenant? ...
Oui, Fofana ... Nous t'écoutons ...
Fofana: Moi, j'ai un piercing parce que j'ai voulu faire comme mes copains. Mais au collège, nos profs nous critiquent. C'est un problème.
Animateur: Pour toi, le piercing, c'est un problème. Alors, tu es contre.
Fofana: Oui!
Animateur: Merci, Fofana. Merci à tout le monde!

Module 4

p. 57/2 Qu'est-ce qu'il y a, Laura?

Qu'est-ce qu'il y a, Laura?
Aïe, j'ai mal au bras!
Qu'est-ce qu'il y a, Mado?
Aïe, j'ai mal au dos!
Qu'est-ce qu'il y a, Jeannette?
J'ai mal au ventre et à la tête!
Qu'est-ce qu'il y a, Papi Didier?
J'ai mal à la jambe et aux pieds!
Qu'est-ce qu'il y a, Germain?
Aïe, j'ai mal à la main!
Qu'est-ce qu'il y a, Jordan?
Aïe, j'ai mal aux dents!

Über sich sprechen

Hier hörst du dir alle Sätze an:
www.cornelsen.de/codes monuzi

Sich vorstellen

Je m'appelle (Nicolas).	Ich heiße (Nicolas).
Moi, c'est (Marie). Et toi?	Ich heiße (Marie). Und du?
J'ai (14) ans.	Ich bin (14) Jahre alt.
Je suis en quatrième.	Ich bin in der 8. Klasse.
Je suis de (Levallois).	Ich bin aus (Levallois).
C'est près de (Paris).	Das ist bei (Paris).
J'habite à (Marseille).	Ich wohne in (Marseille).
Voilà ma famille.	Da/Das ist (meine Familie).
C'est (mon père). Il est prof.	Das ist (mein Vater). Er ist Lehrer.
(Ma mère) travaille dans (une librairie).	(Meine Mutter) arbeitet in (einer Buchhandlung).
J'ai un frère / une sœur.	Ich habe einen Bruder / eine Schwester.
J'ai (deux) animaux: (un cochon d'Inde) et (une perruche).	Ich habe (zwei) Tiere: (ein Meerschweinchen) und (einen Wellensittich).
Dans ma chambre, il y a (deux lits et une armoire).	In meinem Zimmer sind (zwei Betten und ein Schrank).
▶ Unité 3 J'adore mettre (des vêtements noirs).	Ich ziehe sehr gern (schwarze Kleidung) an.
J'adore mélanger (les couleurs).	Ich liebe es, (Farben) zu mischen.
J'adore porter (des fringues cool).	Ich trage sehr gern (coole Klamotten).
Ça, c'est mon look.	Das ist mein Look.
J'aime être à la mode.	Ich trage gern modische Kleidung.
J'aime le métal parce que (ça fait du bruit).	Ich mag Metal, weil (es Krach macht).
Ma musique, c'est (l'électro).	Ich höre (Elektro).

▶ Unité 4	J'ai les yeux (verts).	Ich habe (grüne) Augen.
	J'ai les cheveux (noirs).	Ich habe (schwarze) Haare.
	Je suis (un peu timide).	Ich bin (ein bisschen schüchtern).

Über seinen Schulalltag sprechen

	Je suis en sixième / en cinquième.	Ich bin in der 6. Klasse / 7. Klasse.
	Je suis dans la classe de (Laurine).	Ich bin in (Laurines) Klasse.
	Notre collège, c'est (le collège Jean Jaurès).	Unsere Schule ist (die Jean-Jaurès-Schule).
	Nos profs sont sympa.	Unsere Lehrer sind nett.
	Dans notre collège, il y a (un CDI).	Unsere Schule hat (eine Schulbibliothek).
	Le (lundi), j'ai cours à huit heures.	(Montags) habe ich um acht Uhr Unterricht.
	(À midi), je mange à la cantine.	(Mittags) esse ich in der Kantine.
	La 6ᵉ A a cours à (neuf heures moins cinq).	Die Klasse 6A hat um (fünf vor neun Uhr) Unterricht.
	Il/Elle est en retard.	Er/Sie ist zu spät.
	Ce n'est pas mon jour.	Das ist nicht mein Tag.
Module 3	Enfin, c'est la récré!	Endlich ist Pause!
	Je vais (dans la cour / au CDI / aux toilettes).	Ich gehe (auf den Schulhof / ins CDI / auf die Toilette).
	Je retrouve mes copains (dans les couloirs).	Ich treffe meine Freunde (auf dem Gang).
	Les surveillants surveillent (la récré / la cantine / la salle de permanence).	Die Aufsichtspersonen überwachen (die Pause / die Kantine / den Aufenthaltsraum).
	La documentaliste travaille au CDI.	Die Bibliothekarin arbeitet in der Schulbibliothek.
	L'infirmière aide les élèves.	Die Krankenpflegerin hilft den Schülern.
	Avec le CPE, je peux parler de mes problèmes au collège.	Mit dem pädagogischen Schulbetreuer kann ich über Schulprobleme sprechen.
	Avec la médiatrice, je peux parler de mes problèmes avec (mes parents / mes amis).	Mit der Mediatorin kann ich über meine Probleme mit (meinen Eltern / meinen Freunden) sprechen.
▶ Unité 4	Ma matière préférée, c'est (l'EPS).	Mein Lieblingsfach ist (Sport).
	Je suis bon/bonne en (français).	Ich bin gut in (Französisch).
	Je suis nul/nulle en (maths).	Ich bin schlecht in (Mathe).
	Je déteste (la cantine).	Ich hasse (die Kantine).
	Je préfère (les arts plastiques).	Ich mag (Kunst lieber).

Über Hobbys und Vorlieben sprechen

	Mon hobby, c'est (le cheval).	Mein Hobby ist (Reiten).
	J'aime / J'adore (dessiner).	Ich (zeichne) gern / sehr gern.
	Je n'aime pas (chanter).	Ich (singe) nicht gern.
▶ Unité 1	Je fais (du volley).	Ich spiele (Volleyball).
	Je fais (de la natation).	Ich (schwimme).
	(Le jeudi), je fais (de l'escalade).	(Donnerstags) gehe ich (klettern).
	J'aime (retrouver mes copains).	Ich (treffe mich) gern (mit meinen Freunden).
▶ Unité 4	J'aime (le foot).	Ich mag (Fußball).
	Je préfère (danser).	Ich mag (tanzen) lieber.
	J'aime (les séries américaines).	Ich mag (amerikanische Serien).

	Je déteste (les devoirs / frimer).	Ich hasse (Hausaufgaben/angeben).
	Ma matière préférée, c'est (l'EPS).	Mein Lieblingsfach ist (Sport).
	Je suis bon/bonne en (français).	Ich bin gut in (Französisch).
	Je suis nul/nulle en (maths).	Ich bin schlecht in (Mathe).
	Je n'en veux pas.	Das möchte ich nicht.
	Ça me plaît!	Das gefällt mir!
▶ Unité 6	Moi, je joue (de la guitare).	Ich spiele (Gitarre).
	On fait de la musique ensemble.	Wir machen zusammen Musik.
	Ma passion, c'est (la corrida).	Meine Leidenschaft ist (der Stierkampf).
	Depuis ce jour, je veux être (toréro).	Seit diesem Tag will ich (Stierkämpfer/in) sein.
	Je lis toutes les histoires (de toréros).	Ich lese alle (Torero-)Geschichten.
	(Le rugby), c'est un super sport d'équipe.	(Rugby) ist ein toller Mannschaftssport.
	J'ai commencé à (six) ans.	Ich habe mit (sechs) Jahren angefangen.
	Je prends des cours (de tennis).	Ich nehme (Tennis-)Unterricht.
	On a entraînement (le lundi et le jeudi).	Wir haben (montags und donnerstags) Training.
	J'ai (deux) heures d'entraînement (tous les soirs).	Ich habe (jeden Abend) (zwei) Stunden Training.
	J'ai (deux) heures d'entraînement (par semaine).	Ich habe (zwei) Stunden Training (pro Woche).
	J'ai un emploi du temps (assez lourd).	Ich habe einen (ziemlich vollen) Stundenplan.

Über seinen Lieblingsort sprechen

▶ Unité 1	Ton endroit préféré, c'est où?	Wo ist dein Lieblingsort?
	Mon endroit préféré (en ville), c'est (la place de la Comédie).	Mein Lieblingsort (in der Stadt) ist (die place de la Comédie).
	J'aime bien (le Polygone) parce qu'il est (grand).	Ich mag (das Polygone) gern, weil es (groß) ist.
	(Montpellier), c'est sympa parce qu'il y a (la mer).	(Montpellier) ist schön, weil es (am Meer) liegt.
	J'aime la ville avec (ses cafés).	Ich mag die Stadt und (ihre Cafés).
	J'adore aller (à la campagne).	Ich fahre sehr gern (aufs Land).
	Notre (région) est intéressante et jolie.	Unsere (Gegend) ist interessant und hübsch.

Seinen Star vorstellen

▶ Unité 6	Ma star préférée, c'est (Marie Dal Zotto).	Mein Lieblingsstar ist (Marie Dal Zotto).
	Je suis fan de (Titeuf).	Ich bin Fan von (Titeuf).
	Mon héros, c'est (David Guetta).	Mein Held ist (David Guetta).
	Mon héroïne, c'est (Louane).	Meine Heldin ist (Louane).
	J'admire (Kylian Mbappé).	Ich bewundere (Kylian Mbappé).
	C'est (un footballeur). / C'est (une footballeuse).	Er ist (Fußballspieler). / Sie ist (Fußballspielerin).
	(Kylian Mbappé) est (un super footballeur).	(Kylian Mbappé) ist (ein toller Fußballspieler).
	Il est le meilleur (joueur de football du monde).	Er ist der beste (Fußballspieler der Welt).
	Elle est la meilleure (joueuse de football du monde).	Sie ist die beste (Fußballspielerin der Welt).
	Il/Elle est champion/championne (d'Europe).	Er/Sie ist (Europa-)Meister/Meisterin.
	Il/Elle a gagné (toutes les coupes).	Er/Sie hat (alle Pokale) gewonnen.
	C'est (un acteur / une actrice).	Er ist (Schauspieler). / Sie ist (Schauspielerin).

Il/Elle a beaucoup de (talent).	Er/Sie hat viel (Talent).
Il/Elle est très (drôle).	Er/Sie ist sehr (lustig).
Il/Elle joue dans (ma série préférée).	Er/Sie spielt in (meiner Lieblingsserie) mit.
J'aimerais être comme (lui/elle).	Ich wäre gerne wie (er/sie).

Mit anderen sprechen

Sich kennenlernen

Salut, (Anissa)!	Hallo (Anissa)!
Bonjour, (madame/monsieur).	Guten Tag.
Salut, (Anissa)!	Tschüss (Anissa)!
Au revoir, (madame/monsieur).	Auf Wiedersehen.
Ça va?	Wie geht es dir?
Ça va.	Gut.
Tu t'appelles comment?	Wie heißt du?
Je m'appelle (Nicolas).	Ich heiße (Nicolas).
Tu habites où?	Wo wohnst du?
J'habite à (Marseille).	Ich wohne in (Marseille).
Tu parles (français)?	Sprichst du (Französisch)?
Je parle bien (français).	Ich spreche gut (Französisch).
Tu as des frères et sœurs?	Hast du Geschwister?
J'ai un frère / une sœur.	Ich habe einen Bruder / eine Schwester.
Tu as des animaux?	Hast du Tiere?
J'ai (deux) animaux: (un cochon d'Inde) et (une perruche).	Ich habe (zwei) Tiere: (ein Meerschweinchen) und (einen Wellensittich).

Ein Erlebnis besprechen

▶ Unité 2	Qu'est-ce que tu as fait (hier)?	Was hast du (gestern) gemacht?
	Il m'est arrivé (un truc de fous)!	Mir ist (ein Wahnsinnsding) passiert!
	Je ne suis pas allé/e (à la plage) à cause du (drapeau rouge).	Wegen der (roten Fahne) bin ich nicht (zum Strand) gegangen.
	J'ai fait (du vélo).	Ich bin (Fahrrad gefahren).
	Tout à coup, je suis tombé/e.	Plötzlich bin ich gestürzt.
	Ensuite, je suis remonté/e dans le bateau.	Dann bin ich wieder ins Boot eingestiegen.
	(Ton père) est au courant?	Weiß (dein Vater) Bescheid?
▶ Unité 4	Qu'est-ce qui s'est passé?	Was ist passiert?
	Quelqu'un a piraté (mon profil).	Jemand hat (mein Profil) gehackt.
	Quelqu'un a manipulé (ma photo).	Jemand hat (mein Foto) verändert.
	Quand est-ce qu'on a (piraté ton profil)?	Wann hat man (dein Profil gehackt)?
	Est-ce que tu as (des ennemis)?	Hast du (Feinde)?
	Qui a fait ça?	Wer hat das gemacht?
	Qui a pu faire ça?	Wer konnte das machen? / Wer hat das bloß gemacht?
	Pourquoi est-ce qu'il/elle a fait ça?	Warum hat er/sie das gemacht?

Qu'est-ce qu'on peut faire?	Was können wir tun?
Il faut faire quelque chose.	Wir müssen etwas tun.
Il faut (effacer ces commentaires).	Man muss (diese Kommentare löschen).
On met (le principal) au courant.	Wir informieren (den Schulleiter).

Sich verabreden

	On rentre ensemble?	Gehen wir zusammen nach Hause?
	Qu'est-ce que tu fais aujourd'hui?	Was machst du heute?
	On va (au roller parc)?	Gehen wir (zum Skatepark)?
	Oui./Non, je vais (au club de foot).	Ja./Nein, ich gehe in den Fußballverein.
	À quelle heure?	Um wie viel Uhr?
	À (trois) heures, ça va?	Um (drei) Uhr?
	Qu'est-ce que tu vas faire (ce soir)?	Was machst du (heute Abend)?
	On va (faire la fête).	Wir werden (feiern).
	Je voudrais (faire du shopping).	Ich möchte (shoppen gehen).
▶ Unité 3	Tu as le temps (cet après-midi / ce soir / à 17 heures)?	Hast du (heute Nachmittag / heute Abend / um 17 Uhr) Zeit?
	Tu veux passer chez moi?	Willst du bei mir vorbeikommen?
	Je peux passer chez toi (à 17 heures)?	Kann ich (um 17 Uhr) bei dir vorbeikommen?
	(À 17 heures), je n'ai pas le temps.	(Um 17 Uhr) habe ich keine Zeit.
	(J'ai piscine) jusqu'à 17 heures.	Bis 17 Uhr habe ich Schwimmen.
	Mais tu peux passer chez moi (à 17 heures 30), d'accord?	Aber du kannst (um 17:30 Uhr) bei mir vorbeikommen, einverstanden?

Sich freuen, ärgern oder wundern

	C'est formidable!	Das ist toll!
	C'est sympa.	Das ist nett.
	Pas mal.	Nicht schlecht.
▶ Unité 2	Délire!	Wahnsinn!
	Trop cool!	Total cool!
	(Ils ont) été super!	(Sie waren) super!
	C'est trop fort, (ton histoire)!	(Deine Geschichte) ist unglaublich!
	Quel idiot!	Was für ein Idiot!
	(Matéo) a fait l'idiot.	(Matéo) hat sich wie ein Idiot aufgeführt.
	C'est toujours comme ça avec (lui).	Das ist immer so mit (ihm).
	Arrête!	Hör auf!
	Tu frimes!	Angeber! / Angeberin!
▶ Unité 4	C'est horrible!	Das ist schrecklich!
	C'est nul!	Das ist doof!
▶ Unité 6	C'est génial!	Das ist genial!
▶ Unité 7	Mais, ce n'est pas vrai!	Das kann doch nicht wahr sein!
	Non, mais je rêve!	Ich träume wohl!
	C'est l'horreur!	Das ist furchtbar!
	Ce n'est pas possible!	Das ist doch nicht möglich!

In einem Gespräch reagieren

▶ Unité 3	C'est (joli/sexy/moche).	Das ist (hübsch/sexy/hässlich).
	C'est top pour (danser).	Dazu kann man super (tanzen). / Das ist toll (fürs Tanzen).
	(Ces baskets) sont trop cool!	(Diese Turnschuhe) sind total cool!
	(Ce pull) est joli.	(Dieser Pulli) ist hübsch.
	Ce n'est pas mon truc.	Das ist nicht mein Ding.
	Tes parents ont peur.	Deine Eltern haben Angst.
▶ Unité 4	C'est horrible!	Das ist schrecklich!
	C'est nul!	Das ist doof!
▶ Unité 6	C'est génial!	Das ist genial!
	C'est important.	Das ist wichtig.
	Il faut du talent.	Man braucht Talent.
	C'est ça qui compte.	Das ist es, was zählt.
	C'est dur, mais c'est comme ça.	Das ist hart, aber so ist es eben.
	Ça m'est égal.	Das ist mir egal.
	Ça dépend.	Das kommt darauf an.

Einfache Ratschläge geben

▶ Unité 3	Il ne faut pas (baisser les bras).	Du darfst / Man darf / Wir dürfen nicht (aufgeben).
	Il faut (trouver des arguments).	Man muss (Argumente finden).
	Tu pourrais (regarder sur Internet).	Du könntest (im Internet nachsehen).
	Est-ce que tu as parlé à (un/une spécialiste)?	Hast du mit (einem Spezialisten / einer Spezialistin) gesprochen?
	Pourquoi est-ce que tu (ne mets pas un tatouage temporaire)?	Warum (verwendest du nicht ein entfernbares Tattoo)?
	Bonne chance!	Viel Glück!
▶ Unité 4	Ne donne jamais ton mot de passe.	Gib niemals dein Passwort weiter.
	N'invite personne chez toi.	Lade niemanden zu dir ein.
	N'écris rien sur toi.	Schreibe nichts über dich.
	Ne pirate pas le profil de quelqu'un.	Hacke nicht jemandes Profil.

Sich einigen

	Oui, bien sûr.	Ja, natürlich.
	Est-ce que tu es / vous êtes d'accord?	Bist du / Seid ihr / Sind Sie einverstanden?
	Non, je ne suis pas d'accord.	Nein, ich bin nicht einverstanden.
	Je ne sais pas.	Ich weiß nicht.
	C'est possible.	Das ist möglich.
	Moi aussi.	Ich auch.
	Moi non plus.	Ich auch nicht.
▶ Unité 2	Allez! On y va!	Los! Auf geht's!

Nachfragen

▶ Unité 3	Je ne comprends pas.	Ich verstehe nicht.
▶ Unité 7	Pardon?	Wie bitte?
	Je n'ai pas compris.	Das habe ich nicht verstanden.
	Est-ce que vous pouvez répéter encore une fois, s'il vous plaît?	Können Sie das bitte noch einmal wiederholen?

Über Feste sprechen

	C'est quand, ton anniversaire?	Wann hast du Geburtstag?
	Mon anniversaire, c'est le (21 mars).	Mein Geburtstag ist am (21. März).
	Je voudrais (inviter mes copains).	Ich möchte (meine Freunde einladen).
	Joyeux anniversaire!	Alles Gute zum Geburtstag!
▶ Unité 5	Quelle fête est-ce que tu préfères?	Was ist dein Lieblingsfest?
	Ma fête préférée, c'est (Noël).	Mein Lieblingsfest ist (Weihnachten).
	J'adore / J'aime beaucoup (la fête des voisins).	Ich mag (das Nachbarschaftsfest) sehr gern.
	J'adore fêter (mon anniversaire).	Ich feiere (meinen Geburtstag) sehr gern.
	C'est ma fête préférée parce qu'on (retrouve la famille).	Es ist mein Lieblingsfest, weil (sich die Familie trifft).
	Quelles chansons est-ce que vous chantez?	Welche Lieder singt ihr / singen Sie?
	Quels plats est-ce que vous préparez?	Welche Gerichte kocht ihr / kochen Sie?
	On prépare (nos plats traditionnels).	Wir kochen (unsere traditionellen Gerichte).
	On apporte (des boissons).	Wir bringen (Getränke) mit.
	On mange jusqu'à (minuit).	Wir essen bis (Mitternacht).
	Il y a (les treize desserts).	Es gibt (die dreizehn Nachtische).
	On met des tables et des chaises (dans la rue).	Wir stellen Tische und Stühle (auf die Straße).
	Nous faisons (des salades).	Wir machen (Salate).
	Vous fêtez avec qui?	Mit wem feiert ihr / feiern Sie?
	On part / Je vais toujours chez (mon grand-père).	Wir fahren / Ich fahre immer zu (meinem Großvater).
	Cette année, je sors (avec mes copains).	Dieses Jahr gehe ich (mit meinen Freunden) aus.
	Est-ce qu'il y a des cadeaux?	Gibt es Geschenke?
	Nous trouvons nos cadeaux (sous le sapin).	Wir finden unsere Geschenke (unter dem Tannenbaum).
	Qu'est-ce que tu vas mettre?	Was wirst du anziehen?

Über Essen und Trinken sprechen

	J'ai faim.	Ich habe Hunger.
	J'ai soif.	Ich habe Durst.
	Qu'est-ce qu'il y a dans le frigo?	Was ist im Kühlschrank?
	Qu'est-ce qu'on fait (comme dessert)?	Was machen wir (als Nachtisch)?
▶ Unité 5	Il faut (de la farine, du sucre et des œufs).	Man braucht (Mehl, Zucker und Eier).
	Je mélange (la farine, le sucre et les œufs).	Ich mische (das Mehl, den Zucker und die Eier).

Je mets (le reste).	Ich gebe (den Rest) dazu.
Nous devons rajouter (de la farine).	Wir müssen noch (Mehl) hinzufügen.
La pâte doit être très fine.	Der Teig muss sehr dünn sein.
Je découpe (la pâte) en carrés.	Ich schneide (den Teig) in Rechtecke.
Je mets (les oreillettes) dans (l'huile chaude).	Ich lege (die Oreillettes) in (das heiße Öl).
On attend cinq minutes.	Man wartet fünf Minuten.
Avec un peu de (sucre glace), c'est trop bon.	Mit ein bisschen (Puderzucker) schmeckt es / schmecken sie sehr lecker.
C'est (très) bon!	Das ist (sehr) lecker!

Einkaufen

Est-ce que vous pouvez acheter (six œufs), s'il vous plaît?	Könnt ihr / Können Sie bitte (sechs Eier) kaufen?
Bonjour, je voudrais (deux bananes).	Guten Tag, ich möchte (zwei Bananen).
Et avec ça?	Darf es noch etwas sein?
Merci, c'est tout.	Danke, das ist alles.
Ça fait combien?	Wie viel kostet das?
Ça fait (14 euros 80).	Das macht (14,80 Euro).
▶ Unité 3 Regarde ces baskets!	Schau dir mal diese Turnschuhe an!
(Ces baskets) sont trop cool!	(Diese Turnschuhe) sind total cool!
C'est (joli/sexy/moche).	Das ist (hübsch/sexy/hässlich).
Ce n'est pas mon truc.	Das ist nicht mein Ding.
Excusez-moi, est-ce que vous avez (cette veste) en S?	Entschuldigung, haben Sie (diese Jacke) in S?
Vous voulez essayer?	Wollen Sie ihn/sie/es anprobieren?
Je voudrais essayer (ce pull).	Ich möchte (diesen Pulli) anprobieren.
(Il/Elle/Ça) te va bien.	(Er/Sie/Das) steht dir gut.
(Il/Elle) te plaît?	Gefällt (er/sie/es) dir?
(Il/Elle) coûte combien?	Wie viel kostet (er/sie/es)?
C'est (trop) cher.	Das ist (zu) teuer.
J'en prends (deux).	Ich nehme (zwei) davon

Über das Internet sprechen

▶ Unité 4 Qu'est-ce que tu fais sur Internet?	Was machst du im Internet?
MK J'utilise (très peu) Internet.	Ich nutze das Internet (sehr wenig).
Sur (mon blog), je montre (des photos).	In (meinem Blog) zeige ich (Fotos).
Je télécharge (ma musique préférée).	Ich lade (meine Lieblingsmusik) herunter.
Je ne donne jamais mon mot de passe.	Ich gebe niemals mein Passwort weiter.
Il y a des règles de sécurité.	Es gibt Sicherheitsregeln.

In Reisesituationen sprechen

Auf dem Bahnhof

▶ Module 2	Bonjour, un aller-retour pour (Nîmes), s'il vous plaît.	Guten Tag, eine Hin- und Rückfahrkarte nach (Nîmes) bitte.
	Combien coûte l'aller simple pour (Montpellier)?	Wie viel kostet die einfache Fahrt nach (Montpellier)?
	Le prochain train est à (10 heures).	Der nächste Zug fährt um (10 Uhr).
	C'est quelle voie?	Auf welchem Gleis?
	C'est voie 4.	Auf Gleis 4.

In der Jugendherberge / Im Hotel

▶ Module 2	Vous venez d'où?	Woher kommt ihr / kommen Sie?
	Je viens de (Montpellier).	Ich komme aus Montpellier.
	Ils ne viennent pas aujourd'hui?	Sie kommen heute nicht?
	Je voudrais une chambre pour (quatre) personnes.	Ich hätte gerne ein Zimmer für (vier) Personen.
	Je voudrais une chambre avec salle de bains.	Ich hätte gerne ein Zimmer mit Bad.
	Ça coûte combien par nuit?	Wie viel kostet es pro Nacht?
	Ça coûte combien avec le petit-déjeuner?	Wie viel kostet es mit Frühstück?
	On prend la chambre pour deux nuits avec le petit-déjeuner.	Wir nehmen das Zimmer für zwei Nächte mit Frühstück.

Nach dem Weg fragen

▶ Unité 7	Pardon, monsieur/madame, on cherche la route pour aller à (Ganges).	Entschuldigen Sie, wir suchen den Weg nach (Ganges).
	Pardon, monsieur/madame, pour aller à (l'hôtel) ...?	Entschuldigen Sie, wie komme ich / wie kommen wir (zum Hotel)?
	Le (supermarché) / La (médiathèque), c'est où?	Wo ist (der Supermarkt) / die (Mediathek)?

Den Weg beschreiben

▶ Unité 7	Vous prenez (la première rue) (à gauche).	Ihr nehmt / Sie nehmen die (erste Straße) (links).
	Après (500 mètres), tu tournes (à droite).	Nach (500 Metern) biegst du (rechts) ab.
	Au (deuxième) carrefour, tu tournes (à gauche).	An der (zweiten) Kreuzung biegst du (links) ab.
	Au feu rouge, vous tournez (à droite).	Bei der Ampel biegen Sie (rechts) ab.
	Au bout de la rue, tu tournes (à gauche).	Am Ende der Straße biegst du (links) ab.
	Tu traverses (deux rues).	Du überquerst (zwei Straßen).
	Tu continues toujours tout droit.	Du gehst/fährst immer geradeaus weiter.
	Il y a (un feu rouge) (en face de l'église).	(Gegenüber der Kirche) steht (eine Ampel).
	C'est là.	Da ist es.
	Et voilà (l'hôtel).	Da ist (das Hotel).
	C'est facile.	Das ist einfach.

Zusammen spielen

▸ Tu es en rme pour rentrée?

On joue ensemble?	Spielen wir zusammen?
Qu'est-ce qu'il faut faire?	Was muss man machen?
Il faut répondre aux questions.	Man muss die Fragen beantworten.
Je ne comprends pas.	Ich verstehe nicht.
Où est le dé?	Wo ist der Würfel?
Qui a le dé?	Wer hat den Würfel?
Lance le dé.	Würfle.
C'est ton pion?	Ist das deine Spielfigur?
C'est à qui?	Wer ist dran?
C'est à moi.	Ich bin dran.
C'est à toi.	Du bist dran.
Tu as triché!	Du hast geschummelt!
Passe un tour.	Setze einmal aus.
Avance de (deux) cases.	Rücke (zwei) Felder vor.
Retourne/Retournez à (la case de départ).	Gehe/Geht zum (Startfeld) zurück.
C'est la bonne réponse: tu peux avancer d'une case.	Das ist die richtige Antwort: Du kannst ein Feld vorrücken.
C'est faux: tu n'avances pas.	Das ist falsch: Du rückst nicht vor.
J'ai gagné!	Ich habe gewonnen!
Tu as gagné!	Du hast gewonnen!
Rejoue.	Würfle noch einmal. / Du bist noch einmal dran.
Va à la case (trois).	Gehe auf Feld (drei).
Retourne à la case (trois).	Gehe auf Feld (drei) zurück.
Bravo!	Bravo!

▶ Unité 5

GLOSSAIRE – INDICATIONS POUR LES EXERCICES

A

les **annonces**	die Anzeigen
À toi! / À vous!	Du bist dran! / Ihr seid dran!
Apprends/Apprenez ... (par cœur).	Lerne/Lernt ... (auswendig).
à haute voix	laut (lesen)
à tour de rôle	abwechselnd
un/une **autre ...**	ein/eine andere/r ...
les **autres**	die anderen

B

la **bulle** / les **bulles**	die Sprechblase/n

C

le/la **camarade de classe**	der/die Mitschüler/in
la **chanson**	das Lied
Chante/Chantez ...	Sing/Singt ...
chaque phrase	jeder Satz
Choisis/Choisissez ...	Wähle/Wählt ...
comme modèle	als Modell
Compare/Comparez avec ...	Vergleiche/Vergleicht mit ...
Comparez vos résultats.	Vergleicht eure Ergebnisse.
Complète/Complétez (par) ...	Ergänze/Ergänzt (mit) ...
Continue. / Continuez.	Mache weiter. / Macht weiter.
le **contraire**	das Gegenteil
contre	gegen
la **conversation**	das Gespräch
le/la **corres(pondant/e)**	der/die Austauschpartner/in

D

De quoi s'agit-il (dans ...)?	Worum geht es (in ...)?
Décris/Décrivez ...	Beschreibe/Beschreibt ...
Demande/Demandez ...	Frage/Fragt ...
Demande qui c'est.	Frage, wer das ist.
le **dessin**	die Zeichnung
Devine. / Devinez.	Rate./Ratet.
le **dialogue**	der Dialog
Dicte/Dictez ...	Diktiere/Diktiert ...
la **différence**	der Unterschied
Dis/Dites ...	Sage/Sagt ...

E

Échangez les feuilles.	Tauscht die Blätter.
Échangez les rôles.	Tauscht die Rollen.

Échangez vos résultats.	Tauscht eure Ergebnisse aus.
Écoute, lis et répète.	Hör zu, lies und sprich nach.
Écoute et réponds.	Hör zu und antworte.
Écris/Écrivez ...	Schreibe/Schreibt ...
Écris dans ton cahier. / Écrivez dans vos cahiers.	Schreibe in dein Heft. / Schreibt in eure Hefte.
encore une fois	noch einmal
Évaluez ...	Bewertet ...
l'**exemple** *m.*	das Beispiel
Explique/Expliquez ...	Erkläre/Erklärt ...
Explique à un ami / une amie qui ne comprend pas le français ...	Erkläre einem Freund / einer Freundin, der/die kein Französisch versteht ...
les **expressions (utiles)** *f. pl.*	die (nützlichen) Redewendungen

F

Fais/Faites attention à ...	Achte/Achtet auf ...
Fais/Faites des associogrammes.	Erstelle/Erstellt Mindmaps.
Fais/Faites des recherches.	Recherchiere. / Recherchiert.
Fais/Faites des devinettes.	Denke dir / Denkt euch Rätsel aus.
Fais/Faites l'exercice.	Mach/Macht die Übung.
la **feuille**	das Blatt (Papier)
Forme/Formez des phrases.	Bilde/Bildet Sätze.

G

le **geste correspondant**	die passende Geste

H

l'**histoire** *f.*	die Geschichte

I

Il y a une image / un mot ... en trop.	Ein Bild/Wort ... ist zu viel.
Il y a plusieurs possibilités.	Es gibt mehrere Möglichkeiten.
l'**image** *f.*	das Bild
Imagine. / Imaginez.	Denk dir (etwas) aus. / Denkt euch (etwas) aus.
l'**intrus** *m.*	der „Eindringling“

J

le **jeu de rôle**	das Rollenspiel
Joue/Jouez (la scène / le dialogue).	Spiele/Spielt (die Szene / den Dialog).
Jouez aux dés.	Würfelt.
Justifie ta réponse.	Begründe deine Antwort.

L

la **lettre**	der Buchstabe, der Brief
Lis/Lisez ... (à haute voix).	Lies/Lest ... (laut).

M

Marchez dans la classe.	Lauft im Klassenzimmer umher.
Mettez-vous d'accord.	Einigt euch.
le **modèle**	das Modell
Mime./Mimez.	Stelle/Stellt pantomimisch dar.
Montre/Montrez ...	Zeige/Zeigt ...

N

les **nombres** *m. pl.*	die Zahlen
Nomme/Nommez ...	Nenne/Nennt ...
Note/Notez ...	Schreibe/Schreibt ...

O

l'**ordre** *m.*	die Reihenfolge
Ouvre/Ouvrez ...	Öffne/Öffnet ...

P

par cœur	auswendig
Partenaire B va à la page (154).	Partner B schlägt Seite (154) auf.
le **personnage**	die Person
la **phrase**	der Satz
les **phrases fausses**	die falschen Sätze
Pose/Posez des questions.	Stelle/Stellt Fragen.
Posez des questions et répondez.	Stellt Fragen und antwortet.
Prends/Prenez des notes.	Mache dir / Macht euch Notizen.
Présente/Présentez ...	Stelle/Stellt ... vor.
puis	dann

Q

Qu'est-ce que tu apprends sur ...?	Was erfährst du über ...?
Qu'est-ce que tu remarques / vous remarquez?	Was fällt dir/euch auf?
Qu'est-ce qui se passe?	Was passiert?
Qu'est-ce qui s'est passé?	Was ist passiert?
Qu'est-ce qui va ensemble?	Was passt zusammen?
Que veut dire ...? / Que veulent dire ...?	Was heißt ...? / Was heißen ...?
Quel mot va avec quelle image?	Welches Wort passt zu welchem Bild?
Quelle phrase va avec quelle photo?	Welcher Satz passt zu welchem Foto?

R

Raconte/Racontez ...	Erzähle/Erzählt ...
la **règle**	die Regel
Réécris/Réécrivez ...	Schreibe/Schreibt ... um.
Relie/Reliez ...	Verbinde/Verbindet ...
Réponds./Répondez.	Antworte./Antwortet.
Réponds/Répondez aux questions.	Antworte/Antwortet auf die Fragen.
Résume/Résumez ...	Fasse/Fasst ... zusammen.
le **résultat**	das Ergebnis
Retrouve/Retrouvez (l'ordre) ...	Finde/Findet (die Reihenfolge) ... wieder.
les **rimes** *f. pl.*	die Reime
le **rôle**	die Rolle

S

le **site Internet**	die Internetseite
le **son**	der Laut, der Ton
le **sondage**	die Umfrage
la **sorte de texte**	die Textsorte
Souligne/Soulignez ...	Unterstreiche/Unterstreicht ...
Sur quoi est-ce que tu peux t'informer?	Worüber kannst du dich informieren?
Survole/Survolez ...	Überfliege/Überfliegt ...

T

le **tableau**	die Tafel, die Tabelle
le **texte audio**	der Hörtext
le **titre**	die Überschrift, der Titel
Traduis/Traduisez ...	Übersetze/Übersetzt ...
Travaillez à deux/à quatre.	Arbeitet zu zweit/zu viert.
Trouve/Trouvez ...	Finde/Findet ...

U

utile/s	nützlich/e
Utilise/Utilisez ...	Verwende/Verwendet ...

V

le **voisin**/la **voisine**	der Nachbar/die Nachbarin
Vrai ou faux?	Richtig oder falsch?

BILDQUELLEN

Cover: stock.adobe.com/Fred; **S. 1** stock.adobe.com/Artalis-Kartographie; **S. 8/9** Cornelsen/Buzz Productions & Laurence Uzel/Pascal Denimal, *Pins* Shutterstock.com/Picsfive; **S. 10** *13* stock.adobe.com/Eléonore H; **S. 11** *4* Shutterstock.com/Mapics, *5* stock.adobe.com/akf, *9* stock.adobe.com/silverkblack, *20* stock.adobe.com/Roman Samokhin, *23* Shutterstock.com/DR-images; **S. 12** *1 li.* Shutterstock.com/Giancarlo Liguori, *Mi.* Cornelsen/Buzz Productions & Laurence Uzel/Pascal Denimal, *re.* stock.adobe.com/skvoor, *2 li.* Cornelsen/Buzz Productions & Laurence Uzel/Pascal Denimal, *re.* Shutterstock.com/Kzenon, *3 li.* Shutterstock.com/dotshock, *Mi.* stock.adobe.com/Stillkost, *re.* Cornelsen/Buzz Productions & Laurence Uzel/Pascal Denimal; **S. 13** *4 li.* Cornelsen/Buzz Productions & Laurence Uzel/Pascal Denimal, *re.* mauritius images/Rene Mattes, *5 ob.* Cornelsen/Buzz Productions & Laurence Uzel/Pascal Denimal, *Mi.* stock.adobe.com/Marine26, *un.* stock.adobe.com/Jacob Lund, *6 ob.* Shutterstock.com/Pictureflex, *un.* stock.adobe.com/Eléonore H; **S. 14** *ob.* Cornelsen/Buzz Productions & Laurence Uzel/Pascal Denimal; **S. 17** *ob. li.* Shutterstock.com/homydesign, *ob. Mi.* Shutterstock.com/Isabelle FABRE, *Mi. li.* Shutterstock.com/Pavel1964, *Mi. zentral* Shutterstock.com/Vasyl Shulga, *un. li.* Shutterstock.com/conrado; *un. Mi.* Shutterstock.com/vectorfusionart, *un. re.* Shutterstock.com/RossHelen; **S. 18/19** *Hintergrund* Shutterstock.com/Pictureflex; **S. 18** *1* Shutterstock.com/Resul Muslu, *3* Shutterstock.com/Sarah2, *4* Shutterstock.com/Jaromir Kriz, *9* Shutterstock.com/nasidastudio; **S. 19** *8* Shutterstock.com/Gelpi, *un. re.* Shutterstock.com/Compack Background; **S. 21** *ob. li.* Cornelsen/Buzz Productions & Laurence Uzel/Pascal Denimal, *Emoticons* Shutterstock.com/PremiumVector; **S. 26** Buzz Productions & Laurence Uzel/Pascal Denimal; **S. 27** *li.* stock.adobe.com/ARochau, *re.* stock.adobe.com/promesaartstudio; **S. 28** Shutterstock.com/Catalin Petolea; **S. 31** stock.adobe.com/trubavink; **S. 34** *li.* stock.adobe.com/rasstock, *re.* Shutterstock.com/Rawpixel.com; **S. 35** *li.* stock.adobe.com/luckybusiness, *re.* stock.adobe.com/Andrii Zastrozhnov; **S. 37** *un. re.* Cornelsen/Buzz Productions & Laurence Uzel/Pascal Denimal; **S. 38** *ob. li.* Cornelsen/Buzz Productions & Laurence Uzel/Pascal Denimal, *Emoticons* Shutterstock.com/PremiumVector; **S. 41** Shutterstock.com/Monkey Business Images; **S. 42** *ob.* Shutterstock.com/Drawlab19, *re. ob.* Shutterstock.com/Erica Smit, *re. Mi.* stock.adobe.com/Jacob Lund, *re. un.* Shutterstock.com/Cookie Studio; **S. 48** *ob.* Shutterstock.com/Twocoms, *un.* Shutterstock.com/Melanie Lemahieu; **S. 49** Shutterstock.com/Melinda Nagy; **S. 50** *Emoticons* Shutterstock.com/Petrovic Igor, *un.* Shutterstock.com/Pressmaster; **S. 51** stock.adobe.com/Fred; **S. 52** *un. re.* Shutterstock.com/Billion Photos; **S. 53** *ob. re.* Shutterstock.com/dovla982; **S. 56** *1* Shutterstock.com/antoniodiaz, *2* stock.adobe.com/Jacek Chabraszewski, *3* Shutterstock.com/Marian Fil, *4* stock.adobe.com/highwaystarz, *5* stock.adobe.com/Jeanette Dietl; **S. 57** *1* Shutterstock.com/granata68, *2* Shutterstock.com/Tom Wang, *3* Shutterstock.com/OHishiapply, *4* Shutterstock.com/aleks333, *5* Shutterstock.com/Nattakorn_Maneerat, *6* Shutterstock.com/Elnur, *7* Shutterstock.com/Andrey_Popov, *8* Shutterstock.com/Image Point Fr, *9* Shutterstock.com/file404, *10* Shutterstock.com/Damir Khabirov, *un.* Shutterstock.com/Phovoir; **S. 58** *li.* Shutterstock.com/sirtravelalot, *re.* stock.adobe.com/Drobot Dean; **S. 59** Cornelsen/Buzz Productions & Laurence Uzel/Pascal Denimal; **S. 60** *ob. li.* stock.adobe.com/Sergey Novikov, *ob. re.* Shutterstock.com/Olena Zaskochenko; **S. 61 u. 62** Cornelsen/Buzz Productions & Laurence Uzel/Pascal Denimal; **S. 63** *li.* Shutterstock.com/Monkey Business Images, *re.* Shutterstock.com/Tom Wang; **S. 65** Shutterstock.com/Sabphoto; **S. 68** *un.* Shutterstock.com/davooda; **S. 72** Réseau de santé Vitalité (VitalitéNB); **S. 73** CNIL 2018 – illustrations: Martin Vidberg; **S. 74** *ob.* Shutterstock.com/Eugene Onischenko; *unten v. ob. li. n. un. re.* stock.adobe.com/Maria Kutrakova, stock.adobe.com/ekaterina_belova, Shutterstock.com/Alexandre Rotenberg, stock.adobe.com/wildworx, Shutterstock.com/Syda Productions, stock.adobe.com/hcast; **S. 75** stock.adobe.com/oneinchpunch; **S. 79** *1* Bridgeman Images/Godong/UIG, *2* stock.adobe.com/ninice64, *3* stock.adobe.com/nfrPictures, *4* stock.adobe.com/dido, *5* stock.adobe.com/zoryanchik, *6* dpa Picture-Alliance/PHOTOPQR/MAXPPP/LE M, *7* stock.adobe.com/dglimages, *8* stock.adobe.com/esoxx; **S. 80** Shutterstock.com/BoxerX; **S. 81** Shutterstock.com/Lopolo; **S. 83** Cornelsen/Buzz Productions & Laurence Uzel; **S. 84** *7, 8* Cornelsen/Buzz Productions & Laurence Uzel, *ob. re.* Cornelsen/Buzz Productions & Laurence Uzel/Pascal Denimal, Zeitangaben-Grafik Shutterstock.com/MuPlus, *Emoticon* Shutterstock.com/Zdenek Sasek; **S. 85** *Schokolade* stock.adobe.com/BillionPhotos.com, *Vanillezucker u. Backpulver* stock.adobe.com/FOOD-pictures, *Eier* Shutterstock.com/Nattika, *Milch* Shutterstock.com/OxfordSquare, *Öl* stock.adobe.com/galam, *Mehl* stock.adobe.com/eloleo, *Zucker* stock.adobe.com/Coprid, *Salz* Shutterstock.com/Chones, *Äpfel* stock.adobe.com/Mariusz Blach, *Butter* stock.adobe.com/uwimages, *Konfitüre* Shutterstock.com/Alter-ego; **S. 90** *ob.* Shutterstock.com/Darren Brode, *un.* Shutterstock.com/pixinoo; **S. 92** *1* Imago Stock & People GmbH/PanoramiC; *2* dpa Picture-Alliance/AP/Getty Images Europe, *3* dpa Picture-Alliance/dpa – Sportreport, *ob. re. + un. re.* Cornelsen/Buzz Productions & Laurence Uzel/Pascal Denimal; **S. 93** *ob. li.* Cornelsen/Buzz Productions & Laurence Uzel/Pascal Denimal, *4* Imago Sportfotodienst GmbH/E-PRESS PHOTO.com, *5* Titeuf tome 12, Le sens de la vie, par ZEP © Editions Glénat 2008, *Mi. re. + un.* Cornelsen/Buzz Productions & Laurence Uzel/Pascal Denimal; **S. 96** *ob.* stock.adobe.com/Christian Hillebrand, *Mi. re.* Imago Sportfotodienst GmbH/VI Images, *un. li.* imago images/HJS; **S. 99** *ob.* stock.adobe.com/JOSE LUIS CARRASCOSA MARTINEZ/www.karrastock.com, *un.* stock.adobe.com/Rawpixel.com; **S. 101** *1* Shutterstock.com/karelnoppe, *2 u. 3* Shutterstock.com/Monkey Business Images, *4* Shutterstock.com/2Design, *5* stock.adobe.com/emanelda, *6* Shutterstock.com/101akarca, *7* Shutterstock.com/Fotokostic, *8* Shutterstock.com/Eva Foreman, *un. re.* stock.adobe.com/Drobot Dean; *Fußball-Grafik* Shutterstock.com/justone; **S. 103** *ob.* Shutterstock.com/AdrianC, *un.* Shutterstock.com/Christiaan Lloyd; **S. 104** Shutterstock.com/Chris P; **S. 105** Shutterstock.com/justone; **S. 106** Imago Stock & People GmbH/PanoramiC; **S. 107** *1* Shutterstock.com/justone, *2* stock.adobe.com/guukaa, *3* stock.adobe.com/oldok; **S. 108** *1* stock.adobe.com/highwaystarz, *2* Shutterstock.com/Ebtikar, *3* Shutterstock.com/Africa Studio; *4* Shutterstock.com/Evgeny Karandaev, *5 u. 6* Shutterstock.com/Maks Narodenko, *7* Shutterstock.com/smolaw, *8* Shutterstock.com/rangizzz; **S. 110** *oben v. li. n. re.:* Shutterstock.com/Alfonso de Tomas, Shutterstock.com/cynoclub, stock.adobe.com/benuch, stock.adobe.com/Christian Musat; *unten v. li. n. re:* Shutterstock.com/DOPhoto, stock.adobe.com/aurelief63, Shutterstock.com/FredP, stock.adobe.com/zuchero; *Icons Kanu, Zelt u. Rad* stock.adobe.com/ii-graphics, *Pferd* stock.adobe.com/guukaa, *Kletterer* stock.adobe.com/MicroOne; **S. 111** *oben v. li. n. re.* Shutterstock.com/Bertl123, stock.adobe.com/ARochau, Shutterstock.com/Keith Wheatley; *unten v. li. n. re.* Shutterstock.com/Ripbinbow, Shutterstock.com/ESOlex, *Icons 1, 2, 6 u. 7* stock.adobe.com/ii-graphics, *3 u. 5* stock.adobe.com/guukaa, *4* Shutterstock.com/justone; **S. 112** *1 u. 4* stock.adobe.com/guukaa, *2* Shutterstock.com/justone, *3* Shutterstock.com/Happy Art, *5* stock.adobe.com/VRD, *6* stock.adobe.com/oldok, *7* stock.adobe.com/MicroOne; **S. 113** *un.* Shutterstock.com/Suppapong_L; **S. 115** Cornelsen/Buzz Productions & Laurence Uzel/Pascal Denimal; **S. 116** Shutterstock.com/Syda Productions; **S. 120** *Icons vertikal 1. li., 2, 3, 5, 7, 8 li. u. re* stock.adobe.com/guukaa, *1. re.* stock.adobe.com/ii-graphics, *6* stock.adobe.com/sharpnose, *Icons horizontal 1–3 u. 9* stock.adobe.com/guukaa, *4–7* Shutterstock.com/justone, *8* stock.adobe.com/wladi, *Bilder Mi. li.* stock.adobe.com/Thomas Reimer, *Mi. re.* stock.adobe.com/Daniel Vincek; **S. 121** *ob. hinten* Shutterstock/Maria Endermar; *ob. re.* stock.adobe.com/promesaartstudio, *A* stock.adobe.com/Nikola Spasenoski, *B* Shutterstock.com/Pictureflex, *C* Shutterstock.com/A3pfamily, *D* Shutterstock.com/Rumo, *E* Shutterstock.com/ESB Professional, *F* Shutterstock.com/Allen Paul Photography, *G* Shutterstock.com/Bohbeh, *H* Shutterstock.com/jakkapong somnongwa, *I* Shutterstock.com/zieusin, *K* stock.adobe.com/Pelana, *Emoticons* Shutterstock.com/Zdenek Sasek; **S. 122** *ob. re.* stock.adobe.com/Andreas P, *Mi. re.* stock.adobe.com/ARochau, *un. li.* Shutterstock.com/RossHelen, *un. re.* stock.adobe.com/Sergey Novikov; **S. 123** *ob.* SNCF Mobilités 2019, *un.* Shutterstock.com/Pressmaster; **S. 124** *ob.* Shutterstock.com/Vershinin89, *un.* stock.adobe.com/rh2010; **S. 125** *ob.* Shutterstock.com/New Africa, *un.* Shutterstock.com/5 second Studio; **S. 128** *ob. re.* Cornelsen/Buzz Productions & Laurence Uzel/Pascal Denimal; **S. 130** *ob.* Shutterstock.com/rui vale sousa; **S. 133** stock.adobe.com/Seventyfour; **S. 135** *v. ob. li. n. un. re.* Shutterstock.com: Monkey Business Images, travelview, Nitikorn Poonsiri, Irina Bg, Nataliia Zhekova, Serg Zastavkin, Mark Aplet, aslysun; **S. 141** *1* Shutterstock.com/karelnoppe, *2 u. 3* Shutterstock.com/Monkey Business Images, *4* Shutterstock.com/2Design, *5* stock.adobe.com/emanelda, *6* Shutterstock.com/101akarca, *7* Shutterstock.com/Fotokostic, *8* Shutterstock.com/Eva Foreman, *Icon Fußball* Shutterstock.com/justone; **S. 143** Shutterstock.com/Antonio Guillem; **S. 144** *A* Shutterstock.com/Tyler Olson, *B* Shutterstock.com/LightField Studios, *C* Shutterstock.com/Kzenon; **S. 146** Shutterstock.com/YAKOBCHUK VIACHESLAV; **S. 150** *ob.* Shutterstock.com/SantiPhotoSS, *Mi.* Shutterstock.com/Gumpa, *un.* Shutterstock.com/Constantin Stanciu; **S. 151** stock.adobe.com/promesaartstudio; **S. 155** Shutterstock.com/wavebreakmedia; **S. 158** *li.* stock.adobe.com/aurelief63, *re.* Shutterstock.com/photomaster, *Emoticons* Shutterstock.com/Zdenek Sasek; **S. 159** *ob. li.* Shutterstock.com/Prostock-studio, *2 hinten* Shutterstock.com/Compack Background, *re.* Imago Stock & People GmbH/PanoramiC, *un. li.* Shutterstock.com/Monkey Business Images; **S. 160** *li.* Imago Stock & People GmbH/PanoramiC, *re.* Shutterstock.com/Alfonso de Tomas; **S. 161** *ob. re.* mauritius images/imageBroker/Oliver Gutfleisch, *Mi. li.* stock.adobe.com/ondrejprosicky, *Mi. re.* stock.adobe.com/MixMotive; **S. 162** *Mi. re.* stock.adobe.com/Ugo, *Mi. li.* stock.adobe.com/Brian Scantlebury, *un.* stock.adobe.com/Unclesam; **S. 163** *li.* Shutterstock.com/Leonid Andronov, *re.* stock.adobe.com/B. Piccoli; **S. 164** stock.adobe.com/treenabeena; **S. 165** *ob. re.* Shutterstock.com/Pavel1964, *un. li.* Shutterstock.com/margouillat photo, *un. re.* stock.adobe.com/Martine A Eisenlohr; **S. 181** *un. li.* Shutterstock.com/MaraZe; **S. 249** *Flagge Occit.* Shutterstock.com/dovla982, *Frankreich* stock.adobe.com/skvoor, *von ob. n. un.* Shutterstock.com/Pictureflex, Shutterstock.com/Pictureflex, Shutterstock.com/Rudmer Zwerver, Shutterstock.com/Pictureflex, Shutterstock.com/Pascale Gueret, *Pins* Shutterstock.com/Picsfive; **S. 171, 172, 174, 175, 177, 178, 181, 182, 183, 184, 185, 188, 189, 190, 194, 196, 197, 198, 199, 200, 201, 202, 203,** *GB-Flagge* Shutterstock.com/Chris P; **S. 13, 17, 18, 37, 49, 54, 59, 79, 99, 111, 117, 120,** *dreifarbige Frankreichkarte* Shutterstock.com/AndreyO

À toi! 2 Realschule Bayern
Lehrwerk für den Französischunterricht an Realschulen

Im Auftrag des Verlages erarbeitet von: Gertraud Gregor, Walpurga Herzog, Catherine Jorißen, Alexander Kraus, Catherine Mann-Grabowski, Prof. Dr. Jürgen Mertens
und der Redaktion Französisch: Julia Goltz (Projektleitung), Jana Silckerodt sowie Sophie Ortiz-Vobis, Monika Schulze, Verena Simon, Florence Marienne-Yao (Korrektorat) und Manon Jeanningros (studentische Aushilfe)
Bild- und Rechteklärungen: Nicole S. Abt, Tina Becker
Beratende Mitwirkung: Bettina Becht (Edenkoben), Marlis Bormann (Nauen), Sabine Domdey (Brannenburg), Stefanie Faißt (München), Mirjam Friebe (Berlin), Michèle Héloury (Pordic), Ingeborg Höcke (Schulzendorf), Uta Höldin-Kosbab (Villingen), Eva Jordan (Brannenburg), Ines Kaiser (Stuttgart), Markus Kammermeier (Burgberg im Allgäu), Annette Kramer (Kassel), Friederike Leist (Tübingen), Cécile Marcel (Würzburg), Ines Lübbecke (Uelzen), Prof. Dr. Christian Minuth (Hirschhorn), Jochen Momberg (Spenge), Tobias Schnitter (München), Stefanie Schubert (Köln), Birgit Schunke (Bad Kösen), Erika Sonneck (Alfter), Kathrin Stroppel (Kempten), Erik Wagner (Saarbrücken), Peter Winz (Düsseldorf), Antje Wolter (Burgwedel)

Illustrationen: Hélène Badault S. 126, 127; Laurent Lalo S. 8/9, 10, 11, 14, 20, 23, 24, 25, 26, 32, 33, 36, 37, 39, 40, 43, 44, 46, 52, 53, 54, 57, 60, 64, 68, 69, 75, 81, 84, 86, 89, 94, 95, 97, 98, 102, 108, 109, 113, 114, 119, 128, 129, 131, 133, 134, 136, 139, 140, 142, 144, 145, 147, 148, 156, 171, 172, 173, 174, 175, 176, 177, 178, 179, 180, 182, 184, 185, 186, 187, 188, 190, 191, 192, 193, 194, 195, 196, 197, 198, 199, 200, 201, 202, 203
Karten: Volkhard Binder U2, U3, S. 7, 117, 130; Lennart Fischer S. 248
Umschlaggestaltung: werkstatt für gebrauchsgrafik, Berlin
Layout und technische Umsetzung: graphitecture book & edition

Begleitmaterialien zu À toi! 2 Realschule Bayern

Schülerbuch als E-Book	978-3-06-122268-0
Grammatikheft	978-3-06-122214-7
Carnet d'activités mit Audios online	978-3-06-122209-3
Carnet d'activités mit Audios und interaktiven Übungen online	978-3-06-122221-5
Schulaufgabentrainer mit Audiomaterial	978-3-06-122219-2
Audio-CDs	978-3-06-122216-1
DVD	978-3-06-122202-4
Vokabeltaschenbuch	978-3-06-122212-3
Vokabeltrainer-App (erhältlich in allen gängigen App-Stores)	

www.cornelsen.de

Für die Nutzung des kostenlosen Internetangebots zum Buch gelten die allgemeinen Geschäftsbedingungen (AGB) des Internetportals *www.cornelsen.de*, die jederzeit unter dem entsprechenden Eintrag abgerufen werden können.

Die Mediencodes enthalten zusätzliche Unterrichtsmaterialien, die der Verlag in eigener Verantwortung zur Verfügung stellt.

Im Lernmittel wird in Form von Symbolen auf eine CD verwiesen; diese enthält – bis auf die Hörverstehensübungen – ausschließlich optionale Unterrichtsmaterialien. Die CD unterliegt nicht dem staatlichen Zulassungsverfahren.

Soweit in diesem Lehrwerk Personen fotografisch abgebildet sind und ihnen von der Redaktion fiktive Namen, Berufe, Dialoge und Ähnliches zugeordnet oder diese Personen in bestimmte Kontexte gesetzt werden, dienen diese Zuordnungen und Darstellungen ausschließlich der Veranschaulichung und dem besseren Verständnis des Inhalts.

1. Auflage, 1. Druck 2020

Alle Drucke dieser Auflage sind inhaltlich unverändert und können im Unterricht nebeneinander verwendet werden.

Druck: Mohn Media Mohndruck, Gütersloh

ISBN 978-3-06-122172-0

La France et ses régions
la mer du Nord
les Pays-Bas
la Grande-Bretagne
la Belgique
le Luxembourg
l'Allemagne
la Manche
la Suisse
l'Italie
l'océan Atlantique
l'Espagne
la mer Méditerranée
HAUTS-DE-FRANCE
62 le Pas-de-Calais
59 le Nord
Lille
80 la Somme
02 l'Aisne
60 l'Oise
NORMANDIE
76 la Seine-Maritime
Rouen
50 la Manche
14 le Calvados
27 l'Eure
61 l'Orne
ÎLE-DE-FRANCE
95 le Val-d'Oise
78 les Yvelines
Paris
77 la Seine-et-Marne
91 l'Essonne
93 la Seine-Saint-Denis
75 la Ville de Paris
92 les Hauts-de-Seine
94 le Val-de-Marne
la Seine
GRAND-EST
08 les Ardennes
51 la Marne
55 la Meuse
57 la Moselle
67 le Bas-Rhin
Strasbourg
54 la Meurthe-et-Moselle
10 l'Aube
52 la Haute-Marne
88 les Vosges
68 le Haut-Rhin
BRETAGNE
29 le Finistère
22 les Côtes-d'Armor
35 l'Ille-et-Vilaine
Rennes
56 le Morbihan
PAYS DE LA LOIRE
53 la Mayenne
72 la Sarthe
44 la Loire-Atlantique
Nantes
49 le Maine-et-Loire
85 la Vendée
CENTRE-VAL DE LOIRE
28 l'Eure-et-Loir
45 le Loiret
Orléans
41 le Loir-et-Cher
37 l'Indre-et-Loire
18 le Cher
36 l'Indre
BOURGOGNE-FRANCHE-COMTÉ
89 l'Yonne
21 la Côte-d'Or
Dijon
70 la Haute-Saône
90 le Territoire de Belfort
58 la Nièvre
25 le Doubs
71 la Saône-et-Loire
39 le Jura
NOUVELLE-AQUITAINE
79 les Deux-Sèvres
86 la Vienne
17 la Charente-Maritime
16 la Charente
87 la Haute-Vienne
23 la Creuse
19 la Corrèze
24 la Dordogne
Bordeaux
33 la Gironde
47 le Lot-et-Garonne
40 les Landes
64 les Pyrénées-Atlantiques
AUVERGNE-RHÔNE-ALPES
03 l'Allier
63 le Puy-de-Dôme
42 la Loire
69 le Rhône
01 l'Ain
Lyon
74 la Haute-Savoie
73 la Savoie
38 l'Isère
15 le Cantal
43 la Haute-Loire
07 l'Ardèche
26 la Drôme
OCCITANIE
46 le Lot
48 la Lozère
12 l'Aveyron
82 le Tarn-et-Garonne
81 le Tarn
30 le Gard
32 le Gers
Toulouse
34 l'Hérault
31 la Haute-Garonne
11 l'Aude
65 les Hautes-Pyrénées
09 l'Ariège
66 les Pyrénées-Orientales
PROVENCE-ALPES-CÔTE D'AZUR
05 les Hautes-Alpes
04 les Alpes-de-Haute-Provence
84 le Vaucluse
06 les Alpes-Maritimes
13 les Bouches-du-Rhône
83 le Var
Marseille
LA GUADELOUPE
Basse-Terre
l'océan Atlantique
Mer des Caraïbes
0 20 40 km
LA MARTINIQUE
Fort-de-France
l'océan Atlantique
Mer des Caraïbes
0 20 40 km
LA GUYANE
Cayenne
Suriname
Brésil
l'océan Atlantique
0 50 100 km
LA RÉUNION
Saint-Denis
l'océan Indien
0 20 40 km
MAYOTTE
Mamoudzou
l'océan Indien
0 7,5 15 km
CORSE
2B Haute-Corse
Ajaccio
2A Corse-du-Sud
0 50 100 150 200 250 km

La région Occitanie

Unter besonderer Mitwirkung von

Sabine Domdey (Brannenburg)
Stefanie Faißt (München)
Walpurga Herzog (Immenstadt)
Eva Jordan (Brannenburg)
Markus Kammermeier (Burgberg im Allgäu)
Cécile Marcel (Würzburg)
Kathrin Stroppel (Kempten)